ARBEITSHEFTE

des Instituts für Stadt- und Regionalplanung
der Technischen Universität Berlin

Heft 43

Christian Diller

WEICHE STANDORTFAKTOREN

Zur Entwicklung eines kommunalen Handlungsfeldes.
Das Beispiel Nürnberg.

Berlin 1991

| | |
|---|---|
| Herausgeber: | Institut für Stadt- und Regionalplanung der Technischen Universität Berlin; Dovestr. 1, 1000 Berlin 10 |
| Redaktionsgruppe: | D. Frick, K. Heil, E. Konter, G. Puck, R. Tuitjer, M. Welch Guerra |
| Verantwortlich für dieses Heft: | Prof. Dr. K. Heil |
| Umschlagentwurf: | Christian Ahlers, Berlin |
| ISSN | 0341 - 1125 |
| ISBN | 37983 1408 X |
| Vertrieb: | Technische Universität Berlin Universitätsbibliothek - Abt. Publikationen Straße des 17. Juni 135, 1000 Berlin 12 |
| Verkaufsstelle: | Franklinstraße 15 (Gebäude FRA-B, 1.OG) 1000 Berlin 10 Telephon: (030) 314-22976, -23676, Telex: 01-83872 ubtu d |
| Druck: | Offset-Druckerei Gerhardt Weinert GmbH Saalburgstraße 3, 1000 Berlin 42 |

# Vorwort

Im Jahre 1909 beklagte der Soziologe und Ökonom Alfred Weber - Begründer der industriellen Standortlehre - in der Einleitung zu seiner Studie "Über den Standort der Industrien" das Fehlen wirklicher Kenntnisse über die allgemeinen Gesetze der Standorte des Wirtschaftens. Unter Verweis auf die gewaltigen örtlichen Verschiebungen der Wirtschaftskräfte, von Kapital und Menschen im nationalen wie internationalen Rahmen fragt er, ob diese nicht einfach an der "ehernen Kette des engsten ökonomischen Zwanges" hängen: die Agglomerationen und das sie begründende Standortverhalten von Unternehmungen also einfach notwendige Folge einer bestimmten Stufe ökonomischer oder technischer Entwicklung - oder weiter gefaßt - einer bestimmten gesellschaftlichen Ordnung sind. Zugleich führt er aber den Gedanken ein, daß diese Gründe womöglich auch irrationaler Art sein könnten, wenn auch in der Formulierung, daß angesichts der festen Regeln, nach denen sich Wirtschaftsprozesse abspielen, der Rekurs auf 'wer weiß welche anderen irrationalen Motive' wohl nicht zulässig sei. Resümierend stellt Weber fest, daß bei der Durchdringung dieser Zusammenhänge jedenfalls gewaltige Lücken klaffen.

Eine analoge Feststellung wäre auch heute legitim. Weder Theoriebildung noch empirische Forschung hielten mit der Verschiebung der Raumstrukturen, der Herausbildung neuer Gegenstandsbereiche und Organisationsformen des Wirtschaftens und der Administration und schließlich der Standortbedürfnisse und der Bewertung räumlicher Bedingungen und Strukturen Schritt. Die Lücke zwischen real ablaufenden Prozessen der Raumnutzung und -bewertung und den Motiven und Mechanismen raumrelevanter Entscheidungsprozesse muß daher weiterhin durch Spekulation und kaum überprüfte Hypothesen überbrückt werden, selbst wenn sehr weitreichende politische und ökonomische Entscheidungen von ihnen abhängen und beeinflußt werden.

Vor dem Hintergrund verschärfter Standortkonkurrenz insbesondere zwischen den großen Verdichtungsräumen in den zurückliegenden Jahren gewann das traditionelle Wissensdefizit neue und gesteigerte politische Bedeutung in der Frage nach der Relevanz des Verhältnisses von traditionellen, 'harten' und neuen, 'weichen' Standortfaktoren für raumrelevante Entscheidungen von Unternehmungen, insbesondere aber der 'Zukunftsindustrien' in einem weit verstandenen Sinne; die Vielzahl der Publikationen vor allem in der populären, der 'halbwissenschaftlichen' Publizistik bestätigt diesen Tatbestand.

Diese Diskussion wurde in der jüngsten Vergangenheit zwar durch Erörterungen überlagert, die - unter Vernachlässigung der erheblichen Unterschiede zwischen den einzelnen Regionen des Gesamtraums der alten Bundesrepublik - den Standort BRD und seine Konkurrenzfähigkeit gegenüber anderen Großräumen der Europäischen Gemeinschaft problematisierten, wobei diese Diskussion primär durch ökonomische Gesichtspunkte - Lohnkosten, Soziale Kosten, Steuersystem, Auflagen der verschiedensten Art etc. - bestimmt war und eher 'weiche Standortfaktoren' weitgehend außerhalb der Betrachtung blieben.

Man könnte aus dieser Erörterung den Schluß ziehen, daß Standortentscheidungen, die als Folge der Herstellung eines gemeinsamen Wirtschaftsraumes EG und den mit ihr verbundenen neuen Dispositionsmöglichkeiten und räumlichen Neuorientierungen erfolgen, von dem Prinzip ausgehen, unter Gesichtspunkten zukünftiger Investitionsentscheidungen Territorien nach den auf bisher nationaler Ebene herausgebildeten Rahmenbedingungen zu bewerten und Gesichtspunkte und Qualitäten des lokalen und regionalen Rahmens zunächst zurückzustellen. Unterhalb dieser die globalen wirtschaftlichen und gesellschaftliche Rahmenbedingungen betreffenden und berücksichtigenden Entscheidungsebene, sobald Entscheidungen über die räumliche Konkretisierung von Investitionen, Niederlassungen, Expansion o.ä. zu treffen sein werden, stellt sich jedoch die Frage nach den Standortbedingungen des Teilraumes wie bisher, wenn auch im vereinigten Wirtschaftsraum die Zahl konkurrierender Standorte wächst und neue Standortqualitäten ins Spiel kommen werden.

Durch die deutsche Vereinigung haben sich die Voraussetzungen dieser Diskussion - vor allem mit Blick auf Berlin und die Zentren der ehemaligen DDR - zusätzlich verändert.

Dabei bleibt die Frage, wie sich die Standorte (Kommunen, Regionen) qualifizieren können, um im Verteilungswettkampf um künftige Wirtschafts- und Bedeutungspotentiale erfolgreich sein zu können, nicht nur in einem traditionellen Sinne aktuell; sie erlangt vielmehr angesichts der Internationalisierung der Konkurrenz gesteigerte Bedeutung, und mit ihr der Klärungsbedarf, welche Qualitäten es sind, die in diesem Verteilungswettkampf in den verschiedensten wirtschaftlichen Sektoren entscheidungsrelevant sind oder in der Zukunft entscheidungsrelevant sein werden; und die Lücke zwischen objektivierbaren und spekulativen Standortbedingungen klafft umso weiter, je mehr man das Feld traditioneller, 'harter' Standortfaktoren verläßt und sich in den Bereich der 'weichen Faktoren' begibt und die Gegebenheiten eines konkreten Ortes unter die Lupe nimmt.

Christian Diller hat in seiner hiermit vorgelegten Arbeit, die aus einer Diplomarbeit am Institut für Stadt- und Regionalplanung der Technischen Universität Berlin hervorgegangen ist, in zweifacher Hinsicht einen wesentlichen Schritt zur Klärung der politischen und raumplanerischen Relevanz 'weicher' Standortfaktoren und imagebildender Strategien geleistet: indem er in einer sehr gründlichen Weise den Stand der wissenschaftlichen und fachlichen Diskussion zum Gegenstand aufarbeitet und dokumentiert und beim Durchforsten des Dickichts die relevanten Erkenntniszusammenhänge kenntlich macht. Dabei wird deutlich, daß die politische und entwicklungsplanerische Einflußnahme auf die Profilierung von Standortqualitäten längst zu einem wichtigen Politikfeld geworden ist. Oft steht dabei die Psychologie potentieller Investoren im Mittelpunkt des Kalküls. Namhafte Beispiele belegen aber auch, daß die Veränderung realer Bedingungen städtischer Lebensverhältnisse Ziel solcher Politikstrategien sein kann. Beide Entwicklungen dürften darauf hindeuten, daß die Problematik auf der Tagesordnung bleiben wird.

Berlin, Dezember 1990                                                    Karolus Heil

# Inhaltsübersicht

# Tabellenverzeichnis

# Abbildungsvereichnis

# Einleitung

"Entwicklung 'weicher' Standortfaktoren" - diese Formel beinhaltet zweierlei: Zum einen die Vermutung, daß die "weichen" Standortfaktoren zu einem Element wurden und werden, das die ökonomischen und sozialen Perspektiven von Städten und Regionen entscheidend bestimmt. Zum andern die Beobachtung, daß als Reaktion auf diesen vermuteten Trend sich ein entsprechendes kommunales Handlungsfeld herausbildet, etabliert und ausdifferenziert. In dieser Arbeit gilt es, diese Vermutung zu überprüfen und die entsprechenden kommunalen Reaktionen zu bewerten.

"Weiche Standortfaktoren" ist eine noch recht junge Wortschöpfung, die sich fachumgangssprachlich etabliert, ohne systematisch präzisiert worden zu sein. Die Grundinhalte des Begriffs sind freilich schon lange Gegenstand von Forschung und Planungshandeln. Verändert haben sich aber zum einen die Etikette, zum andern auch die konkreteren Inhalte.

Was unterscheidet die "mittelbar unternehmensbezogene Infrastruktur" der sechziger und siebziger Jahre von den "weichen" Standortfaktoren der achtziger Jahre? Zunächst umfaßt der neue Begriff auch Faktoren, für die der Ausdruck "Infrastruktur" gewissermaßen zu "hart" ist, die sich üblicher Planbarkeit zum Teil entziehen und die auch in atmosphärischen Bereichen angesiedelt sind. "Standortfaktor" bringt aber auch besser als "Infrastruktur" zum Ausdruck, daß die Inhalte des Begriffes zusätzlich über ihren eigentlichen Gebrauch hinausgehende Funktionen besitzen: Aus betrieblicher Sicht differenzieren sie räumliche Einheiten, aus kommunaler Sicht prägen sie die überörtliche Ausstrahlung der Stadt und werden so zum Wettbewerbsfaktor. "Infrastruktur" haftet schließlich noch ein Moment lokaler Fürsorge an, das der marktwirtschaftliche "Standortfaktor" nicht mehr enthält: "Weiche" Standortfaktoren werden in erster Linie für soziale Eliten entwickelt, für hochmobile und hochqualifizierte Beschäftigte.

Im ersten Teil dieser Arbeit wird zunächst der Ausgangspunkt der Entwicklung "weicher" Standortfaktoren beschrieben: die großräumige ökonomische und soziale Polarisierung der bundesdeutschen Stadtstruktur, die häufig unter dem Schlagwort vom "Süd-Nord-Gefälle" diskutiert wird. Anknüpfend an die Darstellung von Theorien, Modellen und empirischen Ergebnissen zur Erklärung dieser räumlichen Disparitäten wird derjenige in dieser Arbeit zu überprüfende Erklärungsansatz hypothesenartig ausgeführt, der die Entwicklungsunterschiede der Räume auch als Resultat unterschiedlicher Qualitäten der "weichen" Standortfaktoren sieht. Eher schlaglichtartig werden Reaktionen der Kommunen und von privaten Akteuren auf diese vermutete Bedeutung der "weichen" Standortfaktoren skizziert. Im zentralen Kapitel der Arbeit wird versucht, das räumliche Verhalten der Hauptakteure dieser vielleicht neuen Form der Raumbewertung, des vermuteten Bedeutungsgewinns der "weichen" Standortfaktoren eingehend zu untersuchen: die Standortwahl des zukunftsträchtigen Betriebs und das Freizeitverhalten sowie die Wohnortwahl der hochqualifizierten Arbeitskraft. Dabei geht es nicht nur um die Auswertung und Produktion theoretischer und empirischer Ergebnisse; es geht vor allem auch darum aufzuzeigen, vor welchen methodischen Barrieren eine Forschung nach dem Bedeutungsgewinn der "weichen" Standortfaktoren steht. In der den ersten Teil abschließenden Diskussion werden die Ergebnisse des zentralen Kapitels zusammengefaßt und wird vor diesem Hintergrund das kommunale Handlungsfeld "Entwicklung 'weicher' Standortfaktoren", werden Erfolgschancen und ökonomisch-soziale Konsequenzen einer entsprechend ausgerichteten Kommunalpolitik diskutiert.

Die Frage nach der tatsächlichen und wünschenswerten Bedeutung dieses Handlungs-feldes muß auch für jede Stadt neu gestellt werden. Dies geschieht im zweiten Teil die-ser Arbeit für die Stadt Nürnberg und ihre Region. Am Beispiel der Planung des "weich-sten" Standortfaktors, des Image, wird überprüft, ob die Entwicklung "weicher" Standort-faktoren für Nürnberg eine Strategie darstellt, die dem kommunalen Handlungsauftrag der Sicherung allgemeiner lokaler Wohlfahrt angemessen ist.

# ERSTER TEIL

# 1 Die Bedeutung der Fragestellung: großräumige Disparitäten in der BRD und kommunale Reaktionen

In diesem Kapitel wird die Relevanz der Frage nach der Bedeutung "weicher" Standortfaktoren näher ausgewiesen. Angesetzt wird dabei an der Seite des Raumes: was ist unter dem "Süd-Nord-Gefälle" in der BRD zu verstehen und wie wird es erklärt? Vor dem Hintergrund miteinander konkurrierender und sich ergänzender Erklärungsansätze werden Hypothesen zur Rolle der "weichen" Standortfaktoren für die beschriebenen räumlichen Entwicklungsunterschiede formuliert. Schließlich werden schlaglichtartig Reaktionen der Städte auf diesen vermuteten Bedeutungsgewinn der "weichen" Standortfaktoren dargestellt.

## 1.1 Zum Problem des "Süd-Nord-Gefälles" in der BRD

Neben zwei Formen räumlicher Disparitäten, einerseits die weiterhin existierenden Unterschiede in der Wirtschaftskraft zwischen zentralen und ländlichen Regionen und andererseits die Verlagerung der Entwicklungsdynamik innerhalb der hochverdichteten Regionen von den Kernen auf das Umland, rückte seit Ende der siebziger Jahre verstärkt das "Süd-Nord-Gefälle" in den Mittelpunkt des wissenschaftlichen und politischen Interesses.

Implizit unterstellt dieser Begriff eine stetig von Süd nach Nord abnehmende Dynamik ökonomischer Entwicklung. Wie deutlich und kontinuierlich die "Nord-Süd-Drift" erscheint, hängt allerdings davon ab, welche Indikatoren welcher räumlichen Einheiten verglichen werden.[1] Das sicherlich beeindruckendste Gefälle zeigt sich auf der Betrachtungsebene von Raumordnungsregionen für den Indikator Arbeitslosigkeit, vermutlich ist das Schlagwort auch in diesem Zusammenhang entstanden.[2] Betrachtet man aber zum Beispiel die Einwohner- und Beschäftigtenentwicklung, so erscheint der Begriff einer "Nord-Süd-Drift" bereits auf der Betrachtungsebene von Bundesländern als zu grob. Von 1970-1985 hatten hier zwar die "Südländer" Baden-Württemberg und Bayern die größten

---

[1] vgl. Friedrichs/Häußermann/Siebel (1986 a) S.3
[2] vgl. Vesper (1986) S.891

Gewinne zu verzeichnen, aber es zeigten sich auch Zuwächse für Schleswig-Holstein und Niedersachsen bei der Einwohner-, sowie Schleswig-Holstein und Bremen bei der Beschäftigtenentwicklung. Von Verlusten war hauptsächlich Nordrhein-Westfalen betroffen.[3] Ebenso waren zwar die Zuwachsraten der Bruttowertschöpfung in den süddeutschen Bundesländern höher als in den nördlichen, dem Niveau nach hatten Baden-Württemberg und Bayern Mitte der achtziger Jahre jedoch gerade aufgeholt. Auch die Unterschiede in den durchschnittlichen Haushaltseinkommen waren zumindest zu diesem Zeitpunkt zu gering, um von einem regelrechten Gefälle sprechen zu können. Die Disparitäten zwischen verdichteten und ländlichen Räumen waren um einiges größer.

In seiner verkürzenden Form kann das Schlagwort vom "Süd-Nord-Gefälle" somit wohl eher in den Bereich *"politischer Polemik"*[4] verwiesen werden. Seine Funktion lag und liegt dabei sicherlich auch in der *"Diskreditierung gesellschaftlicher und arbeitspolitischer Widerstände gegen eine bedenkenlose Technologisierung"*[5]. Den Kern dessen, wofür das Schlagwort seine Berechtigung hat, bildet vielmehr eine doppelte Bewegung: des Schrumpfens vor allem der altindustrialisierten Regionen im Norden und des Wachsens der dienstleistungsorientierten und/oder "neoindustrialisierten" Verdichtungsräume im Süden:

**Tab. 1: Struktur- und Entwicklungsdaten ausgewählter Agglomerationen**

| RAUMEINHEIT | VERÄND.D.BE-SCHÄFT. JE 1000 ERW.-FÄHIGE 1980-1985 | BRUTTOWERTSCH. JE EINW. IN DM | | ARBEITSLOSENQUOTE IN % | |
|---|---|---|---|---|---|
| | | STAND 1984 | VERÄND.ZU 1980 | STAND 1987 | VERÄND. ZU 1980 |
| Bundesgebiet | -40 | 27943 | 4865 | 10,2 | 6,1 |
| AGGLOMERA-TIONSRÄUME | | | | | |
| Hamburg | -62 | 37466 | 6821 | 12,8 | 9,3 |
| Bremen | -58 | 31372 | 4611 | 14,9 | 9,8 |
| Hannover | -60 | 30555 | 5056 | 12,9 | 8,4 |
| Rhein-Ruhr-Nord | -46 | 26735 | 3794 | 14,5 | 9,0 |
| Rhein-Ruhr-Mitte | -35 | 31134 | 5501 | 10,5 | 6,5 |
| Rhein-Ruhr-Süd | -29 | 30872 | 5809 | 11,2 | 6,7 |
| Rhein-Main | -38 | 36274 | 7292 | 6,6 | 4,0 |
| Rhein-Neckar | -49 | 32327 | 5736 | 7,8 | 4,4 |
| Stuttgart | -24 | 34880 | 6391 | 4,2 | 2,6 |
| München | -24 | 39799 | 8251 | 6,2 | 3,6 |
| Saarland | -47 | 26788 | 5142 | 15,7 | 8,6 |
| Nürnberg | -50 | 33918 | 7416 | 7,8 | 4,0 |

Quelle: BfLR (1986) S.945 ff; eigene Darstellung

---

[3] *vgl. BfLR (1986) S.945 ff*
[4] *Friedrichs/Häußermann/Siebel (1986 a) S.2*
[5] *Häußermann/Siebel (1986) S.7*

Am deutlichsten wurden die Entwicklungsunterschiede beim Indikator Arbeitslosigkeit. Die Arbeitslosenquote war 1986 im Ruhrgebiet und in Bremen dreimal so hoch wie im Stuttgarter Raum. Die Einwohner- und Beschäftigtenentwicklung verlief im Betrachtungszeitraum in allen nördlichen Agglomerationsräumen negativ und - abgesehen vom durch Suburbanisierungstendenzen besonders betroffenen Stuttgarter Raum - in allen südlichen Agglomerationen positiv. Die großräumige *"Polarisierung der Stadtstruktur"*[6] ist bei den "Wohlstandsindikatoren" zwischen dem Münchner Agglomerationsraum auf der einen und dem Ruhrgebiet auf der anderen Seite besonders ausgeprägt. Im Jahre 1984 schöpfte ein Münchner Einwohner brutto etwa 13.000 DM mehr Wert als ein Bewohner des Ruhrgebietes und seine "reale" Kaufkraft lag 1985 um etwa ein Fünftel höher. Auffallend ist, daß bei diesen Indikatoren Hamburg eher dem Süden, Nürnberg eher dem Norden zuzuordnen wäre.[7]

Die Unterschiede in der Beschäftigungsentwicklung zwischen den Agglomerationen im Norden und im Süden der BRD sind nur zum geringen Teil durch regional unterschiedliche Betriebsansiedlungsraten zu erklären. Von 1955-1981 wurden in der BRD 9.781 Industriebetriebe mit 871.892 Beschäftigten als Haupt- oder Zweigbetrieb neuangesiedelt oder über Gemeindegrenzen hinweg verlagert. Dieses mobile Potential ging jedoch seit Beginn der siebziger Jahre deutlich zurück, 1981 wurden nur noch 165 Betriebe mit 13.279 Beschäftigten angesiedelt.[8]

In den Jahren 1980/1981 erfolgten etwa 80% aller Verlagerungen innerregional, nur 364(!) Beschäftigte wurden über eine Distanz von mehr als 50 km hinweg verlagert.[9] Zweigstellen wurden zwar in größerer Entfernung von ihren Stammbetrieben errichtet, von regionsexternen Zweigstellenerrichtungen waren jedoch in den beiden Jahren auch nur etwa 4.000 Beschäftigte betroffen.[10] Bei der Neugründung von Betrieben und bei den Stillegungsraten wurde zwar ein Süd-Nord-Gefälle in Ansätzen sichtbar.[11] Quantitativ bedeutsam sind unterschiedliche Mobilitäts- und Neugründungsraten jedoch - wenn überhaupt - dann auf der Betrachtungsebene Agglomerationen vs. ländliche Räume; letztgenannte konnten ihren Anteil an den Betriebsstätten in den siebziger Jahren beträchtlich steigern.[12]

---

[6] *vgl. Häußermann/Siebel (1987) S.44*

[7] *vgl. BfLR (1986) S.975*

[8] *vgl. Schliebe (1982) S.77 und Bundesminister f. Arbeit u. Sozialordnung (1982) S.11. Mit dem Jahr 1981 wurden die auf Erhebungen des Bundesministers für Arbeit und Sozialordnung beruhenden periodischen Veröffentlichungen zur betrieblichen Mobilität eingestellt.*

[9] *vgl. Bundesminister f. Arbeit u. Sozialordnung (1982) S.31*

[10] *vgl. Bundesminister f. Arbeit u. Sozialordnung (1982) S.31*

[11] *vgl. Bundesminister f. Arbeit u. Sozialordnung (1982) S.25 und S.44*

[12] *vgl. Bundesminister f. Arbeit u. Sozialordnung (1982) S.28 und S.43*

**Abb. 1: Die Mobilität der Industriebetriebe. Neuerrichtungen, Verlagerungen und Stillegungen 1972-1981.**

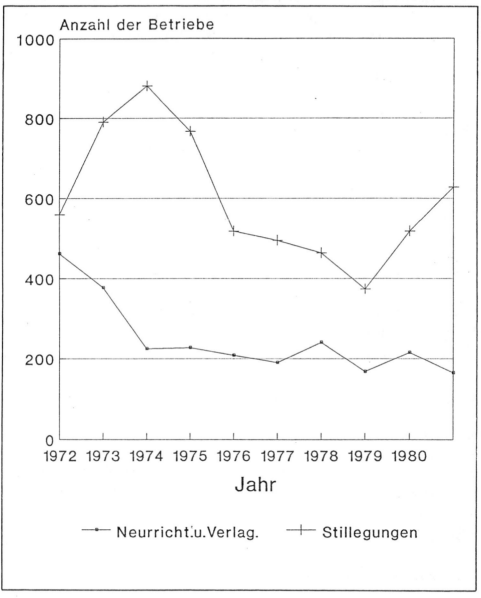

Quelle: Bundesminister für Arbeit und Sozialordnung (1982) S.10; eigene Darstellung

Das "Süd-Nord-Gefälle" der Beschäftigtenentwicklung ist also eher durch die regional unterschiedlichen Wachstumsraten bereits bestehender Betriebe, als durch räumliche Unterschiede in den betrieblichen Zu-, Abwanderungs- und Neugründungsraten, eher durch selektive In- und Desinvestitionen als durch die selektive Mobilität der Produktionseinheiten bedingt.

Ein geschlossenes theoretisches Konzept zur Erklärung dieses auch in anderen hochentwickelten Ländern zu beobachtenden Phänomens der großräumigen Polarisierung von Stadtstrukturen ist offenbar nicht vorhanden. Jedoch läßt sich aus einer Reihe von Bausteinen, aus Modellen, empirischen Daten und entwicklungsgeschichtlichen Überlegungen ein Erklärungsmosaik zumindest in groben Zügen zusammensetzen:

Gegenüber traditionellen Kurzzyklenmodellen[13] scheinen Theorien "langer Wellen" und die Produkt-Lebenszyklus-Theorie größeren Erklärungswert zu besitzen.[14] Demnach sind räumliche Disparitäten dadurch zu erklären, daß entweder produkt- und produktionsrevolutionierende Innovationen (derzeit auf der Basis von Mikroelektronik und Gentechnologie)[15] in einzelnen Teilräumen bevorzugt auftreten bzw. sich dort beschleunigt ausbreiten. Nach der Produkt-Lebenszyklus-Theorie wechselt der Ort, der Raumtyp, an dem ein Produkt am günstigsten hergestellt wird, im Laufe des Reifungsprozesses des Produktes,[16] es lassen sich Räume mit hoher Affinität zu noch in der Entwicklung befindlichen Produkten von solchen, die sich eher für die standardisierte Massenproduktion eignen, unterscheiden. Daran anknüpfend läßt sich die Krise einiger Teilräume durch die Krise der hier besonders stark verankerten "tayloristisch-fordistischen Produktionsformation"[17] und deren "bastard-tayloristisches"[18] Krisenlösungsmodell erklären. In den prosperierenden, "neoindustrialisierten" Regionen scheint sich dagegen die flexible "postfordische Formation" reibungsloser etabliert zu haben.[19]

Zum Teil lassen sich diese Überlegungen auch empirisch erhärten: Während regionale Branchenstrukturen keine erklärende Größe darstellen[20] und auch die ohnehin geringen regionalen Unterschiede in den Betriebsgrößenstrukturen keine eindeutigen Schlüsse zulassen,[21] zeigt "der Süden" bei anderen Indikatoren deutliche Entwicklungsvorsprünge:

---

[13] vgl. Läpple (1986) S.911
[14] vgl. Läpple (1986) S.917
[15] vgl. Henckel u.a. (1986) S. 32f
[16] vgl. Häußermann/Siebel (1987) S.47f
[17] vgl. Hirsch/Roth (1986) S.104
[18] Kern/Schumann (1984) S.29
[19] vgl. Läpple (1986) S.912f
[20] vgl. z.B. Friedrichs (1986) S.117ff; Bade (1987) S.77ff; ferner Häußermann/Siebel (1986) S.77; Sinz/Strubelt (1986) S.21f; Strubelt (1986) S.863
[21] vgl. Piore/Sabel (1985); Ewers/Fritsch (1985) S.2; Bade (1985) S.11; BfLR (1986) S.969; Sinz/Strubelt (1986) S.25f

Bei der Herstellung von Spitzentechnologien;[22] spezieller den Informations- und Kommunikationstechnologien;[23] allgemein in der Qualität der hergestellten Produkte;[24] beim Einsatz neuer Technologien in der Produktion;[25] den für Forschung und Entwicklung aufgewendeten Mitteln;[26] dem Anteil hochwertiger Dienstleistungen[27] und Unternehmensfunktionen[28] und - wie noch auszuführen sein wird - beim Anteil der hochqualifizierten Beschäftigten[29].

Alle diese Strukturunterschiede erklären jedoch ebenso regionale Entwicklungsunterschiede, wie sie selbst wiederum erklärungsbedürftig sind. Zu verstehen ist die ungleiche Entwicklung der einzelnen Teilräume der BRD letztlich nur in der Rekonstruktion ihrer jeweiligen wirtschaftlich-politisch-historischen Entwicklungen. Während in Baden-Württemberg eine Reihe von Faktoren zur Herausbildung einer sich nunmehr als günstig erweisenden flexiblen und auf hochwertige Produkte spezialisierten Kleinbetriebsstruktur führte,[30] kann der südbayerische Boom auch als Resultat politisch motivierter Unternehmensentscheidungen und des gezielten Aufbaus eines militärisch-industriellen Komplexes durch die Landesregierung angesehen werden.[31]

Sind derlei raumdifferenzierende Prozesse erst einmal in Gang gesetzt, so verstärken sie sich selbst. Ökonomische Prosperität induziert Zuwanderungen, diese wiederum führen zu erhöhter regionaler Kaufkraft, Nachfrage und Produktion. Wirksam ist sicherlich auch ein psychologisch-"spekulatives"[32] Element: *"der Süden ist der Gewinner der großräumigen Konkurrenz, weil alle glauben, daß es so ist"*[33]. Umgekehrt scheint sich für eine Region die Tatsache, von einer früheren Entwicklung profitiert zu haben und entsprechend geprägt zu sein, zum Nachteil zu wenden, wenn sich die technologischen und gesellschaftlichen Vorzeichen ändern. "Zähe Strukturen"[34] auch auf der politisch-institutionellen Ebene, oder - ein gern verwendetes Bild - die Schatten von "upas tree"[35] behindern dann die Entfaltung des neuen Entwicklungstyps.

---

[22] *vgl. Jung (1986) S.869*

[23] *vgl. Grabow/Henckel (1986 a) S.9ff*

[24] *vgl. Sinz/Strubelt (1986) S.23; Jung (1986) S.864*

[25] *vgl. Grabow/Henckel (1986 b) S.873ff; nach Ewers/Fritsch (1987) S.36 sind allerdings die regionalen Unterschiede in den Adoptionsraten computergestützter Technologien insgesamt gering.*

[26] *vgl. Sinz/Strubelt (1986) S.26*

[27] *vgl. Jung (1986) S.866; Strubelt (1986) S.824*

[28] *vgl. Häußermann/Siebel (1987) S.62 f; Gräber u.a. (1987)*

[29] *vgl. Sinz/Strubelt (1986) S.20; Jung (1986) S.866*

[30] *vgl. Strubelt (1986) S.826; Kunz (1986) S.834; Häußermann/Siebel (1987) S.66*

[31] *vgl. Häußermann/Siebel (1987) S.69ff; Häußermann/Siebel (1986) S.84; Kunz (1986) S.835*

[32] *vgl. Kunz (1986) S.836*

[33] *Henckel u.a. (1986) S.156*

[34] *Böventer (1987) S.22*

[35] *vgl. Läpple (1986) S.918*

Hieran knüpfen sich auch die Hoffnungen der heute zurückbleibenden Regionen. Der nächste Innovationsschub könnte an den dann von Mikroelektronik geprägten südlichen Gefilden vorbeigehen und in den brachliegenden nördlichen Regionen auf fruchtbaren Boden fallen. Tatsächlich finden sich schon erste Anzeichen zumindest der Abschwächung des "Süd-Nord-Gefälles". Die Negativentwicklung des Ruhrgebietes verlangsamte sich in den letzten Jahren. Noch werden Baden-Württemberg durch Einbrüche der Automobilindustrie bedingte Strukturkrisen lediglich prophezeit. Der Münchner Raum aber scheint an erste Grenzen seines Wachstums gestoßen zu sein. Diese Grenzen liegen aber nicht in der "Veraltung" des Raumes, sondern gerade in seiner ungebrochenen Dynamik. "München - Ende der Illusion"[36], titelte unlängst ein Wirtschaftmagazin. Enorme Bodenpreise führen zu einer rapiden Zersiedelung des Umlands und erhöhen die Verkehrsbelastungen. Bewohnbar wird die Stadt zunehmend nur für wenige Gutverdiende.

Die nachfolgend angeführten Kernthesen dieser Arbeit erhalten vor diesem Hintergrund eines sich andeutenden Wohnattraktivitätsverlustes des süddeutschen Raumes doppelte Brisanz. Sie könnte den vergangenen ökonomischen Aufschwung des Südens miterklären und gleichzeitig seinen Abschwung prophezeien.

## 1.2 Die Kernthesen dieser Arbeit und erste Einschätzungen

Im vorangegangenen Abschnitt wurde eine Reihe von Theorieansätzen, Modellen und Beobachtungen genannt, die Beiträge zur Erklärung des "Süd-Nord-Gefälles" in der BRD liefern und durch die sich zwei zentrale Begriffe ziehen: "Flexibilisierung" und "Qualifizierung". Im Mittelpunkt dieser Arbeit steht nun ein Erklärungsmuster, das auch an dem Begriff "Qualifizierung" ansetzt. Es steht einerseits in Konkurrenz, andererseits aber auch ergänzend zu anderen Erklärungsversuchen. Die "Klischees" dieses Erklärungsmusters lassen sich hypothesenartig formulieren:

- **Innerhalb des ökonomischen und räumlichen Strukturwandels wird die in ökonomischen, "harten" Kategorien faßbare Dimension von "Lebensqualität", wird wirtschaftliche Prosperität zunehmend durch die nichtökonomische "weiche" Dimension von "Lebensqualität" bestimmt.**

- **Dies geschieht, in dem erstens die Schlüsselfiguren des Innovationsprozesses und des Strukturwandels, hochqualifizierte Beschäftigte, verstärkt bestimmte Ansprüche an die Lebensqualität (Wohn-Freizeitwerte, kulturelle Angebote, landschaftliche Attraktivität,**

---

[36] vgl. Wirtschaftswoche 20.1.1989 S.33

"Atmosphäre") des Raumes richten und ihre Arbeitsplätze in den Regionen wählen, die entsprechende "komparative Vorteile" aufweisen.

- Zweitens übernehmen besonders die Betriebe, für die die hochqualifizierten Beschäftigten hohe Bedeutung besitzen, diese Präferenzen in ihre Investitionsentscheidung, die generell von "harten" Bestimmungsfaktoren unabhängiger wird.

Diese Hypothesen lassen sich weiter ausführen und plausibilisieren: Zunächst einmal ist die ökonomische Bedeutung eines Raumes determiniert durch seine Eignung oder Nichteignung als Standort für Produktionseinheiten im weitesten Sinne, sie ergibt sich aus der Kongruenz oder Inkongruenz seiner Standortgegebenheiten mit den Standortanforderungen der Produktionseinheiten.

Historisch wurde mit der technischen Entwicklung die Standortfindung der Produktion von geographischen Zwängen unabhängiger. Auf der Seite der Input-Faktoren ersetzte die Elektrizität die alten Energieträger Kohle und Wasser und konnten Rohstoffe, sofern sie überhaupt noch benötigt wurden, synthetisch erzeugt werden. Wo heute noch eine Abhängigkeit zu Vorprodukten besteht, ermöglichen schnellere und flexiblere Verkehrs- und Kommunikationsmittel die kostengünstige Überwindung größerer räumlicher Distanzen. Der Zwang zur räumlichen Nähe von Produktionsstätte und Markt lockert sich auch auf der Absatzseite, zumindest für Großunternehmen gibt es heute *"fast keine unersetzbar spezifischen Märkte"*[37] mehr.

In Bezug auf die natürlichen Bedingungen schafft die Technik damit das Potential für eine Homogenisierung des Raumes. Weniger wird aber dadurch ein "Prozeß der Standortbefreiung"[38] verursacht, sondern eher wird der Standort der "footloose industries" nun durch andere Zwänge bestimmt.[39] Einer dieser Zwänge ergibt sich aus der wachsenden Bedeutung qualifizierter Arbeit, des Wissens überhaupt für die Produktion. Er führt einerseits zur räumlichen Orientierung der Betriebe an Forschungeinrichtungen, andererseits - und das ist innerhalb dieser Arbeit von zentraler Bedeutung - an Räumen günstiger Reproduktionsmöglichkeiten der qualifizierten Arbeitskraft. Die Qualität und Attraktivität eines Raumes als Raum der Produktion leitet sich also zunehmend aus seiner Qualität als Raum der Reproduktion oder des Konsums ab.[40]

Die einem Raum zugesprochene Lebensqualität ist dabei nur bedingt eine objektiv gegebene und exakt meßbare. Sie ist auch Resultat gesellschaftlicher Bewertungsprozesse.

---

[37] *Castells (1977) S.116*
[38] *Töpfer (1969) S.170*
[39] *vgl. Castells (1977) S.117f*
[40] *vgl. Castells (1977) S.112ff*

Damit wird nicht nur der Raum als solcher maßgebend, sondern auch das *"Bild, das sich mit dem Raum assoziiert"*[41]. Initiatoren und Träger dieses Bildes, durch das *"ein bestimmter Entwicklungstypus [...] auf den konkreten Raum projiziert"*[42] wird, sind die "Gewinner" der neuen "postfordistischen" ökonomisch-sozialen Formation, ist eine als *"neue Professionelle"* zu bezeichnende *"neue Klassenfraktion"*[43].

Nur angedeutet sei hier, wie umstritten derlei Vermutungen, sowohl aus einer betriebswirtschaftlichen als auch einer raumwissenschaftlichen Perspektive sind:

Ein gewisser Bedeutungsgewinn der *"Social Amenities in Area Economic Growth"*[44] wird von einigen Autoren sehr zögernd eingeräumt: *"Alles, was mit einiger Sicherheit gesagt werden kann, ist, daß sie bei der Standortentscheidung in irgendeiner Form berücksichtigt werden"*[45], faßt *FÜRST* vorsichtig zusammen, für *KREUTER* *"können auch eher subjektiv psychologische Überlegungen die Standortwahl beeinflussen"*[46]. Auch *KUNZ* bleibt zunächst bei Andeutungen: *"Mit dem Entstehen der 'footloose industries' können zwei weitere Elemente der Standortfindung an Einfluß gewinnen: die Präferenzen der Wirtschaftssubjekte und das Image des Standortes als Spiegel dieser Präferenzen."*[47]

*WEBBER* schätzt den Einfluß der "amenities" eher gering ein: *"Such attractions can only affect a firms choice between two otherwise equally profitable locations. Thus the pure effect of amenities must be small"*[48]. Wohnortpräferenzen bestimmter Arbeitskräfte würden zwar berücksichtigt, *"but these hardly seem to be major considerations in locating multimillion dollar facilities."*[49] Für die Analyse räumlicher Disparitäten bedeutet das für *HÄUßERMANN/SIEBEL*: *"Natürliche Faktoren wie Alpen und Wetter, die oft als Erklärung genannt werden, sind für die Entwicklung Münchens irrelevant im Vergleich zu historischen, politischen und rein ökonomischen Faktoren. Überspitzt gesagt: München, Stuttgart und Frankfurt könnten ceteris paribus ebensogut im geographischen Norden liegen."*[50]

Autoren, die den "weichen" Standortfaktoren mehr Bedeutung für die betriebliche Standortwahl zumessen, beziehen sich auf derzeitige, vor allem aber auf zu erwartende Ent-

---

[41] *Ipsen (1986 b) S.921*
[42] *Ipsen (1986 b) S.922*
[43] *Ipsen (1986 b) S.929*
[44] *Klaaßen (1968)*
[45] *Fürst (1971) S.204*
[46] *Kreuter (1974) S.77*
[47] *Kunz (1986) S.835*
[48] *Webber (1984) S.77*
[49] *Webber (1984) S.77*
[50] *Häußermann/Siebel (1987) S.54*

wicklungen. *BULWIEN* titelt: *"das Flair ist zu einem wichtigen Kriterium der Standortent-scheidung geworden"* [51], *GALBRAITH* wertet *"die Qualität der physischen und psychischen Umwelt"* als entscheidendes Bestimmungsmoment betrieblicher Investitionsentscheidungen.[52] *HENCKEL* u.a. stellen fest: *"mit den steigenden Qualifikationen der Mitarbeiter [...] und der abnehmenden Arbeitszeit werden die Wohnortpräferenzen des qualifizierten Personals immer wichtiger."*[53] Auch FÜRST blickt in die Zukunft und mutmaßt, daß Infrastrukturangebote des Wohn- und Freizeitwertes gar zur *"conditio sine qua non"* für die Attraktivität eines Betriebstandortes avancieren könnten.[54] *KUNZ* schließlich nimmt gar an, daß andere Faktoren, die einst den Boom der südlichen Agglomerationen verursachten, in Zukunft an Bedeutung verlieren werden, und orakelt: *"Die Süd-Nord-Drift kann aber durch die Präferenzen und das Prinzip der kumulativen Verursachung - die sich selbst ernährende Hausse - erhalten bleiben."*[55]


Aus der Vielfalt der Äußerungen wird deutlich, wie wenig die vermeintliche Umkehrung der alten Kausalitätsbeziehung zwischen ökonomischer Prosperität und Lebensqualität eines Raumes theoretisch-empirisch untersucht und gar geklärt wurde. Zwischen der Hartnäckigkeit, mit der das Thema in den letzten Jahrzehnten in verschiedenen Zusammenhängen immer wieder auftauchte, und seiner systematischen Bearbeitung besteht eine deutliche Differenz. Untersuchungen des Zusammenhanges zwischen betrieblichen Standortentscheidungen und regionalen Präferenzen der Beschäftigten für den bundesdeutschen Raum sind älteren Datums.[56] Mit stark abnehmender betrieblicher und zurückgehender personeller Mobilität wurde wohl auch das wissenschaftliche Interesse an diesem Thema, zumindest aber seine empirische und theoretische Durchdringung, geringer.


## 1.3  Die interkommunale Konkurrenz um Attraktivität

Daß die Wissenschaft sich in der Einschätzung der tatsächlichen Bedeutung der "weichen" Standortfaktoren eines Raumes für seine ökonomische Entwicklung nicht einig ist, bedeutet freilich nicht, daß die davon Betroffenen, die Kommunen nicht schon auf diesen

---

[51] *Bulwien (1988) S.34*
[52] *vgl. Neue Züricher Zeitung 26.5.1978*
[53] *Henckel u.a. (1986) S.145*
[54] *vgl. Fürst/Zimmermann (1973) S.110*
[55] *Kunz (1986) S. 836*
[56] *vgl. Schröder 1968; Fürst/Zimmermann 1973; GfRS (1974)*

vermuteten Trend reagierten. Im Gegenteil deuten Anzeichen darauf hin, daß eine neue Runde interkommunaler Konkurrenz bereits eingeläutet ist: die Konkurrenz um die Entwicklung "weicher" Standortfaktoren.

Nicht nur die klassische, auch die moderne technische Infrastruktur ist schon fast zur Ubiquität geworden, der Gründungsboom der Innovations- und Gründerzentren schon fast Geschichte.[57] Es gilt, neue kommunale Handlungsfelder zu erschließen: die Gemeinden stärken ihre kulturelle Attraktivität. In den letzten Jahren erhöhten sich die laufenden Ausgaben der Gemeinde für ihre kulturellen Einrichtungen kontinuierlich stärker als die laufenden Gesamtausgaben.[58] Auch bei den Bauausgaben sind die Anteile für kulturelle Einrichtungen gestiegen, selbst wenn man die "kulturträchtigen" Stadtstaaten außer Betracht läßt:

---

[57] vgl. DIfU Bericht 3/88 S.4
[58] vgl. Statistisches Jahrbuch deutscher Gemeinden

**Abb. 2: Entwicklung der kommunalen Ausgaben für Baumaßnahmen 1977-1985 (ohne Stadtstaaten);**

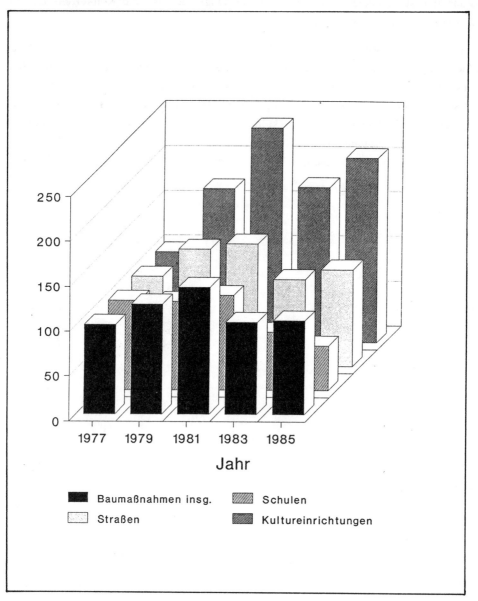

Quelle: Statistisches Jahrbuch deutscher Gemeinden; eigene Darstellung

Frankfurter Museumsufer und Stuttgarter Staatsgalerie sind nur zwei bekanntere Beispiele imagefördernder Kulturprojekte, viele Städte erstellen differenzierte Kulturentwicklungspläne.[59]

Die Konkurrenz hinsichtlich der kulturellen Attraktivitäten dürfte noch zunehmen, sie alleine aber markiert noch nicht die spezifische Qualität des neuen Wettlaufs. Es geht nicht mehr um bloße Teilaspekte der Stadt, ohnehin nicht mehr nur um Autobahnanschluß und verfügbare Gewerbeflächen, aber auch nicht nur um ein spektakuläres Kulturgebäude; es geht um die Stadt als Ganzes. Die Gemeinden begeben sich dazu auch in Sphären, wo dem technokratisch-biederen Begriff der "Infrastruktur" die Luft längst zu dünn ist. Die Dimension des Immateriellen wird erreicht. "Wirtschaftswerbung", so wurde dies noch "gut deutsch" in den sechziger Jahren genannt, "Imageplanung" hieß es bereits salopper in den siebziger Jahren. Mit dem ganzheitlichen "Stadt-Marketing" agieren die Kommunen nun endgültig wie das Objekt ihrer Bemühungen, die privaten Unternehmen: die Stadt wird zur Ware.

Die Bemühungen sind dort am stärksten, wo die Not am größten war, und sie scheinen von Erfolg gekrönt. Das Image des Ruhrgebiets hat sich offenbar vier Jahre nach Beginn einer großen Kampagne zumindest in Teilaspekten verbessert,[60] nur wenige assoziieren heute noch *durch die Luft fliegende Briketts"*[61] mit dem "starken Stück Deutschland".

Private Akteure, Forschungseinrichtungen und Zeitschriften stellen die Infrastruktur im neuen Wettbewerb. *INFRATEST* z.B. konzipierte *"ein sozialwissenschaftliches Analyse- und Beratungsinstrument für Entscheidungen im Bereich der Wirtschaftsförderung und Unternehmensansiedlung in Städten"*[62]. Das Angebotspaket enthält: Ein nach allen Finessen der empirischen Sozialforschung erstelltes Stadtprofil aus 13 Imagekomponenten, Beratung bei Workshops mit Führungskräften und bei der Umsetzung der Kampagnen. Während sich Wissenschaftler noch bemühen, "Lebensqualität" durch ein konsensfähiges und praktikables Indikatorensystem zu fassen,[63] hat sich - geleitet nur von der "Unsichtbaren Hand" - eine Spezies "laufender Raumbeobachtung" längst etabliert: die Städtetests. Die Tabellen 2 - 4 geben einen Überblick über einige dieser "Hitparaden" der letzten 17 Jahre. Es wäre zuviel der Polemik, wollte man diese Städte- und Regionsbewertungen pauschal als bloße raffiniertere Form der Städtewerbung stigmatisieren. Die hier dargestellten Städtelisten sind bei *MONHEIM, ZIMMERMANN, SCHRÖDER* und *EICK*, in etwas

---

[59] *vgl. Schäfers (1988) S.105*

[60] *vgl. KVR (1987) S.1*

[61] *vgl. Wirtschaftswoche 24.3.1989 S.41*

[62] *vgl. Infratest (o.J.) S.1*

[63] *Einen guten Überblick über den Stand der Sozialindikatorenforschung gibt Langendorf (1986). Vgl. auch Simon/Hamm (1986)*

anderer Form auch bei BUNTE in durchaus ernstzunehmende Analysen eingebunden. Sie sind als Zwischenprodukte hier zu Illustrationszwecken aus ihrem Kontext gelöst. Gerade bei einigen neueren häufig von Wirtschaftsmagazinen vorgenommenen Untersuchungen sind aber die Grenzen zwischen dem, was beschrieben wird, und dem, was damit erreicht werden soll, wohl fließend.

Methodisch lassen sich - wie auch bei den im Kapitel 2 angeführten Untersuchungen zu Betriebsstandort- und Personenwanderungsentscheidungen - zwei Hauptstränge unterscheiden: Befragungen und aufgrund von eigens entwickelten oder aus der amtlichen Statistik entnommenen Indikatoren erstellte Profile. Die Befragungen lassen sich wiederum danach differenzieren, ob unternehmerische Entscheidungsträger oder Einwohner ihre eigene oder fremde Städte bewerteten:

**Tab. 2: Untersuchungen zur Wohnattraktivität bundesdeutscher Städte und Regionen - Befragungen 1972-1987**

| AUTOR<br><br>JAHR | MONHEIM<br><br>1972 | ZIMMER-MANN<br><br>1973 | INFAS<br><br>1980 | ALLENS-BACH<br><br>1987 | KVR<br><br>1985 | BUNTE<br><br>1987 |
|---|---|---|---|---|---|---|
| BEFRAGTE | Unternehmen bundesweit | gesch.Stichpr. Arbeitnehmer bundesweit | Repräs. Einwohner bundesweit | Manager bundesweit | Einwohner bundesweit | Einwohner bundesweit |
| STÄDTE/ REGIONEN | alle bundesdeutschen | alle Bundesländer | 12 ausgew. bundesd. | alle bundesdeutschen | alle bundesdeutschen | die 12 größten bundesd.Städte |
| DIE ZEHN BELIEB-TESTEN STÄDTE/ REGIONEN | 1.München<br>2.Hamburg<br>3.Berlin<br>4.Düsseldorf<br>5.Stuttgart<br>6.Frankfurt<br>7.Hannover<br>8.Köln<br>9.Nürnberg<br>10.Bremen | Schl.-Holst.<br>Bayern<br>Hamburg<br>Hessen<br>Baden-Württ.<br>Bremen<br>Rheinl.-Pf.<br>Saarland<br>Niedersachsen<br>Nordrh.Westf. | München<br>Berlin<br>Köln<br>Düsseldorf<br>Stuttgart<br>Bremen<br>Hannover<br>Nürnberg<br>Mannheim<br>Bonn | München<br>Hamburg<br>Land,Dorf<br>Berlin<br>Düsseldorf<br>Freiburg<br>Köln<br>Stuttgart<br>Frankfurt<br>Bremen | München<br>Schl.-Holst.<br>Rhein/Neckar<br>Ruhrgebiet<br>Saarland | München<br>Stuttgart<br>Hamburg<br>Bremen<br>Köln<br>Berlin<br>Düsseldorf<br>Hannover<br>Frankfurt<br>Duisburg |

Quellen: Monheim(1972)S.51; Zimmermann(1973)S.84; Infas (1980) S.5; Allensbach (1985); KVR (1985) S.5; Bunte (1989) S.18; eigene Darstellung.

Gleich ob als Wirtschafts- oder als Wohnstandort - wurden bundesweit Einwohner oder Entscheidungsträger von Unternehmen[64] nach der attraktivsten Stadt befragt, so erhielt stets München den Spitzenrang; heute wie zur Zeit seiner Olympischen Spiele. Die weiteren Plätze variieren zwischen den größten bundesdeutschen Städten, wenn sich auch Hamburg noch etwas abhebt. Ein gänzlich anderes Bild ergibt sich aber, wenn Bewohner

---

[64] vgl. Bunte (1988) S.17

oder Unternehmer nur ihre eigene Stadt bewerten sollen. Dann schwingt sich Münster zur Unternehmerstadt auf und rangieren gar Dortmund und Esslingen noch vor München. Die großen Hansestädte sind die attraktivsten Wohnorte unter den bundesdeutschen Großstädten.

**Tab. 3: Untersuchungen zur Wohnattraktivität bundesdeutscher Städte und Regionen -
Befragungen und Indikatorenanalysen 1968-1989**

| AUTOR/JAHR | BEFRAGUNGEN | | INDIKATORENANALYSEN | | |
| --- | --- | --- | --- | --- | --- |
| | BUNTE 1987 | WIRTSCHAFTS-WOCHE 1989 | SCHRÖDER 1968 | EICK 1976 | IMPULSE 1989 |
| BEFRAGTE | Einwohner | Einwohner | - | - | - |
| EINBEZ. STAEDTE/ REGIONEN | die 12 größten bundesdt. Städte | die 10 bundesdt. Städte ab 500000 EW | bundesweit | 21 bundesdt. Großstädte | 42 bundesdt. Städte ab 150000 EW |
| BEWERTETE STADT/REG. | die eigene | die eigene | - | - | - |
| DIE ZEHN BELIEB-TESTEN STÄDTE REGIONEN | 1.Duisburg | Bremen | Oberbayern | Bonn | Bremen |
| | 2.Essen | Hamburg | Wiesbaden | München | Braunschweig |
| | 3.Hamburg | Stuttgart | Hamburg | Hannover | Hannover |
| | 4.München | München | Schl.Holst. | Wiesbaden | München |
| | 5.Stuttgart | Düsseldorf | Aurich | Berlin | Augsburg |
| | 6.Köln | Köln | Südbaden | Stuttgart | Nürnberg |
| | 7.Düsseldorf | Frankfurt | Bremen | Frankfurt | M'gladbach |
| | 8.Bremen | Essen | Schwaben | Karlsruhe | Karlsruhe |
| | 9.Berlin | Hannover | Köln | Kiel | Bonn |
| | 10.Hannover | Berlin | Kassel | Düsseldorf | Münster |

Quellen:Bunte (1987); Wirtschaftswoche (1989); Schröder (1968) Anhang, Tab.42; Eick (1976) S.40; eigene Darstellung.

Geradezu das Untersuchungsziel des *BUNTE*-Städtetests war es, das Image, das Ansehen einer Stadt nach außen mit der Bewertung seiner Bewohner zu kontrastieren. Und es wird deutlich: das Ruhrgebiet ist besser als sein Ruf, die Duisburger und die Essener sind mit ihrer Stadt besonders zufrieden. Plausibel erscheint die Erklärung, nach der die Zufriedenheit eines Bewohners mit seiner Stadt nicht nur von deren ökonomischer Gesamtentwicklung abhängt, sondern auch davon, wie sich diese Prosperität in der Stadt verteilt.[65] An anderer Stelle ist das Problem der inneren Polarisierung gerade der boomenden Städte eingehender diskutiert.[66]

Auf der anderen Schiene der Städtetests wird der Versuch unternommen, die Qualität von Städten aufgrund eines eigens entwickelten Indikatorensatzes zu ermitteln.[67] Daß

---

[65] vgl. Bunte (1988) S.26
[66] vgl. Kapitel 1.3.
[67] Bei SCHRÖDER und bei EICK ist die ermittelte Städterangliste dabei nur ein Zwischenprodukt auf dem Weg zu aggregatbezogenen Aussagen.

Bremen von dem Wirtschaftsmagazin *IMPULSE* nach dem "härtesten Test, dem die bundesdeutschen Städte je unterzogen wurden"[68] zur besten Wohnstadt gekürt wird, verträgt sich auch mit den Einschätzungen seiner Bewohner. Und daß das scheinbar so farblose Hannover - interessanterweise vor allem aufgrund seiner "harten" Standortfaktoren - der "urbs oeconomica", dem optimalen Produktionsstandort, in Wahrheit noch am nächsten kommt, ist auch nicht auszuschließen.

**Tab. 4: Untersuchungen zur Attraktivität bundesdeutscher Städte und Regionen als Wirtschaftsstandort - Befragungen und Indikatorenanalysen 1968-1989**

| AUTOR/JAHR | BEFRAGUNGEN | | INDIKATORENANALYSEN | |
| --- | --- | --- | --- | --- |
| | MONHEIM 1972 | BJU 1987 | SCHROEDER 1968 | IMPULSE 1989 |
| BEFRAGTE | Unternehmen | Unternehmen | - | - |
| EINBEZOGENE STAEDTE/REG. | bundesweit | in 34 bundesdeutschen Städten | bundesweit | alle bundesd.-Städte größer 150 000 EW. |
| JEWEILS BE-WERTETE STAEDTE/REG. | alle | die eigenen | s.o. | s.o |
| DIE ZEHN BELIEB-TESTEN STÄDTE/ REGIONEN | 1.München 2.Düsseldorf 3.Hamburg 4.Frankfurt 5.Berlin 6.Stuttgart 7.Köln 8.Hannover 9.Ruhrgebiet 10.Bremen | Münster Dortmund Esslingen München Nürnberg Berlin Stuttgart Lüdenscheid Bochum Göttingen | Köln Wiesbaden Oberbayern Hamburg Mittelfranken Nord-Württ. Hannover Nordbaden Unterfranken Oldenburg | Hannover Köln Braunschweig Wuppertal Bremen Mannheim Münster Kiel Hamburg Stuttgart |

Quellen:Monheim (1972) S.61; BJU (1988); Schröder (1968) Anhang, Tab.42; Impulse 4/1989, S.244; eigene Darstellung

Eher aus dem Anekdotenschatz der empirischen Raumforschung entsprungen zu sein scheinen aber zumindest einige Zwischenergebnisse dieses Tests, die natürlich auch den Wert des Endresultats schmälern. Da wird Solingen alleine aufgrund seiner niedrigen Straftaten- und Unfallraten tatsächlich zur Stadt mit der besten Umweltqualität in der BRD. Mülheim erreicht seine hohe Umweltqualität im Grunde wegen seiner hohen Autodichte, denn diese "führt" - statistisch gesehen - zu geringen Unfallzahlen je PKW.[69] Es überrascht kaum, daß die Ergebnisse dieser Städtetests sich in der Summe fast neutralisieren. Der aufgrund von Indikatorenanalysen optimale Wirtschaftsstandort Hannover beispielsweise wird von bundesdeutschen Unternehmern unter 34 Großstädten am schlechtesten bewertet.

---

[68] *Impulse 4/1989 S.239*
[69] *vgl. Impulse 3/1989 S.218*

Sind derlei Untersuchungen somit stets mit gewissem Humor zu konsumieren, so machen sie jedoch, in Kombination mit Einwohnerbefragungen, auf zweierlei aufmerksam: zum einen auf die "Imagelücke", die Differenz zwischen Ansehen und Realität einer Stadt. Zum andern aber dokumentiert ihr fast inflationäres Erscheinen in den letzten Jahren, daß diese "Imagelücke" zunehmend thematisiert wird. Ein Paradoxon könnte in Zukunft verstärkt auftreten: zum Image einer Stadt könnte es gehören, eine Imagelücke aufzuweisen. Das Image des Ruhrgebietes wird es, besser als sein Image zu sein.

Auch unabhängig davon ist der Beitrag dieser Städtebewertungen zur Beantwortung der hier formulierten Thesen als eher gering einzuschätzen. Derartige Befragungen oder indikatorenbasierte Städtetests beziehen sich zumindest nicht direkt auf raumwirksames Verhalten. Sicherlich steigt die Wahrscheinlichkeit einer Stadt, Ziel von Einwohnerwanderungen oder betrieblichen Investitionen zu sein, mit ihrer Beliebtheit. Die genaue Vermittlung zwischen latenter Präferenz und raumwirksamer Entscheidung läßt sich so aber nicht erhellen. Genau um räumlich wirksame Entscheidungen geht es im nächsten Kapitel. Eingehender betrachtet werden die betriebliche Standortwahl und die Wanderungen von Personen.

# 2 Die "weichen" Standortfaktoren und das räumliche Verhalten von Betrieben und Beschäftigten

Wurde im vorangegangenen Kapitel die Relevanz des Themas herausgearbeitet, so soll in diesem Abschnitt zur Klärung der Frage beigetragen werden, ob und wieweit die ökonomische Entwicklung eines Raumes von seiner Qualität als Lebensraum bestimmt wird und ob damit die beschriebenen kommunalen Reaktionen eine Grundlage haben. An den dargestellten "Städtetests" wurde vor allem kritisiert, daß sie die Frage nach der Attraktivität von Städten und Regionen nicht direkt auf raumwirksames Verhalten beziehen. Erst raumwirksame Reaktionen auf die "weichen" Standortfaktoren machen diese aber zum Thema der Raumforschung. Die Standort-, genauer die Investitionsortentscheidung von Betrieben und die Wanderungen von Personen stehen damit im Blickpunkt dieses Kapitels.

Sieht man zunächst einmal vereinfachend die planenden Instanzen als bloß reagierende Einheiten an, so spielt sich die vermeintlich neue Form der Raumbewertung zwischen zwei Einheiten bzw. Subjekten ab: dem Betrieb und dem Beschäftigten. Faßt man diese Neubewertung des Raumes im Kontext einer "Neuformierung des Kapitalismus", so lassen sich diese Beteiligten noch weiter eingrenzen. Auf der einen Seite steht der "neue Industriebetrieb" und auf der anderen Seite die hochqualifizierte Arbeitskraft. Die knifflige "Henne-und-Ei"- Doppelfrage dieses zentralen Kapitels ist damit jene: Richten vor allem neue und innovative Betriebe ihre Investitionsentscheidung räumlich an dem Vorhandensein und an den Wohnortwünschen der besonders benötigten qualifizierten Arbeitskräfte oder an anderen "harten" Faktoren aus, und: orientiert sich umgekehrt die qualifizierte Arbeitskraft räumlich an einem attraktiven Arbeitsplatz oder an ihren Wohn- und Freizeitpräferenzen? Schon vorab sei angedeutet, daß dieses "Henne-und-Ei-Problem" in den Regionalwissenschaften noch nicht befriedigend gelöst ist; *GANSER* bemerkt dazu:

*"In die Systematik der Standortfaktoren läßt sich der Wohn- und Freizeitwert einer Region [ebenso wie andere beschäftigtenbezogene "weiche" Standortfaktoren- C.D.] nicht ohne Umwege einordnen. In vielen Untersuchungen wird der Fehler begangen, diesen Standortfaktor direkt abzufragen oder ohne theoretische Strukturierung in statistische Zusammenhangsprüfungen einzufügen. Auf diese Weise geht die vermittelnde Wirkung über den Faktor 'Arbeitskräfte' verloren. Ein eigenständiger Standortfaktor ist der Faktor 'Wohnortgunst' nur dann, wenn durch die Wohnortgunst Standortentscheidungen von privaten Haushalten (Wanderung) verursacht werden, ohne daß dabei die Attraktivität der angebotenen Arbeitsplätze eine entscheidende Rolle spielt. Ohne einen ausgeklügelten methodischen Ansatz sind die damit verbundenen Zurechnungspro-*

*bleme nicht zu lösen, da in einer Region mit überdurchschnittlicher Wohnortgunst als Folge der Wirkamkeit dieses Faktors zwangsläufig auch attraktive Arbeitsplätze angeboten werden. Für eine Wirkungsanalyse von regionalpolitischen Instrumentarien, die bei der Verbesserung des Wohnwertes ansetzen, ist eine Trennung dieser Systemkomponenten jedoch unerläßlich. Wegen der hier aufgezeigten methodischen Probleme ist die ursächliche Wirkung des 'Wohnortfaktors' im Konzept der Standortfaktoren bisher eigentlich nicht geklärt."[1]*

## 2.1 Die Rolle der "weichen" Standortfaktoren innerhalb der betrieblichen Investitionsentscheidung

Es ist sinnvoll, bereits an dieser Stelle zu einer Eingrenzung jener Betriebe zu kommen, deren Standortwahl untersucht werden soll. Sieht man die Tertiärisierung der Wirtschaft als die entscheidende Tendenz an, so läge es nahe, nur das Standortwahlverhalten von Dienstleistungsbetrieben zu betrachten. Dagegen spricht aber vor allem, daß der eingangs beschriebene "Trendbruch in der Raumentwicklung" durch Entwicklungen im Sekundären Sektor verursacht zu sein scheint. Es zeigen sich "Neo- und Reindustrialisierungstendenzen"; auch scheint die konjunkturelle Entwicklung in der BRD wieder eher durch das Produzierende Gewerbe als durch den Dienstleistungssektor getragen zu werden.[2] Ohnehin verdeckt eine sektorale Betrachtungsweise, daß sich Tertiärisierungstendenzen nicht nur als relatives Wachstum des Dienstleistungssektors ausdrücken, sondern ebenso innerhalb des Produzierenden Gewerbes zu finden sind. Anders formuliert, die Betriebe und damit die Regionen unterscheiden sich weniger in dem, was sie produzieren, als darin, wie sie es produzieren. In regional unterschiedlichem Maße werden Fertigungsfunktionen abgebaut und nehmen dispositive Tätigkeiten zu.[3] Es scheint gar, daß die aktuelle Diskussion um die "weichen" Standortfaktoren durch diese Tertiärisierung des Sekundären Sektors zu erklären ist. Im Blickpunkt steht also die Standortwahl der Industriebetriebe. Mit ihnen beschäftigt sich auch der größte Teil der betrieblichen Standorttheorie und der entsprechenden empirischen Arbeiten. Bei der Primärauswertung der Betriebsbefragung im Nürnberger Raum wird jedoch eine im "Neoindustrialisierungsprozeß" wichtige Gruppe des Tertiären Sektors miteinbezogen werden, die "neuen produktionsorientierten Dienstleistungen".

Der Zentralbegriff dieser Arbeit "'weiche' Standortfaktoren" wurde bereits mehrfach verwendet, ohne näher definiert zu sein. Seine Eingrenzung wird hier vorgenommen auf

---

[1] *Ganser (1984) S.95f*
[2] *vgl. Tagesspiegel vom 22.6.1989*
[3] *vgl. Bade (1987) S.16*

der Grundlage einer Skizzierung des Rationalitätsbegriffes der Industriestandortlehre. Daran anschließend folgt die Darstellung empirischer Untersuchungen zur Beantwortung der Frage nach dem Bedeutungsgewinn der "weichen" Standortfaktoren. Diese Frage wird gewissermaßen zweifach gestellt: Zeigt sich zum einen für die Gesamtheit der Industriebetriebe ein Bedeutungsgewinn im Zeitablauf und läßt sich zum andern ein Betriebstypus ermitteln, der stellvertretend für zukünftige ökonomische Entwicklungen stehen könnte und für den eine besonders hohe Affinität zu "weichen" Standortfaktoren festgestellt werden kann? Dabei werden die aus der Literatur gewonnenen Erkenntnisse durch Primärauswertungen einer Betriebsbefragung ergänzt.

## 2.1.1 Die Rationalität der betrieblichen Standortwahl und die "weichen" Standortfaktoren

### Die Rationalität der betrieblichen Standortwahl

Dem Begriff "'weiche' Standortfaktoren" scheint ein irrationales Moment anzuhaften. Die bewußte und unbewußte Einbeziehung dieser Faktoren, so das Vorurteil der traditionellen Standortlehre, entrationalisiere die Standortwahl und führe zu suboptimalen Lösungen. Dieses Vorurteil ist zu überprüfen. Wie rational ist eine Standortwahl grundsätzlich, entrationalisieren "weiche" Standortfaktoren die Investitionsentscheidung, und wenn ja, in welchem Sinne?

Das Postulat einer "objektiven Rationalität" der Standortwahl, des ökonomischen Verhaltens überhaupt, hielt sich in der Standorttheorie einige Zeit. Trotz aller Einschränkungen ist es noch immer unterschwellig in vielen theoretischen und empirischen Ansätzen zur Erklärung des Standortwahlverhaltens von Betrieben enthalten.

*"Im einfachsten und zugleich realitätsfernsten Modell"* sind dem "Homo Oeconomicus" alle Handlungsalternativen und deren Konsequenzen bekannt; der Akteur wählt nach dem Zweckrationalitätsprinzip die gewinnmaximale Alternative aus bzw. er maximiert das Produkt aus Eintrittswahrscheinlichkeit und erwartetem Gewinn.[4]

Historisch wurde dieser strenge Rationalitätsbegriff schon innerhalb der entscheidungslogischen Theorieansätze relativiert; bei *BERNOULLI* ist das offensive Informationsverhalten des Menschen bereits nicht mehr vorausgesetzt: *"Der Mensch versucht unter Vor-*

---

*gabe seines Informationsstandes, der Glaubwürdigkeit bestimmter Zukunftslagen und seiner Risikoneigung so zu handeln, daß der Nutzen seiner Zielgöße maximiert wird".*[5] Die Nutzenmaximierung, also auch die Maximierung der Befriedigung "persönlicher Präferenzen", ist *"die der Gewinnmaximierung übergeordnete Zielfunktion des Unternehmers"*;[6] Rationalität ist hier in Ansätzen schon entobjektiviert.

Innerhalb der verhaltenswissenschaftlichen Ansätze wird die endgültige Abkehr von der Annahme objektiver Rationalität vollzogen. Die *"bounded rationality"*[7] des Unternehmers bedingt, daß er die Suche nicht bis zum Auffinden des optimalen Standortes fortsetzt, ihm genügen bereits subjektiv *"zufriedenstellende"* Standorte. [8] Auch für ausdifferenzierte Entscheidungssysteme bleibt stets eine obere Grenze der Verarbeitungskapazität bestehen, diese Schranke ist auch durch Erfahrungen und Emotionen der Subjekte gesetzt.[9] Bedeutender als das emotionale Verhalten - etwa in Form von Prestigestreben, Aggression und Spieltrieb - ist sicherlich das "habituelle Verhalten". Tritt bei diesem gewohnheitsmäßigen Verhalten das erste Glied einer Reaktionskette auf, so folgen die anderen automatisch. Habituelles Verhalten schützt damit den Menschen vor der Überforderung, die aus rein rationalem Agieren resultieren würde.[10]

Sieht *FÖRTSCH*, verursacht durch den *"umweltbedingten Zwang zur Rentabilität"*[11], das rationale Verhalten dennoch als das letztendlich dominierende an und sind für *FÜRST* Erwartungen lediglich *"Substitut für fehlende Informationen"* [12], so setzt *BADE* die Akzente anders. Jede Informationsaufnahme erfolgt demnach zunächst unter der Maxime des Erhalts der *"kognitiven Ordnung"*[13], sie ist bestimmt durch die Erwartungen an die Situation. Erst wenn die Informationsströme sehr stark sind, passieren sie den Wahrnehmungsfilter und können die Erwartungen ändern,[14] pointiert formuliert: das Subjekt sucht gerade nicht aktiv nach verhaltensändernden Informationen, sondern ist bestrebt, diese zwecks Erhalt seiner kognitiven Ordnung umzudeuten, wenn nicht gar zu ignorieren und so den Informationsgewinn zu vermeiden.[15] Für diese dominierende Rolle des habituellen Verhaltenstypus spricht empirisch auch, daß die *"Kontinuität der Siedlungsstruktur"* faktisch wesentlich höher ist, als sie es bei einem rein gewinnmaximierenden Verhalten wäre, daß

---

[5] *Bade (1978) S.49*
[6] *Brede (1971) S.43*
[7] *vgl. Bade (1978) S.52*
[8] *vgl. Förtsch (1973) S.93ff*
[9] *vgl. Förtsch (1973) S.93ff*
[10] *vgl. Förtsch (1973) S.96f*
[11] *vgl. Förtsch (1973) S.106*
[12] *vgl. Fürst/Zimmermann (1973) S.36*
[13] *vgl. Bade (1978) S.59*
[14] *vgl. Bade (1978) S.63*
[15] *vgl. Bade (1978) S.66*

die realen Mobilitätsraten weit unter den "optimalen" liegen.[16] Die Industriestandorte sind *"in der weitaus überwiegenden Mehrzahl der Fälle mehr traditional als rational zu erklären"*[17].

Wird Rationalität als *"systematische zielorientierte Informationsbeschaffung und -verarbeitung"*[18] definiert, so ist es plausibel, *"daß bei großen Betrieben von einem höheren Maß rationalen Entscheidungsverhaltens ausgegangen werden kann"*[19]. Bei der Standortwahl von Großbetrieben wird zumindest eine *"Kombination aus Erfahrungen und wissenschaftlichen Methoden"*[20] zu erwarten sein. Es werden mehr Informationen verarbeitet, als dies in kleineren Betrieben möglich ist, die Zahl der berücksichtigten Standortalternativen wird größer und gleichzeitig nimmt die Entscheidungsdauer ab.[21] Dies ist einleuchtend, da *"ein effizientes betriebliches Rechnungs- und Planungswesen häufiger in großen Betrieben anzutreffen ist"*[22] und Entscheidungsängste mit zunehmender Zahl von Entscheidungsträgern abgebaut werden.[23] Andererseits kann aber auch die *"Fragmentierung der Unternehmertätigkeit"*[24], die Aufspaltung in Abteilungen mit dem Ziel der Vermeidung von internen Konflikten [25] zu einem Rückgang an Gesamtrationalität führen. Jede Abteilung entwickelt dann ihre eigene Rationalität und filtert entsprechend Informationen, *"eine optimale Lösung [...,] wird durch Informationsverzerrungen verhindert"*.[26] Kleine Unternehmen gleichen ihre geringeren Informationsgewinnungs- und -verarbeitungskapazitäten *"durch starken Rekurs auf einen vorhandenen Informationsstatus"*, Erfahrungsregeln und die Begrenzung des Suchradius auf die nähere Umgebung des alten Standortes aus.[27] Die Bewertungsmaßstäbe werden vereinfacht und, so vermuten zumindest *FÜRST/ZIMMERMANN*, das Unternehmen wird *"sich auch von einer 'ganzheitlichen' Betrachtung des Standortes leiten lassen, bei der sich die Charakteristika des Standortes zu Imagewerten verdichten"*[28], zu einem *"Superzeichen"*[29] zusammengefaßt werden. Allerdings erscheint auch das Gegenteil, wonach das Image einer Region gerade für große Betriebe besondere Bedeutung besitzt, plausibel. Großbetriebe sind weiträumiger orientiert, ihre räumlich entfernten Kunden

---

[16] vgl. Häußermann/Siebel (1987) S.116; Bade (1978) S.15
[17] Salin (1928) S.79
[18] vgl. Fürst (1971) S.200
[19] Kreuter (1974) S.85
[20] Metz/Köning (1980) S.187f
[21] vgl. GfRS (1974) S.46
[22] Fürst (1971) S.200
[23] vgl. Förtsch (1973) S.73
[24] vgl. Bade (1978) S.67
[25] vgl. Bade (1978) S.70
[26] Bade (1978) S.72
[27] vgl. Fürst/Zimmermann (1973) S.47; GfRS (1974a) S.47
[28] Hansmeyer/Fürst/Zimmermann (1975) S.134
[29] Fürst/Zimmermann (1973) S.27

verfügen nur über verdichtete Informationen über den Standort des Betriebes und verbinden dieses Image mit der Einschätzung des Betriebes und seiner Produkte.

Offensichtlich variiert der Rationalitätsgrad der Standortwahl auch mit dem Typ der Ansiedlung. Bei Zweigstellen (ZG) ist die Funktionskomplexität und damit die Anzahl der zu berücksichtigenden Kriterien am geringsten, die relevanten Standortfaktoren sind relativ leicht operationalisierbar.[30] Darüber hinaus ist das Risiko der Standortwahl als einer *"Investition wie jede andere auch"*[31] vergleichsweise gering, schließlich verfügen die Entscheidungsträger bereits über Erfahrungen im Bereich der Standortplanung. ZG sind daher am ehesten in der Lage, den *"ökonomisch optimalen Standort"* zu bestimmen.[32] Für Neugründungen (NG) und Betriebsverlagerungen (BV) ist das Risiko der Standortwahl ungleich höher,[33] demzufolge ist die Bindung an den alten Standort (bei BV) oder den Wohnort der Unternehmensgründer (bei NG) recht eng.[34] Die Entscheidungsträger für BV besitzen zwar einige Erfahrungen im Bereich der Standortwahl, sie sind aber in fast ebensolchem Maße wie NG *"stärker auf subjektive Wertungen angewiesen; Image-Einflüsse, psychische Bedingungen wie Industrieklima, Vertrautheit der Gemeinde etc. spielen eine wesentlich größere Rolle."*[35]

## Eingrenzung der "weichen" Standortfaktoren

Wie kann nun der Begriff "weiche" Standortfaktoren vor dem Hintergrund der hier skizzierten, zumindest für einige Betriebstypen stark eingeschränkten Rationalität der Standortwahl näher eingegrenzt werden?

Nur zu vermuten ist, daß der Begriff in dieser Form etwa zu Beginn der achtziger Jahre in der Diskussion auftauchte. Genauere Definitionen lassen sich in der Literatur nicht finden.

Ein Standortfaktor stellt nach der klassischen Definition Alfred WEBERs *"einen seiner Art nach scharf abgegrenzten Kostenvorteil, der einen bestimmten Industrieprozeß hierhin oder dorthin zieht"*[36], dar.

---

[30] vgl. Fürst/Zimmermann (1973) S.53
[31] vgl. Fürst (1971) S.203
[32] vgl. Fürst/Zimmermann (1973) S.53
[33] vgl. Fürst/Zimmermann (1973) S.52
[34] vgl. Fürst (1971) S.202; Fürst/Zimmermann (1973) S.52
[35] Fürst/Zimmermann (1973) S.53
[36] Weber (1914) S.57

Die meisten Standorttheorien und empirischen Untersuchungen zur betrieblichen Standortwahl beziehen von vornherein nur solche Faktoren mit ein, die innerhalb eines Staates
variieren. Globale ökonomische Faktoren wie unterschiedliche Finanzmärkte, Zinsnive-
aus und grundlegende gesellschaftlich-politische Rahmenbedingungen werden nur selten
berücksichtigt.[37] Sie sind auch im Rahmen dieser Arbeit, der es um die Klärung des Einflusses "weicher" Standortfaktoren auf das "Süd-Nord-Gefälle" in der BRD geht, nicht interessant.

In der Definition WEBERs ist bereits unterstellt, daß sich Unterschiede in den Qualitäten
verschiedener Standorte quantitativ ausdrücken lassen. Eine Standortentscheidung wäre
demnach umso rationaler, je mehr sich die einzubeziehenden Faktoren "rechnen lassen".
Der Zusatz "weich" soll nun diese Bestimmung aus dem klassischen Begriff des Standortfaktors eliminieren. "Weiche" Standortfaktoren sind also zunächst die Standortfaktoren,
die sich nicht unmittelbar als Kostenvorteile ausdrücken lassen.

In der traditionellen Standorttheorie werden "weiche" Standortfaktoren meist einfach
pauschal unter den Begriff "persönliche Präferenzen" subsumiert, während neuere Untersuchungen häufig genauere inhaltliche Bestimmungen vornehmen. Relativ fruchtlos
sind dabei Versuche, diese "purely personal considerations" konkreter in letzlich normative Modelle der Profit-Nutzen-Maximierung miteinzubeziehen. Die Überlegungen beispielsweise von SMITH sind in ihrer Abstraktheit und Realitätsferne sicherlich nicht un-
typisch: Jede der im Modell eingezeichneten Linien markiert einen Standort, an dem zu
einem bestimmten Profit produziert werden kann. Der ökonomisch optimale Standort ist
gleich dem Mittelpunkt der Kreislinien (O). Aus persönlicher Sicht bevorzugt der Unternehmer aber die Standorte x oder y. Er hat nun abzuwägen, dazu sind die persönlichen
Nutzen- in Geldeinheiten um- und gegen die Differenzen zum maximalen Profit aufzu-
rechnen. Ist der Nutzenzuwachs größer dem Verlust zum Profitmaximum, so wählt der
Unternehmer den persönlich bevorzugten Standort, ist er kleiner, so verzichtet er auf die
Befriedigung seiner persönlichen Belange. Ist der Nutzenzuwachs gleich den
Profitverlusten, so ist der Unternehmer hinsichtlich seines Standortes indifferent.[38]

---

[37] *Zur Verbindung makroökonomischer Ansätze der Erklärung der Investitionstätigkeit und Untersuchungen zu regionalen Standortfaktoren vgl. z.B. Erfeld (1980).*
[38] *vgl. Smith (1971) S.233 f*

**Abb. 3: Eine Interpretation des Effekts der "Persönlichen Präferenzen" in der industriebetrieblichen Standortwahl**

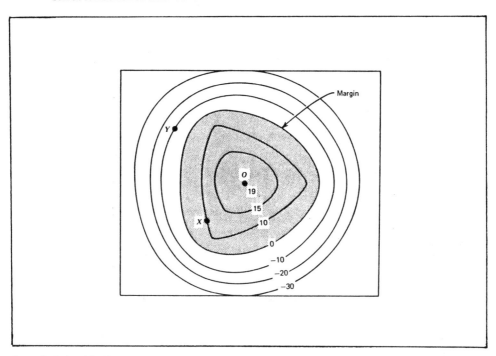

Quelle: Smith (1971) S.232

Scheitert diese Form der theoretischen Integration der "weichen" Standortfaktoren letztlich an der Unmöglichkeit, persönliche Nutzen- zu Geldeinheiten "aufzuwerten", so stellt sich umgekehrt die Frage, für welche interregional variierenden Faktoren die Möglichkeit der Kosten- und damit der Profitkalkulation überhaupt besteht. Anscheinend sind dies die "Basisfaktoren" Arbeit, Boden, Verkehr und Marktnähe. Die beiden erstgenannten Faktoren werden nach dem klassischen Modell unmittelbar als betriebliche Lohn- und Grundstückskosten relevant. Die beiden anderen Faktoren wirken indirekt: sie bestimmen über die Transportkosten die örtlichen Kosten für Rohstoffe, Vorprodukte und Produktionsmittel.

Einige der klassischen Faktoren, wie die Nähe zu Rohstoff- und Absatzmärkten, verloren im Zuge des technischen Fortschrittes allgemein an Relevanz. Bei den meisten Faktoren ist aber der Bedeutungszuwachs der qualitativen gegenüber der quantitativen Dimension die entscheidende Veränderungstendenz. Der Faktor Arbeit beispielsweise ist in Zeiten der Dauerarbeitslosigkeit zumindest auf nationaler Ebene weniger als Lohnkostenfaktor von Bedeutung, entscheidend ist vielmehr die Verfügbarkeit qualifizierter Arbeit. Diese läßt sich nur bedingt durch die Zahlung hoher Einkommen sicherstellen. Ähnlich verhält es sich mit den Faktoren Verkehr und Boden: Es gilt nicht mehr, Massen von Gütern zu niedrigen Transportkosten zu befördern, entscheidend sind Aspekte der Schnelligkeit und Flexibilität. Die Autobahn ist längst wichtigstes Transportnetz geworden, auch das Flugzeug gewinnt rapide an Bedeutung. Angesichts des besonders in den Ballungsräumen fortschreitenden Flächenverbrauches sind zumindest dort die Kosten des Bodens inzwischen weniger entscheidend als die bloße Tatsache seiner Verfügbarkeit und seiner Vorbelastung. Bei Standortfaktoren wie "Fühlungsvorteile" und "Agglomerationsvorteile" wird der fließende Übergang möglicher und nichtmöglicher Kostenkalkulation wohl am deutlichsten. Beide Faktoren drücken räumliche Nähe oder Distanz aus, diese ist grundsätzlich ein Kostenfaktor. Entscheidend sind und waren diese Standortfaktoren aber auch immer wegen ihrer "athmosphärischen" Dimension. "Face-to-face-Kontakte" werden, obwohl die Vermittlung der Informationen technisch-"objektiv" störungsfrei erfolgen kann, auch in Zukunft zumindest für bestimmte unstandardisierte Entscheidungsabläufe notwendig bleiben.

Sieht man die "Rechenbarkeit" als das Differenzierungskriterium zwischen "harten" und "weichen" Standortfaktoren an, so werden also auch die "harten" Standortfaktoren "weicher". Dies bedeutet nicht, daß sie weniger gewinnrelevant werden, jedoch wird ihre Kosten- /Gewinnkalkulation schwieriger. Nur noch wenige Faktoren sind so leicht zu rechnen, wie etwa die Faktoren "Finanzhilfen", "Gewerbesteuer", "Förderung".

Eine regelgerechte Definition des Begriffs "'weiche' Standortfaktoren" erscheint vor diesem Hintergrund eher als eine akademische Übung, denn als eine für das weitere Vorgehen hilfreiche Grundlage. Es soll daher nur pragmatisch festgelegt werden, welche Faktoren in dieser Arbeit in den Katalog der "weichen" aufzunehmen sind: Enthalten sind Faktoren, die sich einer betrieblichen Kostenrechnung grundsätzlich entziehen: Natürliche Faktoren wie Klima und Landschaft; bevölkerungsbezogene Kategorien wie Sozialstruktur, Mentalität und "Menschenschlag"; Infrastruktureinrichtungen im Bereich Wohnen, Freizeit, Einkauf, Gesundheit, Kultur und Bildung; Aspekte des politischen und wirtschaftlichen Klimas wie "Industriefreundlichkeit" und "Verwaltungsflexibilität"; schließlich das Image als allgemeinste und diffuseste Zusammenfassung regionaler Attribute und die vor allem in der älteren Literatur so bezeichneten "persönlichen Präferenzen".

In "irgendeiner Weise" gewinnrelevant sind wohl alle diese Faktoren: *"soweit persönliche neben ökonomisch-rationalen Faktoren in die Standortwahl eingehen, mögen sie sich zwar einer rechenhaften Erlös-Kosten-Kalkulation entziehen, bilden aber trotzdem eine ökonomische Kategorie, sofern sie zur Steigerung der Erlöse und zur Senkung der Kosten beitragen"*[39].

---

[39] *Brede (1971) S.42f*

Eine schlechte Infrastruktur für Beschäftigte muß durch höhere Löhne und Gehälter kompensiert werden, ein aus Unternehmersicht günstiges politisches Klima dürfte sich auch in geringeren Kosten für Flächen, Umweltschutzauflagen und Gewerbesteuern bemerkbar machen, die Nähe von Universitäten verbilligt die Anwerbung hochqualifizierter Arbeitskräfte.

Die vermeintliche Dichotomie "harte" und "weiche" Standortfaktoren markiert also keine generellen sondern eher graduelle Unterschiede. Dabei sei unbestritten, daß die "klassischen" Faktoren sich dem kalkulierenden und planenden Zugriff weniger entziehen, als dies z.B. bei einem Faktor wie dem "Image" der Fall ist. *HÄUßERMANN/SIEBEL*s Bemerkung, die "weichen" Standortfaktoren *"können nicht mit einem Investitionsplan hergestellt werden"*[40], kann jedoch so undifferenziert nicht gelten.

Die hier pragmatisch eingegrenzten "weichen" Standortfaktoren lassen sich in vier Untergruppen gliedern. Gliederungskriterien sind dabei die Inhalte der Faktoren, vor allem aber ist entscheidend, auf wen sie hauptsächlich wirken:

- Im Mittelpunkt der weiteren Betrachtung stehen die Faktoren, die den unmittelbaren Reproduktionsbereich der (qualifizierten) Arbeitskraft betreffen: Wohnungsqualität und -quantität, Klima, Landschaft und die Faktoren der *"mittelbar unternehmensbezogenen Infrastruktur"*[41] aus den Bereichen Freizeit, Kultur, Einkauf, Bildung und Gesundheit. Sofern in der Literatur und Diskussion überhaupt nähere Inhaltsbestimmungen des Begriffs "weiche" Standortfaktoren vorgenommen werden, sind darunter meist diese Inhalte subsumiert.

- Erst in zweiter Linie interessant sind hier die Faktoren, die das "politische und ökonomische Klima" einer Region bezeichnen. Sie wirken nicht wie die vorgenannten indirekt über den Faktor Arbeitskraft, sondern direkt auf einen Betrieb ein und bestimmen dessen Handlungspotentiale. Sie werden hier in zweiter Linie mitbetrachtet, da sie konstitutive Bestandteile des "Mischfaktors" Image sein können.

- Das Image einer Region besteht aus Faktoren, die sowohl der ersten als auch der zweiten Gruppe zuzurechnen sind, sein inhaltliches Spektrum kann breiter sein. Das Image einer Region kann ebenso durch ihren Wohn- und Freizeitwert wie auch durch ihr politisches-wirtschaftliches Klima geprägt sein. Aufgrund seines - verglichen mit den vorher genannten Faktoren - zwar prägnanten, aber weniger verifizierbaren Charakters ist es hier von diesen unterschieden.

- Mit "Persönlichen Präferenzen" sind hier schließlich - entgegen der Verwendung des Begriffes in einem Teil der Literatur - rein persönlich-subjektive, nicht in die Katego-

---

[40] *Häußermann/Siebel (1987) S.124*
[41] *Hansmeyer/Fürst/Zimmermann (1975) S.134*

**rien Infrastruktur, politisch/wirtschaftliches Klima, oder Image einzuordnende Faktoren bezeichnet.**

Die einzelnen Faktoren besitzen verschiedene Grade an Objektivität bzw. Objektivierungspotentialen, und sie sperren sich im unterschiedlichen Maße gegen eine Quantifizierung: Der Faktor Klima beispielsweise ist meßbar, auch Infrastruktureinrichtungen lassen sich als Ausstattungsniveaus quantifizieren. Bedeutsam sind aber auch diese Faktoren häufig eher aufgrund von Qualitäten, die sich nicht bloß als Investitionsvolumen oder Beschäftigtenanzahl entsprechender Einrichtungen ausdrücken lassen. Faktoren des politischen und wirtschaftlichen Klimas besitzen verschiedene Objektivitätsgrade. Die "Zügigkeit des Verwaltungshandelns", die unterschiedliche Dauer beispielsweise von Bebauungsplanverfahren in verschiedenen Gemeinden, kann quantifizierend gemessen werden. Was aber letztlich als "günstiges" politisches Klima bezeichnet wird, ist auch wesentlich von subjektiven Wertvorstellungen des Entscheidungsträgers, die ihrerseits natürlich wiederum auch durch das Profitmaximierungsprinzip determiniert sind, abhängig. Ein Image kann im Grunde überhaupt nicht quantifiziert werden, es wird meist von Elementen geprägt, die quantitativ nicht bedeutend sind. Das Image ist häufig weniger aufgrund aktueller Strukturen "berechtigt", sondern wird nur im Kontext der Stadtgeschichte verständlich. Jedoch ist ein Image zumindest ein fast schon objektives intersubjektives Resultat: gesellschaftliche Gruppen und Informationsmittler assoziieren ähnliche Bilder mit einem Raum. Nicht eindeutig zu klären ist die Objektivierbarkeit der "persönlichen Präferenzen", da gerade in älteren Untersuchungen unter diesem Begriff eine Fülle von Elementen - sowohl "objektive" Infrastrukturmerkmale als auch völlig subjektive Bindungen an Personen, Objekte (den "Baum im Garten") und Institutionen (den Sportverein) angesprochen sind. Nicht die allgemein nachvollziehbare Qualität, sondern die bloße Tatsache, daß sich der Entscheidungsträger oder die Person, für die entschieden wird, an diese gewöhnt hat, ist bei letztgenannten ausschlaggebend. Von anderen Subjekten kann diese Bindung lediglich "eingesehen" und verstanden werden, sie ist aber als solche nicht intersubjektiv gültig.

Wie rational ist nun eine Standortentscheidung, die Faktoren, die nur schwerlich quantifizierbar, nur zum Teil überhaupt objektivierbar sind, berücksichtigt? Die ohnehin vorhandene Beschränkung der Rationalität der Standortentscheidung durch emotionale wie habituelle Verhaltensformen und den Verzicht auf offensive Informationsgewinnung wurde oben bereits verdeutlicht. Wird als kapitalistisch-ökonomische Rationalität die wie auch immer vermittelte Steigerung des Gewinnes definiert, so ist die Einbeziehung "weicher" Standortfaktoren in die Investitionsentscheidung ebensowenig irrational wie die

Berücksichtigung anderer Faktoren. Als infrastrukturelle Ausstattung oder landschaftliche Reize steigern sie die Attraktivität von Regionen für die menschliche Arbeitskraft - der wichtigsten Voraussetzung zur Erzielung von Unternehmensgewinnen. Werden "persönliche Präferenzen" von Schlüsselpersonen als *"Determinanten des psychischen Einkommens"* [42] berücksichtigt, dürfte sich dies unmittelbar auf deren Motivation und Leistungsfähigkeit auswirken und damit den Gewinn steigern. Ein entsprechendes politisch-wirtschaftliches Klima wird sich in Form eines höheren Entscheidungsspielraumes der Betriebe äußern und damit letztlich auch kostensenkend wirken.

Sicherlich gibt es Fälle, in denen die Berücksichtigung rein subjektiver "persönlicher Präferenzen", in denen der Einfluß eines Images eine Entscheidung ganz offensichtlich "suboptimieren". Derart irrational wirken "weiche" Standortfaktoren meist dann, wenn sie a priori als "Filter" in den Köpfen der Entscheidungsträger fungieren und sich somit bestimmte Alternativen nicht denken, geschweige denn diskutieren und kalkulieren lassen. Zum Thema der Raumforschung werden die "weichen" Standortfaktoren aber eben gerade dadurch, daß sie - so die zu belegende Vermutung - mittlerweile ebenso transparent wie die anderen Faktoren zumindestens qualitativ in die Investitionsüberlegungen der Entscheidungsträger eingehen. Die Frage nach dem Bedeutungsgewinn der "weichen" Standortfaktoren stellt sich nicht, weil ihre bewußte oder unbewußte Einbeziehung die Standortwahl entrationalisiert und damit entoptimiert. Sie ist vielmehr interessant, weil sich mit dieser neuen Art der Raumbewertung [43] vielleicht die Form, in jedem Fall der Inhalt der kapitalistischen Rationalität verändert.[44] In gewisser Weise wird die Standortwahl damit sogar rationaler, früher undiskutierte "persönliche Präferenzen" werden nunmehr zum Thema.

## 2.1.2 Der Bedeutungsgewinn der "weichen" Standortfaktoren für die betriebliche Investitionsentscheidung

Wurde im vorangegangenen Kapitel umrissen, was in dieser Arbeit unter "weichen" Standortfaktoren verstanden werden soll, und ausgeführt, daß deren Einbeziehung in die unternehmerische Investitionsentscheidung sich durchaus mit dem Prinzip kapitalistischer ökonomischer Rationalität vereinbaren läßt, so geht es nun darum zu ermitteln, inwiefern Betriebe tatsächlich "weiche" Standortfaktoren in ihr "Kalkül" mitaufnehmen. Dies geschieht auf zwei Weisen: Zunächst wird versucht herauszufinden, ob sich in den

---

[42] *Töpfer (1969) S.170*
[43] *vgl. Ipsen (1986a); Ipsen (1986b)*
[44] *vgl. Castells (1977) S.122*

letzten Jahrzehnten ein "allgemeiner" Bedeutungsgewinn der "weichen" Standortfaktoren besonders für Industriebetriebe ausmachen läßt. Im anschließenden Teilkapitel gilt es, betriebstypische Affinitäten zu den "weichen" Standortfaktoren zu ermitteln und dabei festzustellen, ob es gerade die vermutlich zukunftsträchtigen Betriebe sind, die sich an den "weichen" Standortfaktoren orientieren.

Grundsätzlich läßt sich der Einfluß von Standortfaktoren auf die Investitionstätigkeit von Betrieben auf zwei Betrachtungsebenen untersuchen. Angesetzt werden kann einerseits auf einer betrieblichen Ebene; es kann ermittelt werden, nach welchen Kriterien diese ihre Aktivitäten in bestimmte Räume lenken. Auf der anderen Seite kann auf der Basis von aggregierten Daten erforscht werden, wie gemessene Differenzen in den Standort-qualitäten bestimmter Gebiete mit räumlichen Unterschieden der ökonomischen Aktivi-tät einhergehen. Während der zweite Weg nur von drei hier dargestellten Untersuchun-gen verfolgt wurde,[45] setzen die meisten Arbeiten - so auch die im Raum Nürnberg durchgeführte Befragung - an der Seite der unternehmerischen Entscheidung an. Der Einfluß einzelner Standortfaktoren auf die Investitionsentscheidung läßt sich innerhalb dieses Methodenstranges wiederum auf drei Arten ermitteln: die quantitativ orientierte Unternehmensbefragung, die Fallstudie und die Simulation. Der experimentelle Charak-ter der Simulation läßt diese hier von vornherein aus der weiteren Betrachtung ausschei-den; gerade die hier interessierenden "persönlichen Präferenzen" sind als irrationale ex-terne Größen in diesen Modellen nicht berücksichtigt.[46]

## 2.1.2.1 Aggregatbezogene Regressionsanalysen

Die exakteste Methode der Ermittlung des Einflusses von "weichen" Standortfaktoren auf die Verteilung ökonomischer Aktivitäten im Raum scheint zunächst die auf "harten" Da-ten beruhende Korrelations- bzw. Regressionsanalyse zu sein. Ein gebietsspezifisches, durch Indikatoren des Forschers ermitteltes Ausstattungsniveau wird statistisch in Be-ziehung gesetzt zum Ausmaß erfolgter Veränderungen des Bestandes an Betrieben oder Beschäftigten in den Raumeinheiten. Subjektive Verzerrungen, wie sie bei Unterneh-mensbefragungen unvermeidlich sind, scheinen hier keine Rolle zu spielen; ermittelt wird anscheinend, was faktisch Mobilität und selektive Investitionen hervorruft.

Bei *GEE/KELLER/TREUNER* wird das infrastrukturelle Ausstattungsniveau der "Nahbe-reiche" Nordrhein-Westfalens mit Hilfe von Bewertungsskalen gefaßt und in Beziehung

---

[45] vgl. Gee/Keller/Treuner (1980); Schröder (1968); Castells (1977)
[46] vgl. Hansmeyer/Fürst/Zimmermann (1975) S.118

zu betrieblichen Zu- und Abwanderungsbewegungen gesetzt. Von den hier interessierenden ist aber nur der Faktor Bildung (Gymnasien und Universitäten) berücksichtigt, er scheint *"keine mit der angewandten Methode nachweisbare Rolle für die Attraktivität der Nahbereiche als Standorte"*[47] zu spielen.

SCHRÖDER geht es in seiner Arbeit ausdrücklich um die Verifizierung der Hypothese, *"daß im Einfluß auf die Standortwahl von Betrieben standortunabhängiger Industrien [...] die Wohnortwünsche der Arbeitskräfte den Standortwünschen der Unternehmen mindestens gleichrangig sind und im Gewicht tendenziell zunehmen"*[48]. Zwar *"entziehen sich Faktoren, die eine Region 'attraktiv' machen, dem gleichen systematischen Zugriff"*[49] wie die ebenfalls in die Analyse miteinbezogenen "klassischen" Standortfaktoren, dennoch nimmt SCHRÖDER entsprechende Operationalisierungen vor: Beispielsweise wird die Wertigkeit der Regionen [50] im Hinblick auf die Faktoren Gesundheit und Naherholung in den Beschäftigtenanteilen der entsprechenden Wirtschaftszweige ausgedrückt, für das Klima stellen Temperatur und Sonnenscheindauer Indikatoren dar.[51] Als abhängige Variable fungiert bei SCHRÖDER die Beschäftigungsentwicklung der Regionen. Darüber hinaus ist der Zeitfaktor berücksichtigt, d.h. die Einflüsse der einzelnen Variablen werden für zwei Perioden getrennt betrachtet. In Anbetracht des hohen Anfangsanspruchs der Arbeit und der Menge der einbezogenen Variablen verwundert es nicht, daß ihre Ergebnisse - vorsichtig ausgedrückt - schwer zu interpretieren sind. Zwar zeigen sich deutliche bivariate Korrelationen zwischen der Qualität einzelner "weicher" Standortfaktoren und den regionalen Beschäftigungsveränderungen, jedoch ist, so SCHRÖDER selbst, der *"Versuch, den Einfluß aller 20 Faktoren simultan in einer Mehrfachregression [..] zu bestimmen [...] erwartungsgemäß mißlungen"*[52]. Die meisten Faktoren zeigen nicht einmal das erwartete Wirkungsvorzeichen; ein quantitativ hohes Schul-/ Kulturangebot und Naherholungsniveau z.B. hätte demnach sogar negative Auswirkungen auf die Beschäftigungsentwicklung einer Region. Gesichert und plausibel ist lediglich, daß in Zeiten hoher Arbeitslosigkeit (Periode von 1950-1956) Strukturfaktoren, in Zeiten steigender Arbeitskräfteknappheit (Periode von 1956-1961) Arbeitsmarktfaktoren dominierenden Einfluß

---

[47] *Gee/Keller/Treuner (1980) S.26*

[48] *Schröder (1968) S.22. Strenggenommen handelt es sich hier also um eine betriebstypenspezifische Untersuchung; da aber die "footloose industries" in den fortgeschrittenen Industriegesellschaften den Hauptanteil des Industriesektors bilden, wird die Studie in diesem allgemeine Tendenzen behandelnden Teilkapitel dargestellt.*

[49] *Schröder (1968) S.99*

[50] *vgl. Schröder (1968) S.72*

[51] *vgl. Schröder (1968) S.119ff*

[52] *Schröder (1968) S.180*

besaßen.[53] SCHRÖDERs Ausgangshypothese konnte somit, wenn überhaupt, dann *"lediglich generelle Bestätigung finden"*[54].

Das Scheitern der Untersuchung ist zum Teil sicher auch auf die Art Operationalisierung der Variablen und die (zu große) Dimensionierung der räumlichen Einheiten zurückzuführen. Problematisch ist diese - und wären auch ähnlich gelagerte Studien - aber vor allem wegen des verwendeten Verfahrens der Mehrfachregression. Die "unsinnige" Wirkungsrichtung einzelner Faktoren beispielsweise läßt sich vermutlich durch den Einfluß externer, nichtmiteinbezogener "Störvariablen" erklären. Eine Methode, die tatsächliche relative Einflußgewichte von Faktoren auf bestimmte Ereignisse ermitteln will, müßte im Grunde alle möglicherweise wirkenden Faktoren miteinbeziehen - was bei komplexen räumlichen Prozessen wohl undenkbar ist, oder die Auswahl der Variablen müßte aufgrund besserer theoretischer Strukturierungen erfolgen. Korrelations- und Regressionsrechnungen - dies ist eine in dieser Arbeit noch mehrmals wiederkehrende Erkenntnis - ermöglichen außerdem keine Kausalitätsaussagen, sie haben somit - vor allem angesichts einer nicht tragfähigen theoretischen Basis - bestenfalls als Ergänzung zu anderen Verfahren einen Wert.[55]

## 2.1.2.2 Unternehmensbefragungen

Während korrelations- und regressionsanalytische Verfahren keine unmittelbaren Rückschlüsse auf die bei einer Standortentscheidung ausschlaggebenden Faktoren zulassen,[56] da sie keine Ursache-Wirkungsbeziehungen klären können, haben Unternehmensbefragungen genau dieses Ziel. Ihre Intention ist dabei keine normative, *"sie wollen im Gegensatz zu Standortmodellen lediglich ermitteln, wie - in einem bestimmten Raum zu einer bestimmten Zeit - Unternehmen ihren geeigneten Standort auswählten"*[57]. Der theoretische Anspruch, der hinter den empirischen Untersuchungen steckt, ist offensichtlich recht niedrig. Es geht hier kaum noch um die Verifizierung allgemein gültiger Hypothesen, sondern es sind lediglich bestimmte, räumlich und zeitlich abgegrenzte Phänomene zu beschreiben und punktuell zu erklären.

Das Instrument der Unternehmensbefragung birgt nun ebenfalls eine Reihe von grundsätzlichen Problemen in sich, die auch bei sorgfältiger Untersuchungskonzeption kaum

---

[53] *vgl. Schröder (1968) S.180*
[54] *Schröder (1968) S.196*
[55] *vgl. Hansmeyer/Fürst/Zimmermann (1975) S.118*
[56] *vgl. Fürst (1971) S.190*
[57] *Fürst (1971) S.189*

vollständig zu eliminieren sind. Wie schon angedeutet, ist bei den älteren Unternehmensbefragungen die vollzogene Mobilität unterstellt. Abgefragt wird, warum ein bestimmter, neuer Standort gewählt wurde und nicht etwa, warum ein bestehender gehalten wurde.[58] Damit sind Investitionsentscheidungen, die keine räumliche Mobilität verursachen, ausgeblendet. Es muß aber *"bei jeder Investition prinzipiell die Wahl eines Ortes getroffen werden, an dem Kapital angelegt werden soll"* [59]; jede Investitions- ist auch eine Standortentscheidung.[60] Neuere Befragungen tragen diesem Umstand in gewisser Weise Rechnung, in dem sie die Frage nach der Bedeutung einzelner Standortfaktoren nicht mehr auf eine konkrete Standortwahl beziehen, sondern latente, allgemeine Einschätzungen ermitteln. Das dabei auftretende Problem ist aber sogar noch gravierender: es ist anzuzweifeln, ob eine vom konkreten Entscheidungsfall unabhängige allgemeine Einschätzung, "was dem Unternehmen wichtig ist", tatsächlich im Falle einer Investitionsentscheidung zum Tragen käme oder ob diese "latenten Präferenzen" nicht eher den Charakter bloßer Deklarationen besäßen. Das Problem der "unwahren Auskunft" stellt sich natürlich grundsätzlich immer, es verschärft sich aber, wenn sich die abgegebene Einschätzung nicht mehr auf ein konkretes räumlich wirksames Ereignis bezieht.

Unter Umständen gehen vom Befragten als selbstverständlich unterstellte Standortfaktoren gar nicht oder in geringerem Maße in die Bewertung ein,[61] die genannte Wichtigkeit eines Faktors variiert mit dessen Ubiquität.[62] Ein Befragter mag "vom Betrieb her" denken, ein anderer "vom Raum her". Die in einigen neueren Befragungen [63] vorgenommene Doppelung der Fragestellung in "allgemein wichtige Faktoren" und "am Standort günstige Faktoren" kann dieses Problem nur zum Teil beseitigen. Ein Faktor kann auch als "allgemein wichtig" empfunden werden, weil er in der Region nicht ausreichend verfügbar ist; umgekehrt wird aber auch ein regionaler Mangel erst deutlich, wenn der Faktor für den Betrieb eine gewisse Bedeutung besitzt.

Zumindest jene im Umgang mit öffentlichen Institutionen erfahrenen Befragten werden ihre Antworten entsprechend ihren Intentionen gegenüber den Auftraggebern der Befragungen geben. Faktoren, die größeren politischen Einflußmöglichkeiten unterliegen, würden somit relativ zu ihrem eigentlichen Gewicht bei der Investitionsentscheidung überbewertet, instrumentell weniger beeinflußbare Faktoren (z.B Marktnähe, Fühlungsvorteile) wären im Antwortkatalog unterbewertet. Dieser bei Großbetrieben eher zu er-

---

[58] vgl. Bade (1978) S.21
[59] Bade (1978) S.30
[60] vgl Ganser (1984) S.91
[61] vgl. Hansmeyer/Fürst/Zimmermann (1975) S.117
[62] vgl. Fürst (1971) S.191
[63] z.B. Clemens (1983); ebenso auch die "Nürnberg Befragung" des DIfU

wartende Effekt könnte verstärkt auftreten, wenn bestimmte Faktoren in der öffentlichen und wissenschaftlichen Diskussion "en vogue" sind, wie dies aktuell auch mit den hier thematisierten "weichen" Standortfaktoren der Fall ist. Denkbar wäre aber auch umgekehrt, daß Befragte - orientiert am Leitbild des "homo oeconomicus" - eine "ex-post-Rationalisierung" der Standortwahl vornähmen. Betriebswirtschaftlich enger kalkulierbare Faktoren würden als "salonfähig" relativ zum tatsächlichen Gewicht überbewertet, "irrationale" persönliche Präferenzen verschwiegen.

## Ergebnisse vorliegender Untersuchungen

Die folgende Betrachtung einer Reihe von Unternehmensbefragungen aus dem Zeitraum von 1964 bis 1987 verfolgt vor allem das Ziel, die Hypothese vom relativen Bedeutungsgewinn "weicher" Standortfaktoren zu überprüfen. Sie zeigt notgedrungen einen eher willkürlichen denn repräsentativen Querschnitt. Die Vergleichbarkeit der Untersuchungen ist aus mehreren Gründen eingeschränkt:

- Befragt sind unterschiedliche Wirtschaftszweige. Meist ist zwar das gesamte Produzierende Gewerbe vertreten; *HENCKEL* u.a beziehen nur einige Industriebranchen, zusätzlich aber, ebenso wie der *BJU* Dienstleistungsbetriebe mit ein. Ergänzend ist die Untersuchung von *KAISER/GROHNERT*, die nur Einrichtungen des Tertiären Sektors berücksichtigt, mit aufgeführt.[64]

- Die räumlichen Untersuchungseinheiten variieren; auf Bundesebene sind z.B. die Arbeiten von *SCHLIEBE* und des *BJU* angesiedelt.[65] *KREUTER* und *FÜRST* betrachten Ansiedlungen in bestimmten Bundesländern,[66] *CLEMENS* beschränkt sich auf den IHK-Bezirk Dortmund, *KAISER* auf die Stadt Köln,[67] *HENCKEL* u.a beziehen sich auf mehrere Fallstudienstädte.

- Geringere Unterschiede ergeben sich hinsichtlich der Fragestellung. Ältere Befragungen ermitteln die für die Wahl des aktuellen Standortes ausschlaggebenden Motive, neuere Befragungen unterscheiden die allgemeine Bedeutung der Faktoren von der Bewertung des Faktors am Standort.[68]

- Die Anzahl der Faktoren variiert erheblich (von 6 - 44). Vor allem sind die einzelnen Faktorengruppen unterschiedlich stark ausdifferenziert. In der Befragung des *BJU* bei-

---

[64] *vgl. Henckel u.a. (1986) S.27; BJU (1988); Kaiser/Grohnert (1980) S.136*

[65] *vgl. Schliebe (1982) S.45ff und BJU (1988)*

[66] *vgl. Kreuter (1974) S.77 und Fürst/Zimmermann (1973) (2.Teilband) S.2f*

[67] *vgl. Clemens (1983) S.2, Kaiser/Hörner (1980) S.116 und Kaiser/Grohnert (1980) S.136*

[68] *So auch die Befragung des DIfU im Raum Nürnberg*

spielsweise können 13 der 31 genannten Faktoren dem Hauptfaktor "politisches Klima" zugeordnet werden, in anderen Befragungen ist dieser Bereich überhaupt nicht aufgeführt. Ältere Befragungen ermitteln im Bereich der "weichen" Standortfaktoren nur die Bedeutung "Persönlicher Präferenzen", Wohn- und Freizeitwerte sind hierin miteingeschlossen.

- Nahezu jede Befragung verwendet ihre eigenen Bewertungsskalen. *BALLESTREM* z.B. fragt, ob der Einfluß des Faktors "sehr groß-groß-mittel-gering-nicht vorhanden" war,[69] *CLEMENS* verwendet vierstufige Ordinalskalen.[70] *FÜRST* fragt, ob auf einen Faktor "großer Wert-weniger Wert-kein Wert" gelegt wurde,[71] *KAISER* gebraucht gar innerhalb eines Jahres zwei verschiedene Skalen: einmal werden Faktoren als "wichtig-weniger wichtig-unwichtig", dann als "äußerst wichtig-wichtig-nicht so wichtig" bewertet.[72] *BREDE* läßt sich die drei standortwahlentscheidenden Faktoren nennen, *KREUTER* 100 Bewertungspunkte auf vorgegebene Faktoren verteilen.[73] In der Darstellung werden die Faktoren jedoch immer in eine Rangfolge gebracht, allerdings variiert auch hier das Anordnungskriterium: Bei *KAISER* z.B. ergibt sich die Reihenfolge aus den prozentualen Anteilen der "Sehr wichtig-und-wichtig" Nennungen,[74] bei *CLEMENS* z.B. aus dem arithmetischen Mittel der Bewertungsskalen.[75]

Gerade die Unterschiedlichkeit der Untersuchungen macht aber andererseits eine zusammenfassende Betrachtung interessant; methodisch bedingte Verzerrungen werden in der Summe nivelliert. Als gemeinsamer Bewertungsmaßstab können nur die jeweiligen Standortfaktorrangplätze herangezogen werden. Mit diesen Rangordnungen ist freilich über den tatsächlichen Standortwahlprozeß nur wenig gesagt. Häufig werden die einzelnen Faktoren überhaupt nur im "Set" relevant und kann ihre Bedeutung im Laufe der Suche schwanken. Zwar steigt insgesamt die Wahrscheinlichkeit, daß ein Faktor im Standortwahlprozeß eine Rolle spielte, mit seinem Rang. Rein quantitative Betrachtungen können jedoch die selten vorgenommenen Prozeßanalysen nicht ersetzen.

Wie ein Blick auf Tabellen 5 und 6 zeigt, lassen sich zunächst insgesamt die "Basisfaktoren" "Arbeit", "Boden", "Verkehr" und mit Einschränkungen "Marktnähe" als die am höchsten bewerteten kennzeichnen. Je nach Befragung sind sie verschieden ausdifferenziert, der "Autobahnanschluß" z.B. kann seit einiger Zeit als wichtigstes Element des Faktors "Verkehr" gelten. Im vorliegenden Zusammenhang sind die Bestandteile des Faktors

---

[69] vgl. Ballestrem (1974) S.122
[70] vgl. Clemens (1983) S.250
[71] vgl. Fürst/Zimmermann (1973) Anhang
[72] vgl. Kaiser/Hörner (1980) S.117 und Kaiser/Grohnert (1980) S.142
[73] vgl. Kreuter (1974) S.97
[74] vgl. Kaiser/Grohnert (1980) S.143
[75] vgl. Clemens (1983) S.120

"Arbeit" interessanter. In den neueren Befragungen wird zunehmend die qualitative Komponente dieses Faktors abgefragt. Sofern der Stellenwert von Fach- und Führungskräften explizit getrennt ermittelt wurde, liegt die Bedeutung von "Fachkräften" deutlich über der von "Führungskräften".

**Tab. 5: Bestimmungsfaktoren der betrieblichen Standortwahl.** Ergebnisse empirischer Untersuchungen 1964-1974

| AUTOR/ JAHR | SCHLIEBE 1964/67 | BREDE 1971 | FÜRST 1973 | KREUTER 1974 | BALLE-STREM 1974 | FÖRTSCH 1974 |
|---|---|---|---|---|---|---|
| ANZ.D. AUFGEF. STANDORT-FAKTOREN | 7 | 14 | 25 | 9 | 26 | 10 |
| DIE FÜNF RANG-HOECHST. STAND-ORTFAK-TOREN | 1.Arbeit<br>2.Raum<br>3.Absatz<br>4.Rohstoffe<br>5.Förderung | Arbeit<br>Boden<br>Ausdehnungs-möglichk.<br>Absatz<br>Steuern | Überreg.<br>Vk-Anbind.<br>Grundstücks-reserven<br>Grundstücks-preise<br>Ungelernte Arbeitskräfte<br>Qualifizierte Arbeitskräfte | Boden<br>Arbeitskräfte<br>Verkehr<br>Produktions-st.-übernahme<br>Absatzmarkt | Arbeitskräfte<br>Grundstück<br>Bodenpreis<br>Verkehrs-lage<br>Gemeindehilfe b.Grunderwerb | Boden-<br>Verkehr<br>Arbeitskräfte<br>Örtliche Kontakte<br>Persönliche Präferenzen |
| RANG-PLÄTZE DER "WEI-CHEN" STAND-ORTFAK-TOREN | | 7.Fühlungs vorteile<br>8.Persönliche Präferenzen | 9.Gemeindl. Interesse<br>10.Ökon.Entw. d.Gemeinde<br>18.Quant. Wohnungsang.<br>20.Schulen<br>21.Vorhandene Industrie | 6.Persönliche Präferenzen | 18.Wohnwünsche leit.Angest.<br>19.Fühlungs-vorteile<br>20.Wohnungsmarkt<br>22.Schulen<br>25.Freizeitein-richtungen | s.o. |

Quellen: Schliebe (1981) S.125; Brede (1971) S.142; Fürst (1973) Teilbd. 2, S.104; Kreuter (1974) nach Kaiser (1979) S.29; Ballestrem (1974) S.131; Förtsch (1974) S.200; eigene Darstellung.

**Tab. 6: Bestimmungsfaktoren der betrieblichen Standortwahl. Ergebnisse empirischer Untersuchungen 1979-1988**

| AUTOR/ JAHR | SCHLIEBE 1979 | KAISER 1980a | KAISER 1980b | CLEMENS 1983 | HENCKEL u.a.1986 | BJU 1988 |
|---|---|---|---|---|---|---|
| ANZAHL D. AUFGEF. STANDORT-FAKTOREN | 12 | 44 | 44 | 25 | 9 | 31 |
| DIE FÜNF RANG-HÖCH--STEN STAND-ORT-FAK-TOREN | 1.Arbeitskräfte<br>2.Grundstücke<br>3.Gebäude<br>4.<br>5.Nähe zu and. Betrieben | Grundstücks-erschließung<br>Energie-/Wasservers.<br>Vergünsti-gungen<br>Boden-preise<br>Ausdehn.-möglichk. | Postan-schlüsse<br>Parkmöglich-keiten<br>PKW-Verkehrs-anbindung<br>Gebäude<br>ÖPNV-Verk.-anbindung | Straßen<br>Energie-kosten<br>Lohn-kosten<br>Unbürokrat. Verwaltung<br>Absatzmarkt | Verkehrsan-bindung<br>Arbeitsmarkt<br>Flächenver-fügbarkeit<br>Wohn-und Freizeitwert<br>Image | Autobahn<br>Qualifizierte Arbeitskräfte<br>Gewerbesteuer<br>Wenig Auflagen<br>Grundeinst. d.Bevölk. |
| RANG-PLÄTZE DER "WEI-CHEN" STAND-ORT-FAK-TOREN | 11.Freizeit-einricht. | 7.Kontakte z.Gemeinde<br>8.Wohnungs-angebot<br>14.Medizin. Versorg.<br>20.Bildungs-möglichk.<br>23.Freizeit/ Erholung<br>25.Komm.Wirt-schaftsentw.<br>26.Wohnungen f. Mitarbeiter<br>33.Stundungs-bereitschaft<br>35.Verwaltung am Ort<br>35.Dienstleist. am Ort<br>36.Hilfsbetr. am Ort<br>40.Persönliche Faktoren<br>44.Gl.Branche am Ort | 6.Repräsentat. Standort<br>15.Image der Gemeinde<br>16.Ök.Entw.d. Gemeinde<br>19.Bildungs-angebote<br>20.Wohnungs-angebote<br>23.Kontaktbe-reit.d.Gem.<br>27.Einkaufs-möglichk.<br>28.Persönliche Faktoren<br>30.Restaurants<br>34.Freizeit-angebote<br>36.Nähe zu glei-chen Betr.<br>39.Kultur-angebote<br>40.Medizin. Versorgung<br>41.Nähe z.bera-tend.Betr.<br>42.Wohnungsver-mittlung<br>44.Verwaltungs-einrichtungen | 9.Wirtschafts-frdl.Planung<br>13.Industriefrdl. d.Bevölkerung<br>17.Wohn-und Freizeitwert<br>18.Soziale Infrastruktur<br>19.Bildungs-mögl.<br>20.Führungs-kräfte<br>22.Kooperat.-möglichk. | 7.Fühlungs-vorteile | 6.Kurze Entschei-dungswege<br>7.Bankenqualität<br>8.Behördenservice<br>9.Kurze Bearb.zeit bei Bauvorhaben<br>10.Qualität der Arbeitsämter<br>11.Entscheidungs-komp.d.Behörden<br>12.Freizeit/ Umwelt<br>13.Planungssicher-heit<br>14.IHK-Qualität<br>17.Soziale Einrichtungen<br>20.Sozialstruktur d. Gemeinde<br>23.Arbeits-gerichte<br>24.Kulturelle Angebote<br>29.Forschungs-einrichtungen |

Quellen: Schliebe (1981) S.126; Kaiser/Hoerner (1980) S.118; Kaiser/Grohnert (1980) S.143; Clemens (1983) S.152; Henckel u.a. (1986) S.144; BJU (1988) S.66; eigene Darstellung.

Die insgesamt vorhandene Dominanz der vier genannten Faktoren verleitete zahlreiche Autoren zu Typisierungsversuchen. Häufig sollte damit wohl auch das theoretische Defizit einer rein empirischen Betrachtungsweise kompensiert werden. Als klassische Dichotomie kann die auf *WEBER* zurückgehende - dort allerdings in ein theoretischen Gerüst eingebundene - Unterscheidung in "generelle" und "spezielle" Standortfaktoren gelten. Erstgenannte sind dabei für alle Industriezweige, die "speziellen" Faktoren nur für einzelne Branchen von Bedeutung.[76] *KREUTER* und *HANSMEYER/FÜRST/ZIMMERMANN* fassen diese Begriffe etwas anders: "generelle" Faktoren stellen eine *"conditio sine qua non"* dar,[77] ein Standort kommt überhaupt nur dann in die engere Auswahl, wenn diese Faktoren einem gewissen Anspruchsniveau genügen. "Spezielle" Standortfaktoren sind dagegen bei der Auswahl aus den potentiellen Standorten maßgebend.[78] Weitgehend besteht bei den hier erwähnten Autoren Einigkeit darüber, daß die Faktoren Arbeit, Boden, Verkehr und Zulieferer-/Absatzmärkte die Gruppe der "generellen" oder auch "Basisfaktoren" bilden. Inhaltlich kaum von dieser Typisierung unterschieden ist die Zweiteilung in "substitutionale" und "komplementäre" oder "limitationale" Faktoren. Die "komplementären" Faktoren stellen dabei Mindestanforderungen an einen Standort dar, sie sind notwendige, aber nicht hinreichende Bedingung für die Attraktivität eines Standortes. Eine über das notwendige Mindestmaß hinausgehende Steigerung der Standortqualität führt zu keiner Attraktivitätserhöhung mehr. Umgekehrt sind "substitutionale" Faktoren gegeneinander aufrechenbar, ein einzelner Faktor stellt keine unabdingbare Voraussetzung dar, eine Steigerung ihrer Qualität insgesamt aber führt kontinuierlich zu Steigerungen der regionalen Attraktivität.[79]

So hilfreich diese Unterscheidungen zunächst zur Entwicklung von regionalpolitischen und kommunalen Handlungsansätzen zu sein scheinen, sie werden fragwürdig, wenn es um die eindeutige Zuordnung der Faktoren geht. Der Wohn- und Freizeitwert einer Region z.B gilt *BÖLTING* als "komplementärer",[80] *LÜDER/KÜPPER* dagegen als "substitutionaler" Faktor.[81] Für den Faktor Boden sei diese Uneindeutigkeit näher erläutert: Er ist ein "komplementärer" Faktor, da ein gewisses Mindestmaß an Grundstücksfläche Voraussetzung für die Ansiedlung eines Betriebes ist, ebenso aber ein "substitutionaler" Faktor, insofern, als mit dem Quantum verfügbarer Reserveflächen die Attraktivität des Standortes steigt, diese aber gegen andere Faktoren "verrechnet" werden können. Im Grunde lassen sich fast alle Standortfaktoren beiden Kategorien zuordnen. *FÜRST* weist

---

[76] *vgl. Brede (1971) S.26*

[77] *vgl. Kreuter (1974) S.81*

[78] *vgl. Hansmeyer/Fürst/Zimmermann (1975) S.139*

[79] *vgl. Bölting (1976) S.84*

[80] *vgl. Bölting (1976) S.84*

[81] *vgl. Lüder/Küpper (1982) S.51*

ebenfalls auf die Fragwürdigkeit solcher Typisierungen hin; auch die "Basisfaktoren" variierten mit dem Betriebstyp.[82]

Welchen Stellenwert haben "weiche" nun im Katalog der Standortfaktoren? In den Tabellen 7 und 8 ist das Ergebnis einer Kompatibilisierung[83] der durch die Befragungen ermittelten Rangplätze der "weichen" Standortfaktoren dargestellt. Die Tabellen machen deutlich, daß die "weichen" Standortfaktoren tendenziell etwa am Ende des zweiten Drittels innerhalb der Ranglisten zu finden sind, vor ihnen liegen meist die "Basisfaktoren". Eine überschlägige Betrachtung der "weichen" Standortfaktorenkomplexe ergibt, daß die Faktoren der "Reproduktion der Arbeitskraft" insgesamt etwa die gleichen Rangplätze aufweisen wie die des "Wirtschaftsklimas" und des globalen Faktors "Persönliche Präferenzen". Augenscheinlich werden Faktoren des "politischen Klimas", sofern sie abgefragt werden, höher bewertet, auch das "Image" ist in der ersten Hälfte der Faktoren angesiedelt.

---

[82] vgl. Fürst/Zimmermann (1973) S.197

[83] Die Rangplätze der Faktoren wurden bei dieser einfachen Umrechnung durch die jeweils abgefragte Faktorengesamtzahl geteilt, ein Faktor kann somit einen relativen Rangplatz im Bereich $0 < x >= 1$ einnehmen. Das Problem, daß ein Faktor einen schlechteren Rangplatz erhält, nur weil eine höher bewertete Faktorengruppe stärker ausdifferenziert wurde, ist damit aber nicht beseitigt.

**Tab. 7: Relative Rangplätze "weicher" Standortfaktoren in empirischen Untersuchungen 1967-1974**

| AUTOR/JAHR<br><br>STANDORT-FAKTOR | SCHLIEBE 1967 | BREDE 1971 | FÜRST 1973 | KREUTER 1974 | BALLE--STREM 1974 | FÖRTSCH 1974 |
|---|---|---|---|---|---|---|
| **REPRODUKTION DER ARBEITSKRAFT** | | | | | | |
| Wohnungsangebot | | | | | 0,77 | |
| Wohnungsquantität | | | 0,72 | | | |
| Wohnwünsche leitender Angest. | | | | | 0,69 | |
| Schulen | | | 0,8 | | 0,84 | |
| Einkaufsmöglichkeiten. | | | 0,96 | | | |
| Medizinische Versorgung | | | | | | |
| Bildungsmöglichkeiten | | | | | 0,96 | |
| Freizeiteinrichtungen | | | | | | |
| Restaurants | | | | | | |
| Umweltqualität | | | | | | |
| Kulturelle Angebote | | | | | | |
| Wohn-und Freizeitwert | | | | | | |
| Soziale Infrastruktur | | | | | | |
| **WIRTSCHAFTSKLIMA** | | | | | | |
| Fühlungsvorteile | | 0,5 | | | 0,73 | |
| ökonom.expand.Gemeinde | | | 0,52 | | | |
| Gleiche Branche am Ort | | | 1 | | | |
| Dienstleistungen am Ort | | | | | | |
| Qualität der Banken | | | | | | |
| IHK-Qualität | | | | | | |
| Forschungseinrichtungen | | | | | | |
| **POLITISCHES KLIMA** | | | | | | |
| Gemeindeinteresse | | 0,36 | | | | |
| Kontaktmöglichk.z.Gemeinde | | | | | | |
| Stundungsbereitschaft | | | | | | |
| Verwaltung vor Ort | | | | | | |
| Unbürokrat. Arbeitsweise | | | | | | |
| Wirtschaftsfreundlichkeit | | | | | | |
| Wenig Auflagen | | | | | | |
| Kurze Entscheidungswege | | | | | | |
| Einstellung d.Bevölkerung | | | | | | |
| Behördenservice | | | | | | |
| kurze Bearbeitungszeit | | | | | | |
| Arbeitsämter | | | | | | |
| Entscheidungskompetenz | | | | | | |
| Planungssicherheit | | | | | | |
| Arbeitsgerichte | | | | | | |
| **SONSTIGE FAKTOREN** | | | | | | |
| Image | | | | | | |
| Sozialstruktur d.Bevölkerung. | | | | | | |
| Persönliche Präferenzen | | 0,57 | | 0,67 | | 0,50 |

Quellen: Vgl. Tabelle 5; eigene Darstellung.

**Tab. 8: Relative Rangplätze "weicher" Standortfaktoren in empirischen Untersuchungen 1979-1988**

| AUTOR/JAHR<br><br>STANDORT-<br>FAKTOR | SCHLIEBE<br>1979 | KAISER<br>1980A | KAISER<br>1980B | CLEMENS<br>1983 | HENCKEL<br>U.A.<br>1986 | B J U<br>1988 |
|---|---|---|---|---|---|---|
| **REPRODUKTION DER ARBEITSKRAFT** | | | | | | |
| Wohnungsangebot | | 0,27 | 0,46 | | | |
| Wohnungsquantität | | 0,59 | 0,96 | | | |
| Wohnwünsche leitender Angest. | | | | | | |
| Schulen | | | | | | |
| Einkaufsmöglichkeiten. | | | 0,61 | | | |
| Medizinische Versorgung | | 0,32 | 0,91 | | | |
| Bildungsmöglichkeiten | 0,92 | 0,46 | 0,43 | 0,76 | | |
| Freizeiteinrichtungen | | 0,52 | 0,77 | | | 0,39 |
| Restaurants | | | 0,68 | | | |
| Umweltqualität | | | 0,75 | | | 0,39 |
| Kulturelle Angebote | | | 0,87 | | | 0,78 |
| Wohn-und Freizeitwert | | | | 0,68 | 0,34 | |
| Soziale Infrastruktur | | | | | | 0,55 |
| **WIRTSCHAFTSKLIMA** | | | | | | |
| Fühlungsvorteile | | 0,48 | | 0,88 | 0,67 | |
| ökonom.expand.Gemeinde | | 0,57 | 0,36 | | | |
| Gleiche Branche am Ort | | 1 | 0,82 | | | |
| Dienstleistungen am Ort | | 0,8 | 0,91 | | | |
| Qualität der Banken | | | | | | 0,23 |
| IHK-Qualität | | | | | | 0,45 |
| Forschungseinrichtungen | | | | | | 0,94 |
| **POLITISCHES KLIMA** | | | | | | |
| Gemeindeinteresse | | | | | | |
| Kontaktmöglichk.z.Gemeinde | | 0,25 | 0,52 | | | |
| Stundungsbereitschaft | | 0,75 | | | | |
| Verwaltung vor Ort | | 0,77 | 0,9 | | | |
| Unbürokrat.Arbeitsweise | | | | 0,16 | | |
| Wirtschaftsfreundlichkeit | | | | 0,36 | | |
| Wenig Auflagen | | | | | | 0,13 |
| Kurze Entscheidungswege | | | | 0,52 | | 0,19 |
| Einstellung d.Bevölkerung | | | | | | 0,16 |
| Behördenservice | | | | | | 0,26 |
| kurze Bearbeitungszeit | | | | | | 0,29 |
| Arbeitsämter | | | | | | 0,32 |
| Entscheidungskompetenz | | | | | | 0,36 |
| Planungssicherheit | | | | | | 0,42 |
| Arbeitsgerichte | | | | | | 0,74 |
| **SONSTIGE FAKTOREN** | | | | | | |
| Image | | | 0,24 | | 0,45 | |
| Sozialstruktur d.Bevölkerung. | | | | | | 0,65 |
| Persönliche Präferenzen | | 0,91 | 0,64 | | | |

Quellen: Vergleiche Tabelle 6; eigene Darstellung

Läßt sich nun im Zeitablauf ein Bedeutungsgewinn der "weichen" Standortfaktoren beobachten? Von den hier angeführten Befragungen nehmen lediglich *KREUTER* und

SCHLIEBE selbst zeitliche Unterteilungen vor. KREUTER betrachtet Ansiedlungen aus den Perioden 1955-1964 und 1964-1971, SCHLIEBE erfaßte nahezu alle bundesdeutschen Ansiedlungs-, Verlagerungs- und Erweiterungsfälle im Zeitraum von 1964 bis 1979. Seine Faktorendifferenzierung ist jedoch sehr grob, im Grunde werden nur die "Basisfaktoren" und ein "sonstige" Faktor genannt. KREUTER beobachtet im Vergleich der beiden genannten Perioden einen leichten Zuwachs der Wichtigkeit des "Wohn- und Freizeitwertes" und einen deutlichen Rückgang der Bedeutung "Persönlicher Präferenzen" für die Standortwahl, die Basisfaktoren gewinnen an Einfluß.[84] Die fast gegenläufige Tendenz findet sich innerhalb von SCHLIEBEs Betrachtungszeiträumen: die "Basisfaktoren" verlieren in den siebziger Jahren gegenüber den "sonstigen" deutlich an Gewicht.[85] Beide Ergebnisse sollten nicht überinterpretiert werden, und lassen sich vereinbaren: In den sechziger Jahren erfolgte gegenüber der Zeit des "Wiederaufbaus" eine "Rationalisierung" der Standortwahl, im Laufe der siebziger Jahre war der Trend umgekehrt. Unplausibel ist dies nicht, in Zeiten gesicherter Konjunktur könnte eine auf "harten" Faktoren basierende rechnerische Kalkulation leichter zu leisten sein als in Zeiten ungewisser konjunktureller Rahmenbedingungen.

Aufgrund der eingehend dargestellten methodischen Differenzen der Untersuchungen lassen sich zeitliche Veränderungen in den Bewertungen der Standortfaktoren nur vorsichtig interpretieren. Auffallend ist allerdings, daß mit Beginn der 80er Jahre die Zahl der jeweils genannten "weichen" Standortfaktoren rapide ansteigt und bisweilen diese Faktoren gar in die Spitzenränge drängen ("unbürokratische Verwaltung" bei CLEMENS, "Wohn-und Freizeitwert" sowie "Image" bei HENCKEL u.a., "Grundeinstellung der Bevölkerung" bei BJU). Genauer gesagt, nimmt die Ausdifferenzierung der "weichen" Standortfaktoren zu, wovon besonders die Erhebungen von KAISER und BJU zeugen. Da den Unternehmen innerhalb der Befragungen meist ein Faktorenkatalog vorgelegt wurde, könnte dieser vermeintliche Bedeutungszuwachs aber auch ein von den Untersuchenden "herbeigeforschter" sein.

### Ergebnisse der Befragung von Betrieben im Raum Nürnberg

Die Ergebnisse der hier eingehend ausgewerteten Befragung[86] von Betrieben im Nürnberger Raum bestätigen den vermuteten Bedeutungsgewinn der "weichen" Standortfaktoren. Wie aus Tabelle 9 hervorgeht, unterscheidet sich die Rangfolge der 19 abgefragten

---

[84] vgl. Kreuter (1974) S.115
[85] vgl. Schliebe (1982) S.125f
[86] Methodische Bemerkungen zu dieser Untersuchung finden sich im Anhang.

Standortfaktoren, von denen 12 im weitesten Sinne als "weich" bezeichnet werden können, kaum nach dem Anordnungskriterium. Das Muster ist praktisch identisch, gleich ob
das arithmetische Skalenmittel oder der Prozentanteil der "Sehr-wichtig"- und "Wichtig"-
Nennungen gewählt wird.

**Tab. 9: Die Bedeutung von Standortfaktoren für Betriebe im Raum Nürnberg**

| STANDORTFAKTOR | Ant.d."Sehr-wichtig"- und "Wichtig"- Nennungen in % | Ant.d."Sehr wichtig"- Nennungen in % | Arithmet.Skalenmittel (1 = sehr wichtig 5 = völlig unwichtig) |
|---|---|---|---|
| Qualifizierte Arbeitskräfte | 94,0 | 65,3 | 1,44 |
| Innerörtliche Verkehrsanb. | 80,4 | 37,8 | 1,88 |
| Wirtschaftsklima | 79,3 | 32,1 | 1,95 |
| Innerregionale Verkehrsanb. | 76,3 | 34,8 | 2,02 |
| Wohn- und Freizeitwert | 76,0 | 17,1 | 2,15 |
| Kooperationsbereitschaft d.Verwaltung | 72,0 | 29,4 | 2,17 |
| Bearbeitungstempo d.Verwaltung | 69,9 | 32,2 | 2,15 |
| Image | 67,4 | 20,8 | 2,26 |
| Bildungseinrichtungen | 66,0 | 18,8 | 2,29 |
| Flächenverfügbarkeit | 65,0 | 24,5 | 2,37 |
| Überregionale Verkehrsanbindung | 61,2 | 15,7 | 2,53 |
| Kulturangebote | 51,0 | 9,7 | 2,26 |
| Finanzierungsangebote | 48,9 | 17,3 | 2,77 |
| Messe-und Kongreßwesen | 41,7 | 11,1 | 3,00 |
| Internationale Verkehrsanbindung | 41,3 | 12,7 | 3,13 |
| Kooperation mit Unternehmen | 37,3 | 10,6 | 3,01 |
| Fühlungsvorteile | 35,8 | 11,3 | 2.86 |
| Kooperation m.Forschungseinrichtungen | 28,9 | 6,7 | 3,47 |
| Vorhandensein v.Forschungseinrichtungen | 28,6 | 7,9 | 3,43 |

Quelle: Eigene Berechnungen; Datengrundlage DIfU (1989)

Es fällt die überragende Bedeutung des Standortfaktors "qualifiziertes Personal" auf, nahezu alle Betriebe bewerten diesen Faktor zumindest als "wichtig". Der folgende Faktor
"innerregionale Verkehrsanbindung" weist bereits einen deutlichen Abstand auf. Weiterhin ist bemerkenswert, daß "klassische" Faktoren wie "Fläche" und weiträumigere "Verkehrsanbindungen", aber auch "junge" Faktoren, wie "Nähe zu" und "Kooperation mit
Forschungseinrichtungen" zumindest insgesamt bedeutungslos sind.

Die vorab umrissenen "weichen" Standortfaktoren werden demgegenüber zum Teil recht
hoch bewertet. Das "Wirtschaftsklima" ist der drittwichtigste Faktor. Der "Wohn- und
Freizeitwert" ist als fünftwichtigster Faktor für mehr als drei Viertel der Betriebe von
zumindest großer Bedeutung. Ähnliches gilt für die Faktoren des politischen Klimas,
"Kooperation mit der Verwaltung" und "Tempo der Verwaltung". Auch die "Bildungs-
möglichkeiten" und das "Image" befinden sich in der ersten Hälfte der Faktorenliste. Lediglich der Faktor "Kultur" fällt etwas ab, auch wenn noch mehr als die Hälfte der Be-

triebe ihn als zumindest wichtig bewertet.[87] Die Bewertungsabweichungen zwischen den Faktoren sind so gering, daß sie von vornherein, auch angesichts der geringen Fallzahl, nur als Tendenzen aufzufassen sind. Es bestätigt sich aber das Bild, das auch die neueren der vorgestellten Betriebsbefragungen lieferten: Beschäftigten- und vor allem direkt betriebsbezogene "weiche" Standortfaktoren sind für die Unternehmen zumindestens "latent wichtig".

## 2.1.3 Betriebstypenspezifische Affinitäten gegenüber "weichen" Standortfaktoren

Da sich ein genereller Bedeutungsgewinn der "weichen" Standortfaktoren empirisch innerhalb der oben beschriebenen Untersuchungen nur in Ansätzen belegen läßt, wird die Fragestellung nunmehr modifiziert. Von Interesse ist jetzt, ob ein bestimmter Typus von Betrieben diesen Faktoren eine auffallend höhere Bedeutung beimißt. Im Vordergrund stehen dabei die Faktoren des Reproduktionsbereiches der Arbeitskraft, die beschäftigtenbezogenen "weichen" Standortfaktoren. Dargestellt werden sollen zunächst Unterschiede in der Bewertung der "weichen" Standortfaktoren hinsichtlich der Betriebsgröße, der betrieblichen Funktionskomplexität und der Branche. Auch wenn mit *KAISER* an der Tauglichkeit dieser klassischen Typisierungskategorien zu zweifeln ist,[88] sind sie doch aufgrund ihrer guten statistischen Erfaßbarkeit in den meisten Untersuchungen verwendet. Daran anschließend ist zu fragen, ob ein bestimmter als "innovativ" bezeichneter Produktionstyp eine hohe Affinität zu den "weichen" Standortfaktoren aufweist. Ist dies der Fall, so die Vermutung, wäre dieser "zukunftsträchtige" Produktionstyp gewissermaßen der Träger des zu erwartenden allgemeinen Bedeutungsgewinnes der "weichen" Standortfaktoren.

---

[87] *Daraus wird schon deutlich, daß die Bewertungsskalen insgesamt stark zum positiven Pol neigen, daß der Mittelwert aller Faktoren unter dem bei einer symmetrischen Verteilung vorliegenden Wert von 3 liegt. Auch die Faktoren auf den hinteren Rangplätzen werden nur selten als bedeutungslos eingeschätzt.*

[88] *vgl. Kaiser (1979) S.90. Kaisers eigener Versuch einer clusteranalytischen Betriebstypenbildung führte im übrigen zu keinen im Rahmen dieser Arbeit brauchbaren Ergebnissen.*

## 2.1.3.1 Ergebnisse vorliegender Untersuchungen

*KAISER* stellt sowohl für den Sekundären[89] als auch den Tertiären[90] Wirtschaftssektor einen Anstieg der Bedeutung der Faktoren "Bildung", "Freizeit" und "medizinische Einrichtungen" mit der Betriebsgröße fest; für den "Wohn- und Freizeitwert" kommt *CLEMENS* zu ähnlichen Ergebnissen.[91] Die soziale Infrastruktur scheint für Betriebe ab 500 Beschäftigten, "Bildungseinrichtungen" für Betriebe ab 200 Beschäftigten besonders relevant zu sein, während die Bedeutung der "Einkaufsmöglichkeiten" mit der Betriebsgröße nicht variiert.[92] Bedingt sein könnten diese Bewertungsunterschiede durch die unterschiedliche Bedeutung, die dem Faktor Arbeit von den einzelnen Betriebsgrößen beigemessen wird; sowohl in seiner quantitativen[93] als auch seiner qualitativen[94] Dimension steigt die Bedeutung dieses Faktors mit der Betriebsgröße.

Genau umgekehrt verhält es sich mit dem diffuseren Faktor der "persönlichen Präferenzen". Nach *BREDE* zählten 3,6% der Großbetriebe, aber 19,6% der Kleinbetriebe "Persönliche Präferenzen" zu den standortentscheidenden Faktoren, wobei "Wohnortwünsche des Unternehmers", "familiäre Bindungen" und "persönliche Ortsgebundenheit" die näheren Bestimmungen dieses globalen Faktors darstellen.[95] Soweit sie vergleichsweise objektivierbar sind, steigt die Bedeutung der beschäftigtenbezogenen "weichen" Standortfaktoren also mit der Betriebsgröße, umgekehrtes gilt für rein subjektive Faktoren. Beide Ergebnisse sind plausibel; während bei Großbetrieben eine vergleichsweise große Anzahl qualifizierter Beschäftigter zu berücksichtigen ist, deren "objektive" Wohnortansprüche befriedigt werden müssen, ist bei kleineren Betrieben die Zahl der zu berücksichtigenden Personen geringer und steigt so das Gewicht der subjektiven Präferenzen des einzelnen Entscheidungsträgers.

Ein mittelbares Kriterium der Differenzierung der Standortfaktorenbewertung nach der Betriebsgröße ist die Unterscheidung nach der Stufe des Standortwahlprozesses. Die gebräuchlichste Teilung der Standortwahl in mehrere Stufen geht auf *MC LAUGHLIN & ROBOCK* zurück, es läßt sich eine *"area selection"* von einer *"site selection"* abheben,[96] die Makro- von der Mikrostandortwahl unterscheiden.[97] Von Bedeutung ist diese Stufenfolge

---

[89] vgl. *Kaiser/Hörner (1980) S.122*

[90] vgl. *Kaiser/Grohnert (1980) S.153*

[91] vgl. *Clemens (1983) S.136*

[92] vgl. *Clemens (1983) S.138, S.133; Fürst/Zimmermann (1973) S.107*

[93] vgl. *Brede (1971) S.14*

[94] vgl. *Clemens (1983) S.134*

[95] vgl. *Brede (1971) S.111*

[96] vgl. *Mc Laughlin /Robock (1949) ohne Seitenangabe, nach Kaiser (1979) S.35*

[97] vgl. *Lüder/Küpper (1982) S.48*

eher bei der Standortwahl von Groß- denn von Kleinbetrieben; letztere suchen bei geringerer Informationsverarbeitungskapazität und größerem Risiko einen neuen Standort
meist innerhalb ihrer Region, betreiben also im Grunde nur eine Mikrostandortwahl. Die
bisher genannten Untersuchungen der Standortentscheidungen bundesdeutscher Betriebe differenzieren nicht nach diesen beiden Auswahlphasen. Es wäre aber denkbar,
daß Faktoren, die bei einer rückblickenden Betrachtung des gesamten Auswahlprozesses
nur mittlere Bedeutung besaßen, auf einer früheren Stufe der Standortwahl große Bedeutung besessen hatten. Auf dieser ersten Stufe hätten sie als "Auswahlfilter" fungiert, ihre
tatsächliche Bedeutung wäre insofern größer als in einem zusammenfassenden Rückblick
zum Ausdruck käme.

**Tab. 10: Relevanz einiger "weicher" Standortfaktoren nach Stufen der Standortwahl**

| STANDORTFAKTOR | MAKROSTANDORTWAHL (INTERREGIONAL) | MIKROSTANDORTWAHL (INTRAREGIONAL) |
|---|---|---|
| **Bildungseinrichtungen** | Universität,Fachschulen | allgemeinbildende Schulen |
| **Kulturangebote** | Theater, Museen ("Hochkultur") | Stadtteilkultur, Kino |
| **Freizeitangebote** | Klima,Landschaft,Berge,Seen | Sportanlagen,Parks |
| **Polit./Wirtschaftsklima** | Landespolitik | Gemeindepolitik |
| **Image** | Regionsimage | "Gute Adresse",Repräsent.Gebäude |
| **Persönliche Präferenzen** | Verwandte,Freunde,Verein | Nachbarn,eigenes Haus |
| **Sonstiges** | Mentalität der Einheimischen | Atmosphäre,Milieu |

Quelle: Eigene Darstellung

*ELLIS'* Vermutung, *"in most instances the region and community were selected at the basis
of different considerations"*[98] wird durch *SCHMENNERS* Untersuchung für die USA bestätigt. Danach war für 35% der befragten Großunternehmen der Faktor "attractive place
for engineers" ein "Mußkriterium" bei der Makrostandortwahl und somit innerhalb dieser
Stufe der drittwichtigste Faktor; bei der Mikrostandortwahl spielte er dagegen keine
Rolle mehr.[99] *LÜDER/KÜPPER*, die als einzige für die BRD eine entsprechende Diffe-
renzierung vornehmen, kommen aufgrund ihrer qualitativ orientierten Untersuchung des
Standortwahl- bzw. Investitionsverhaltens von Großbetrieben genau zum umgekehrten
Ergebnis: "weiche" Standortfaktoren spielen nur in der Phase der Mikrostandortwahl eine
Rolle und hier nur als "substitutionale" Kriterien: in 37% der Fälle war die gemeindliche
Kooperationsbereitschaft, in 19% der Fälle die kulturelle Infrastruktur, in 15% waren
politische Gesichtspunkte und in 11% der Entscheidungen der Freizeitwert von Bedeu-
tung.[100] Auch hier spielten "direkt betriebsbezogene" "weiche" Standortfaktoren also eine

---

[98] *Ellis (1949) S.5*
[99] *vgl. Lüder/Küpper (1982) S.61*
[100] *vgl. Lüder/Küpper (1983) S.197*

größere Rolle als beschäftigtenbezogene. Ähnlich sind nach *FÜRST* die "persönlichen Präferenzen" eher innerhalb der "site selection" von Bedeutung.[101] Wenn auch die Ergebnisse für die USA nur bedingt mit denen für die BRD zu vergleichen sind, erstaunt doch die Gegensätzlichkeit der Ergebnisse. Unterschiedliche Definitionen dessen, was ein Mikrostandort und was ein Makrostandort ist, scheiden als Erklärung wohl aus, denn dann hätten die Ergebnisse genau umgekehrt lauten müssen: eher entspricht ein bundesdeutscher Makrostandort einem US-amerikanischen Mikrostandort als umgekehrt. Dahingestellt bleiben muß dabei ohnehin, ob die Standortwahl tatsächlich durch die sequentielle Abfolge einzelner Stufen gekennzeichnet ist. Es ist ebenso denkbar, daß die nur idealtypischen Stufen der Standortwahl durch Rückkopplungen miteinander verbunden sind, eine Makrostandortwahl von vorne beginnen kann, wenn die Mikrostandortwahl unbefriedigend verlief.

Ein weiteres betriebliches Differenzierungskriterium vieler empirischer Untersuchungen zum Standortwahlverhalten stellt der Typ der Ansiedlung dar. Damit ist auch der Grad der Funktionskomplexität des Betriebs charakterisiert. Sind bei Neugründungen und ebenso bei Verlagerungen - sofern es sich nicht um Zweigstellenverlagerungen handelt - noch alle Funktionen enthalten, so ist die interne Komplexität bei Zweigstellen schon deutlich geringer; im Extremfall handelt es sich um "verlängerte Werkbänke", Stätten mit einem hohen Anteil operativer Fertigungstätigkeiten, die häufig als "Konjunkturpuffer" fungieren.

Insgesamt wird das Gewicht der einzelnen Standortfaktoren *"ziemlich stark"* vom Ansiedlungstyp bestimmt.[102] Nach *FÜRST* spielen "persönliche Präferenzen" bei Neugründungen (NG) eine größere Rolle als bei Betriebsverlagerungen (BV), noch bedeutungsloser sind sie für Zweigstellen (ZG).[103] Bei *BREDE* sind sie für 25,9% der NG, 12,6% der BV und 3,3% der ZG mitentscheidend.[104] Dabei sind bei Neugründungen familiäre Bindungen der Gründer, ihre Kontakte zu Freunden und Bekannten ausschlaggebend, für BV sind zusätzlich die Präferenzen der leitenden Angestellten relevant, ZG zeichnen sich durch ihre geringe Verbundenheit mit der Umgebung aus.[105] Weniger deutlich sind die Unterschiede zwischen den Funktionstypen innerhalb der einzelnen, konkreter gefaßten "weichen" Standortfaktoren, die Untersuchungen kommen gar zu einander widersprechenden Ergebnissen. Einigkeit besteht noch darin, daß "Einkaufsmöglichkeiten" für BV

---

[101] vgl. *Fürst (1971) S.205*
[102] *Fürst (1971) S.198*
[103] vgl. *Fürst (1971) S.209*
[104] vgl. *Brede (1971) S.111*
[105] vgl. *Fürst (1971) S.209*

relativ wichtig und für ZG unwichtig sind,[106] auch scheinen "Krankenhäuser" für ZG relativ unwichtig zu sein.[107] Der "Wohn- und Freizeitwert" ist offenbar für alle Typen von gleichhoher Bedeutung,[108] große Uneinigkeit besteht aber bezüglich der Bildungseinrichtungen. Während *HANSMEYER/FÜRST/ZIMMERMANN* keine Bewertungsdifferenzen feststellen,[109] sind sie nach *GfRS* für BV besonders wichtig,[110] nach *FÜRST* aber für BV besonders unwichtig.[111]

Bei den infrastrukturellen "weichen" Standortfaktoren zeigen sich keine großen und eindeutigen Differenzen zwischen NG und BV, lediglich die ZG fallen etwas ab: *"Tendenziell gilt, daß die nur mittelbar unternehmensbezogenen Infrastrukturleistungen umso geringeren Einfluß auf die Valenz eines neuen Standorts [...] haben, je weniger qualifizierte Arbeitskräfte am neuen Standort benötigt werden. Tendenziell geht von ihnen ein geringerer Einfluß auf ZG als auf NG oder gar BV aus."*[112] Zusammengefaßt: Für Neugründungen sind besonders "persönliche Präferenzen" vergleichsweise wichtig, bei Verlagerungen spielen eher die "objektivierbaren" "weichen" Standortfaktoren ein Rolle. Für Zweigstellen sind die "klassischen" Standortfaktoren von überragender Bedeutung und spielen "weiche" Standortfaktoren, ausgenommen vielleicht das quantitative Wohnungsangebot, keine Rolle. Zwar variiert die Bewertung der "weichen" Standortfaktoren mit der Funktionskomplexität des Betriebes, jedoch wird diesen Faktoren für keinen Typus eine überragende Bedeutung eingeräumt, auch für NG und BV nehmen die klassischen Bewertungskriterien die oberen Rangplätze ein.

Auch zwischen den Branchen variiert die Bedeutung der "weichen" Standortfaktoren. Für arbeitsintensive Zweige wie Bekleidung, Textil und Elektrotechnik ist das "quantitative Wohnungsangebot" besonders wichtig, für Eisen-/Metallerzeugung und Feinkeramik/Glas spielen "Schulen und Fachschulen" eine etwas größere Rolle.[113] Der "Wohn- und Freizeitwert" sowie das "Bildungsangebot" einer Region wird von den Branchen Fahrzeugbau, Feinmechanik und Elektrotechnik und Chemie relativ hoch bewertet und "persönliche Präferenzen" sind für den Baubereich, den Maschinenbau und die Elektrotechnik auffallend wichtig.[114] So vereinfachend die Charakterisierung einer Branche als besonders zukunftsträchtig ist und so gering die Abweichungen der Bewertung der "wei-

---

[106] *vgl. GfRS (1974) S.40; Hansmeyer/Fürst/Zimmermann (1975) S.138; Fürst/Zimmermann (1973) S.104*

[107] *vgl. Fürst/Zimmermann (1973) S.105; GfRS (1974) S.40*

[108] *vgl.Fürst/Zimmermann (1973) S.104; Hansmeyer/Fürst/Zimmermann (1975) S.138*

[109] *vgl. Hansmeyer/Fürst/Zimmermann (1975) S.138*

[110] *vgl. GfRS (1974) S.40*

[111] *vgl. Fürst/Zimmermann (1973) S.104*

[112] *Hansmeyer/Fürst/Zimmermann (1975) S.134*

[113] *vgl. Fürst/Zimmermann (1973) S.105f*

[114] *vgl. Kreuter (1974) S.104*

chen" Standortfaktoren zwischen einzelnen Branchen auch sind; für einzelne, vermeintlich zukunftsträchtige Branchen wie den Maschinenbau, den Fahrzeugbau, die Chemie und besonders die Elektrotechnik liegt offenbar eine besondere Affinität zu einigen "weichen" Standortfaktoren vor, aber auch für sie sind diese Faktoren nicht von überragender Bedeutung.

Zur Beantwortung der Frage nach der hohen Bedeutung der "weichen" Standortfaktoren für besonders innovative Unternehmen seien noch weitere Arbeiten näher dargestellt. Auf einer kleinräumigen Ebene versucht CASTELLS, ähnlich den beschriebenen korrelationsanalytischen Ansätzen, die Affinität eines bestimmten Betriebstypus gegenüber einem bestimmten Raumtypus zu ermitteln. Alle im Zeitraum von 1962-1965 im Pariser Becken angesiedelten Betriebe[115] werden einer von drei Kategorien zugeordnet. Einen Typus bilden *"Unternehmen, die auf technische Neuerungen gerichtet sind"*[116], die neue Produkte erfinden und die einen erhöhten Anteil an Technikern und Ingenieuren aufweisen.[117] Auf der Seite des Raumes wird ebenfalls eine Trichotomisierung vorgenommen, ein Typ wird als *"sozial aufgewertet"* bezeichnet.[118] Als Hauptergebnis der Zuordnung von Betrieben und Räumen läßt sich festhalten,*"daß ein Unternehmen sowohl technisch fortgeschritten als auch groß sein muß, um sich in einem solchen Raum [gemeint ist der 'sozial aufgewertete' -C.D.] niederlassen zu können."*[119] Wenn auch das schon angedeutete Kausalitätsproblem sich auch bei der Interpretation von CASTELLS Arbeit stellt, ferner vor allem seine Typisierung der "sozial aufgewerteten Räume" recht diffus bleibt, ist die besondere Affinität eines innovativen Unternehmenstypus zu einem bestimmten Raum (in der hier verwendeten Terminologie mit hoher "weicher" Standortfaktorenqualität) in Ansätzen belegt.

Im Zuge der Orientierung der regionalwissenschaftlichen Diskussion an "High-technology" -Betrieben wurde gerade in den letzten Jahren auch das Standortwahlverhalten dieser vermeintlich besonders zukunftsträchtigen Betriebe durch mehrere Studien untersucht. Die meisten Arbeiten beziehen sich allerdings auf den englischsprachigen Raum, für die BRD war nur eine entsprechende Untersuchung aufzufinden. Die Definitionen dessen, was denn unter "High-tech" zu verstehen sei, sind fast so zahlreich wie die Untersuchungen. PREMUS untersucht im Rahmen einer Unternehmensbefragung die spezifischen Standortanforderungen US-amerikanischer "High-tech"-Unternehmen.[120] Ist der

[115] *vgl. Castells (1977) S.124*
[116] *vgl. Castells (1977) S.125*
[117] *vgl. Castells (1977) S.127*
[118] *vgl. Castells (1977) S.128*
[119] *Castells (1977) S.131f*
[120] *vgl. Heilemann (1985) S.215*

Faktor Arbeitskraft bei der Makro- und der Mikrostandortwahl von herausragender Bedeutung, so fällt die hohe Bedeutung akademischer Einrichtungen, kultureller Möglichkeiten und der klimatischen Bedingungen bei der Makro-, und die Wichtigkeit der Nähe zu Schulen, Erholungs- und Kultureinrichtungen bei der Mikrostandortwahl ins Auge.

Zu ähnlichen Ergebnissen kommen *HALL/MARKUSEN/GLASMEYER*[121] im Rahmen ihrer aggregatstatistischen Analyse für die gesamten USA. "Climate index", "housing price" und "educational options" üben einen signifikanten Einfluß auf die regionalen Beschäftigtenentwicklungen in den Hochtechnologiebetrieben aus. Die an sich interessante Aufschlüsselung nach den Lebenszyklen der hergestellten Produkte ergibt allerdings kein eindeutiges Bild. Für US-amerikanische Hochtechnologiebetriebe sind "social amenities", ebenso wie politische Faktoren damit offenbar sogar wichtiger als die "klassischen" Standortfaktoren Marktnähe, Boden und Verkehr. Die interregionale Varianz dieser "weichen" Faktoren ist in den USA aber wesentlich größer als in europäischen Ländern, das erklärt vielleicht ihre Bedeutung und erschwert die Übertragbarkeit der Ergebnisse.

Auf bundesdeutsche Verhältnisse sind Ergebnisse von britischen Studien sicherlich eher übertragbar, sie widersprechen sich jedoch. Für die von *MAC GREGOR* u.a.[122] untersuchten britischen Hochtechnologieunternehmen spielen die "local amenities" ebenso wie die Verfügbarkeit von Personal eine untergeordnete Rolle, genau zum umgekehrten Ergebnis kommt aber *OAKEY*[123]. Für die BRD sei eine eher "qualitativ" orientierte *"intensive Befragung innovativer Betriebe"*[124] genannt. Offenbar wurden die wenigen von *DROEGE/HOFFMANN* untersuchten Unternehmen in Troisdorf auch nach der Bedeutung der Faktoren Klima, Wohn- und Freizeitwert, Kulturangebot und Ansehen der Stadt befragt. Aus der durch ihre Knappheit fast wertlosen Darstellung der Ergebnisse geht eindeutig nur hervor, daß für innovative Betriebe das kleinräumige Standortimage, also die "gute Adresse", das repräsentative Gebäude eine höhere Bedeutung besitzt als für andere Betriebe.[125]

Liegen schon keine brauchbaren Untersuchungen über die Standortanforderungen von besonders innovativen Betrieben für den bundesdeutschen Raum vor, so soll zumindest eine Arbeit zu den Standortwahlfaktoren eines sicherlich zukunftsträchtigen Wirtschaftszweiges genannt werden, der Umweltschutzgüterindustrie.[126] Daß für die 693 von *ZIMMERMANN* befragten Betriebe insgesamt die räumliche Nähe zu Umweltproblemen

---

[121] *vgl. Hall/Markusen/Glasmeyer (1985)*
[122] *vgl. Mac Gregor u.a. (1986)*
[123] *vgl. Oakey (1984)*
[124] *Droege/Hoffmann (1986) S.201*
[125] *vgl Droege/Hoffmann (1986) S.202*
[126] *vgl. Benkert (1987) S.237*

das wichtigste Standortwahlmotiv darstellte, verwundert nicht. Trotzdem wurde der Faktor "gute Lebensbedingungen", der ja inhaltlich zum Teil entgegengesetzt zu dem für diese Betriebe wichtigsten Faktor steht, noch von 15,7% als mitausschlaggebend für den gewählten Standort eingeschätzt. Damit lag der Faktor auf dem fünften Rang, während "Aus- und Weiterausbildungseinrichtungen", überraschenderweise auch "Forschungseinrichtungen" und klassischen Faktoren wie "Grundstücksverfügbarkeit" und "Lieferantennähe" geringere Bedeutung beigemessen wurde.

Die Frage nach einem Betriebstyp mit besonders hoher Affinität zu den "weichen" Standortfaktoren läßt sich noch nicht eindeutig beantworten. Zumindest in der BRD sind diese Faktoren für keine der durch die Untersuchungen abgedeckten Betriebsgruppen von überragender Bedeutung. Allerdings lassen sich zumindest grob Betriebstypen hinsichtlich ihrer relativen Affinität zu "weichen" Standortfaktoren unterscheiden:

* Die **große Zweigstelle eines nationalen Betriebes** mit einem geringen Qualifikationsniveau der Beschäftigten. Sie stellt nach der in Kapitel 1 eingeführten Terminologie gewissermaßen den Prototyp des "fordistischen" Betriebs dar. Sie dürfte sich, nach den Ergebnissen der geschilderten Untersuchungen, insgesamt wohl am wenigsten an den "weichen" Standortfaktoren orientieren. Lediglich ein quantitativ ausreichendes Wohnungsangebot ist besonders für die arbeitsintensiven Branchen Elektrotechnik und Nahrungs- und Genußmittel bedeutend. Dennoch wäre es denkbar, daß hier die Präferenzen beispielsweise eines Betriebsleiters oder seiner Ehefrau bei einer Entscheidung über **Kapazitätserweiterungen oder -stillegungen** entscheidend wären. Durch die geringe Anzahl hochqualifizierter Beschäftigter ist aber die Wahrscheinlichkeit, daß für diesen Betriebstypus Investitionsentscheidungen aufgrund beschäftigtenbezogener "weicher" Standortfaktoren getroffen werden, gering.

* **Der große Hauptbetrieb oder die Filiale eines multinationalen Konzernes mit einer großen Zahl von qualifizierten Beschäftigten.** Dieser Typus dürfte die größte Orientierung an Wohn- und Freizeitqualitäten, am Kulturangebot etc. aufweisen. Besonders gilt dies nach den betrachteten Untersuchungen für die prosperierenden Branchen Chemie, Elektrotechnik und Feinmechanik. Bei der Filialgründung eines multinationalen Konzerns, im seltenen Fall der **Verlagerung eines nationalen Stammbetriebes** oder bei der **Teilverlagerung von Hauptfunktionen**, könnten bei großem Suchradius auch interregional variierende "weiche" Standortfaktoren eine Rolle spielen.

* **Der kleinere Betrieb.** Die **Neugründung** erfolgt häufig am Wohnort der Betriebsgründer, ein Regionswechsel wird tunlichst vermieden. "Weiche" Standortfaktoren wirken hier vor allem als "stay-factors" in dem Sinne, daß persönliche Bindungen auch Regionsbindungen verursachen. Als "pull-factors" dürften sie indes geringe Bedeutung haben. Kaum ein Neugründer wird das Risiko eines Anfanges in einer anderen Region

nur wegen deren Freizeitqualitäten suchen. Selbst beim "spin-off" eines hochinnovativen Betriebes muß die Wohnattraktivität der Region der alten Arbeitsstätte des Gründers schon sehr niedrig sein, um die Betriebsgründung als Abwanderunganlaß zu nutzen. Für **Verlagerungen von kleinen Betrieben**, die meist aufgrund von Flächenengpässen am alten Standort erfolgen, gilt dies noch mehr, da hier zu den persönlichen auch die betrieblichen Bindungen kommen. Der neue Standort wird in der Region gesucht, "weiche" Standortfaktoren spielen hier wohl nur als kleinräumige "stay-factors" in dem Sinne eine Rolle, daß Bindungen an Gewohntes die Verlagerung aufhalten.

## 2.1.3.2 Ergebnisse der Befragung für den Raum Nürnberg

Auf der Grundlage der Rohdaten einer vom *DIfU* im Frühjahr 1989 in den Städten Nürnberg, Fürth und Erlangen durchgeführten Betriebsbefragung[127] können nun die gewonnenen Hinweise überprüft und wesentlich weiter differenziert werden. Insbesondere kann die Frage nach einem für die in Kapitel 1.1 beschriebenen räumlichen Strukturveränderungen zentralen, zukunftsträchtigen, innovativen oder innovationsfördernden Betriebstypus besser beantwortet werden.

Welche Zusammenhänge zwischen der Bedeutung der hier einbezogenen "weichen" Standortfaktoren "Wohn- und Freizeitwert", "Bildungseinrichtungen", "Kulturangebote" und "Image" und den betrieblichen Typisierungsmerkmalen lassen sich nach den bisherigen Ergebnissen dieser Arbeit vermuten?

- Bereits an anderer Stelle wurde ausgeführt, daß ihre Sektoral- und Branchenstruktur das Wachstum oder Nichtwachstum einer Region statistisch nicht befriedigend erklären kann. Wenn auch die Branche kein ausreichendes Kriterium der Kennzeichnung eines Betriebes als "zukunftsträchtig" darstellt, so gibt es dennoch "neue" und "alte" Branchen. Es lassen sich einige Zweige benennen, die gegenwärtig und mittelfristig zumindest insgesamt besonders große Wachstumsraten aufweisen. Wären die formulierten Ausgangsthesen eines Bedeutungsgewinnes der "weichen" Standortfaktoren richtig, so müßten zunächst einmal die Betriebe des Tertiären Sektors besonders hohe Affinitäten zu diesen Faktoren aufweisen. Besonders würde dies für "neue Dienstleistungen", auf die noch genauer einzugehen sein wird, gelten. Die bisher betrachteten Erhebungen lassen außerdem vermuten, daß innerhalb des Produzierenden Gewerbes die dominierenden Branchen des "4.Kondratieffschen Zyklus" wie Elektrotechnik, Maschinenbau und Chemie zumindest in Ansätzen sich stärker an diesen Faktoren orientieren als andere Zweige. Diese Branchen sind allerdings nicht durchweg und in jeder Hinsicht "zu-

---

[127] *Methodische Ausführungen zu dieser Befragung finden sich im Anhang.*

kunftsträchtig": Besonders in der Elektrotechnik und im Maschinenbau ist mit starken Rationalisierungstendenzen zu rechnen, Wachstums- und Beschäftigungsentwicklung dürften sich gerade hier weiter entkoppeln.[128] Auf der aktuellen "5.Kondratieffschen Welle" wird ein Teil der Unternehmen aus diesen Branchen an Dominanz verlieren. Jedoch sind auch die führenden Zweige dieser neuen Welle, die Produzenten von Informationstechnologien, die elektrooptische und die biochemische Industrie, in diesen Branchen zu finden.[129]

- Nach den Ergebnissen der angeführten empirischen Untersuchungen ist zu erwarten, daß die Bedeutung der beschäftigtenbezogenen "weichen" Standortfaktoren wie etwa des Freizeitwertes mit der Betriebsgröße ansteigt. Nur die "irrationalen" rein "persönlichen Präferenzen" sind für kleine Betriebe wichtiger. In Großbetrieben sind die Präferenzen vieler Beschäftigten zu berücksichtigen. Einerseits ist richtig, daß kleinere Betriebe aufgrund ihrer geringeren Informationskapazitäten stärker das Image des Standortes als "Verdichtung" anderer Faktoren beachten und größere Betriebe potentiell ein Image leichter objektivieren können. Auf der anderen Seite sind größere Betriebe aber auch weiträumiger verflochten. Ihre entfernten Geschäftspartner und Kunden dürften den Betrieb auch mit dem Image seiner Region verbinden, der Faktor dürfte also gerade für größere Betriebe höhere Bedeutung haben als für kleinräumig orientierte Kleinbetriebe.

- Die größten Zusammenhänge sind nach den Hypothesen dieser Arbeit zwischen der Qualifikationsstruktur der Betriebe und der Bewertung der "weichen" Standortfaktoren zu vermuten. Die Bewertung dieser Faktoren wird, von den genannten Zusatzimplikationen des Image und "irrationalen" rein "persönlichen Präferenzen" des Entscheidungsträgers einmal abgesehen, von den Bewertern ja genau für diese vorgenommen - so lautet zumindest eine Annahme dieser Arbeit. Je höher das relative Gewicht der hochqualifizierten Beschäftigten und ihre Anzahl ist, desto höher müßten die beschäftigtenbezogenen "weichen" Standortfaktoren bewertet werden.

- Eine direkt und indirekt wirkende Variable stellt der Technisierungsgrad des Betriebes, der Einsatz neuer Technologien und Produktionskonzepte dar. Ein hoher Technisierungsgrad könnte auch die Bedeutung harter Standortfaktoren wie der Flächenverfügbarkeit oder bei "just-in-time-production" der Straßenverkehrsverbindungen erhöhen, also die der "weichen" Standortfaktoren sinken lassen. Nach den Eingangshypothesen verursacht aber gerade der Technologieeinsatz die zunehmende Unabhängigkeit von geographischen Zwängen und läßt soziale Zwänge bedeutend werden. Ein hoher Technologieeinsatz signalisiert als indirekter Indikator das Vorhandensein von hochqualifi-

---

[128] vgl. Henckel u.a. (1986) S.40f
[129] vgl. Henckel u.a. (1986) S.32f

zierten Beschäftigten. Erwartet werden kann also eine positive Korrelation der Bewertung der "weichen" Standortfaktoren mit dem Technikeinsatz. Weiterhin zeigt der Indikator auch die vorhandene Wettbewerbsfähigkeit der Unternehmen an, er kann einen Betrieb als zukunftsträchtig kennzeichnen. Dadurch wird die Frage nach der Bewertung der "weichen" Standortfaktoren durch solche hochtechnologisierten Betriebe besonders interessant.

- Eine regionalpolitisch entscheidende Größe stellt der Status eines Betriebes dar. Handelt es sich um einen Hauptsitz oder um eine womöglich regionsextern kontrollierte Zweigstelle? Die Ergebnisse der erwähnten Untersuchungen lassen erwarten, daß "rationale" "weiche" Standortfaktoren für Hauptbetriebe mit einem größeren Anteil von Hochqualifizierten eine wesentlich größere Rolle spielen als für eher an klassischen Standortfaktoren orientierte Zweigstellen.

- Die Industriebetriebe mit am Standort ausgeübten dispositiven Unternehmensfunktionen, vor allem Forschung/Entwicklung und Verwaltung, eventuell auch Vertrieb und weitere Dienstleistungen, müßten, aufgrund der dort eingesetzen Hochqualifizierten, den "weichen" Standortfaktoren höhere Bedeutung beimessen. Das Umgekehrte ist für Betriebe mit operativen Fertigungs- und Lagerhaltungsfunktionen zu vermuten.

- Sieht man mit CASTELLS einen weiten Absatzradius als Indikator für hohe Standortunabhängigkeit gegenüber klassischen Faktoren, so müßte auch die Bedeutung der "weichen" Standortfaktoren für weiträumig orientierte Betriebe größer sein. Vor allem für den Faktor Image kann vermutet werden, daß seine Bedeutung mit zunehmenden Absatzradius steigt. Wie oben schon bei der Betrachtung der Wirkungsrichtungen der Betriebsgröße erläutert, könnten entfernte Kunden die Qualität der angebotenen Produkte nach dem Image der Region seiner Herkunft bewerten, was sich auf die Absatzchancen des Betriebes auswirken könnte und diesen Faktor für weiträumig orientierte Betriebe besonders wichtig werden ließe.

In Abbildung 4 sind die Bewertungen der Standortfaktoren, aufgeschlüsselt nach 2. und 3.Sektor bzw. (wie später noch erläutert wird) den "produktionsorientierten Dienstleistungen", im Überblick dargestellt.

**Abb. 4: Bedeutung der Standortfaktoren im Sekundären und Tertiären Sektor**

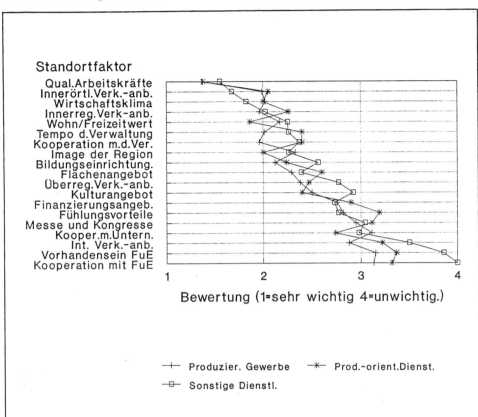

Quelle: Eigene Berechnungen; Datengrundlage DIfU (1989)

Der Faktor qualifizierte Arbeitskraft ist für alle Betriebsgruppen der bedeutsamste Faktor. Es zeigen sich zwischen den verglichenen Sektorgruppen durchaus Abweichungen hinsichtlich der Skalenmittelwerte für die einzelnen Faktoren, diese Abweichungen gehen allerdings nur selten über einen halben Bewertungspunkt hinaus.

## Produzierendes Gewerbe

Für das Produzierende Gewerbe fallen zunächst die positiven Rangabweichungen der "internationalen Verkehrsanbindungen", vor allem aber des Faktors "Kooperation mit der Verwaltung", der zum drittwichtigsten wird, auf. Demgegenüber sinkt die Bedeutung des "Wirtschaftklimas". Von den hier besonders interessierenden "weichen" Standortfaktoren verlieren "Wohn- und Freizeitwert" und "Image" gegenüber dem Gesamtdurchschnitt leicht an Rangplätzen. Das "Bildungsangebot" wird wichtiger, die Bedeutung des Faktors "Kultur" bleibt relativ gering.

**Abb. 5: Standortfaktorenrangplätze im Produzierenden Gewerbe**

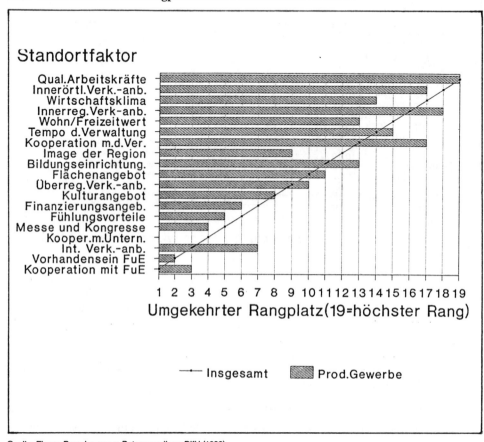

Quelle: Eigene Berechnungen; Datengrundlage DIfU (1989)

Der produzierende Bereich insgesamt weist somit, wie kaum anders zu erwarten, eine geringere Affinität zu den beschäftigtenbezogenen "weichen" Standortfaktoren auf als die auch den Tertiären Sektor enthaltende Gesamtheit aller Betriebe. Jedoch sind auch hier klassische Faktoren wie das "Flächenangebot" und die großräumigeren "Verkehrsanbindungen" unwichtiger als die meisten "weichen" Standortfaktoren. Die Faktoren des "politischen Klimas" können gar zusammen mit den Faktoren "Qualifizierte Arbeitskräfte" und den kleinräumigen Verkehrsanbindungen zu den wichtigsten gezählt werden.

In Abbildung 6 ist die Abweichung der Rangplätze der beschäftigtenbezogenen "weichen" Standortfaktoren in den einzelnen Industriebranchen vom Durchschnitt des Sekundären Sektors dargestellt.[130]

**Abb. 6: Rangabweichungen bei den beschäftigtenbezogenen "weichen" Standortfaktoren der Industriebranchen vom Durchschnitt des Sekundären Sektors**

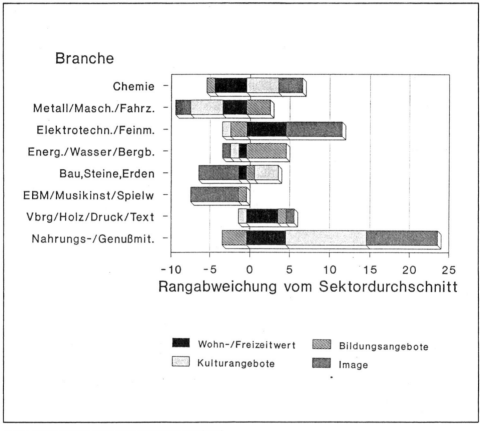

Quelle: Eigene Berechnungen; Datengrundlage DIfU (1989)

Die oben ausgeführten Hypothesen zu den Affinitäten bestimmter Branchen gegenüber den Faktoren bestätigen sich nur zum Teil. Die Elektrotechnik mißt dem "Image" und dem "Wohn- und Freizeitwert", wie vermutet, sehr hohe Bedeutung bei. Das "Image" wird zum viertwichtigsten, der "Wohn- und Freizeitwert" gar zum zweitwichtigsten Standortfaktor für diese Branche. Für die Chemie gilt diese Affinität nur bedingt (Kulturange-

---

[130] *Die Gesamtlänge der Balken zeigt an, wie typisch die Bewertung der "weichen" Standortfaktoren der Branche für den gesamten Sektor ist; ein langer Balken deutet auf eine insgesamt große Abweichung dieser Branche von den anderen des Sektors hin. Die Lage des Balkens um den Nullpunkt zeigt die relative Affinität oder Nichtaffinität der Branche zu den "weichen" Standortfaktoren an.*

bote, Image), der Metall- und Maschinenbau mißt den meisten "weichen" Standortfaktoren sogar nur unterdurchschnittliche Bedeutung bei. Völlig unerwartet ist die hohe Affinität der Nahrungs- und Genußmittelindustrie zu diesen Faktoren. Hinter dem Arbeitskräfteangebot liegen diese Faktoren allesamt auf dem zweiten Rang im Bewertungskatalog. Dieses überraschende Ergebnis ist allerdings vorsichtig zu interpretieren. In dieser Gruppe antworteten nur sehr wenige Betriebe. Den zweiten Rang teilten sich dabei die "weichen" Standortfaktoren mit einer Reihe anderer. Hätte nur ein Betrieb die "weichen" Standortfaktoren um einen Platz schlechter bewertet, sie wären sofort um etliche Plätze, vielleicht sogar unter den Durchschnitt abgerutscht. Von den übrigen fällt in erster Linie die Branche Verbrauchsgüter/Holz/Druck und Textil auf, die fast alle "weichen" Standortfaktoren, allerdings meist gering, höher bewertet als der Sektordurchschnitt. Für Energie/Wasser- und Bergbaubetriebe besitzen die Bildungseinrichtungen, für den Baubereich die Kulturangebote noch höhere Bedeutung.

Eine plausible Erklärung der Affinitäten der Branchen könnte der jeweilige Anteil der Hochqualifizierten darstellen. Er liegt in der Elektrotechnik mit 21,1% über dem Durchschnitt des 2. Sektors (17,2%). Bei Chemie, Metall-/Maschinen- und Fahrzeugbau ist der Hochqualifiziertenanteil unterdurchschnittlich (10,6% bzw. 7,5 %) Von den anderen Branchen besitzt der Bereich Verbrauchsgüter, Holz, Druck und Textil in der Summe Affinitäten zu den "weichen" Standortfaktoren, obwohl der Anteil an hochqualifizierten Beschäftigten auch nur bei 9,6% liegt. Die Tatsache, daß in den befragten Betrieben der Nahrungs- und Genußmittelindustrie nur 3,5% der Beschäftigten hochqualifiziert sind, läßt vermuten, daß die hohe Affinität dieser Branche zu den "weichen" Standortfaktoren tatsächlich durch oben genannte Gründe zu erklären ist. Inhaltlich wäre aber auch denkbar, daß diese Branche, als unmittelbar vom Freizeit- und Tourismusbereich (vielleicht Zulieferer für Restaurants) abhängig, Faktoren wie "Image", "Kulturangebot" als unmittelbar absatzrelevant ansieht. Die Wirkung wäre dann jedoch eine andere, als sie mit den Kernhypothesen dieser Arbeit umschrieben wurde.

Insgesamt kann auch von den zukunftsträchtigen Branchen nur der Elektrotechnik eine auffällige Affinität zu den "weichen" Standortfaktoren zugesprochen werden. Und in dieser Branche könnte diese auf einen großen Anteil Hochqualifizierter zurückzuführen sein.

Gewissermaßen "quer" zu den Branchen sollen nun die "Einflüsse" anderer vorab diskutierter betriebsstruktureller Merkmale auf die Bewertung der beschäftigtenbezogenen "weichen" Standortfaktoren betrachtet werden, sie sind in Tabelle 11 dargestellt.

**Tab. 11: Zusammenhänge zwischen der Bedeutung beschäftigtenbezogener "weicher" Standortfaktoren und betrieblichen Merkmalen im Produzierenden Gewerbe. (Tau-B-Korrelationskoeffizienten)**

| MERKMAL | STANDORTFAKTOR | | | |
| --- | --- | --- | --- | --- |
| | WOHN- UND FREIZEIT-WERT | BILDUNGS-EINRICH-TUNGEN | KULTUR-ANGEBOTE | IMAGE |
| Anzahl der Beschäftigten | .11 | .04 | .09 | .09 |
| Anteil Hochqualifizierter | .18 | .24 | .14 | .19 |
| Anzahl Hochqualifizierter | .19 | .18 | .17 | .13 |
| Anzahl d.eingesetzt.Technologien | .05 | .08 | .03 | -.05 |
| Betriebsstatus (+ = Hauptbetrieb) | -.19 | -.03 | -.17 | -.09 |
| Dispositive Funktionen | | | | |
| Verwaltung | -.10 | .01 | -.24 | -.08 |
| FuE | -.02 | -.14 | .00 | .13 |
| Dienstleistungen | .11 | -.02 | .18 | .02 |
| Regionale Absatzorientierung | .25 | .34 | .21 | .24 |

Quelle: Eigene Berechnungen; Datengrundlage DIfU (1989)

Die Bewertung aller "weichen" Standortfaktoren korreliert positiv, jedoch sehr schwach mit der Betriebsgröße. Höher sind die Abhängigkeiten der Bewertung der "weichen" Standortfaktoren von dem Anteil und der Anzahl hochqualifizierter Beschäftigter. Der "Wohn- und Freizeitwert" und die "Bildungseinrichtungen" korrelieren hoch mit der Anzahl Hochqualifizierter, gleiches gilt vor allem für "Bildungseinrichtungen", aber auch das "Image" im Verhältnis zum Hochqualifiziertenanteil. Keine hohen Korrelationen ergeben sich zwischen dem Technologisierungsgrad und der Bewertung der "weichen" Standortfaktoren. Im Fall des "Image" ist die schwache Korrelation sogar negativ. Ein überraschendes Ergebnis ist, daß die "weichen" Standortfaktoren, insbesondere der "Wohn- und Freizeitwert" von Zweigstellen als wichtiger eingeschätzt werden als von Hauptbetrieben. Für 88,9% der Zweigstellen und für 70,4% der Hauptbetriebe ist der "Wohn- und Freizeitwert" mindestens wichtig. Die Betrachtung der Abhängigkeit der Faktoreneinschätzung von den am Standort ausgeübten Funktionen ergibt ein nicht sehr prägnantes Bild, das zum Teil sogar den erwarteten Tendenzen widerspricht. So werden, ausgenommen die "Bildungseinrichtungen", die "weichen" Standortfaktoren mit zunehmender Bedeutung der Verwaltungsfunktion unwichtiger eingeschätzt. Auch die Forschungs- und Entwicklungsfunktion korreliert mit den "Bildungseinrichtungen" und dem "Wohn- und Freizeitwert" sogar negativ. Demgegenüber sind positive Beziehungen zwischen den operativen Bereichen Produktion und Lagerhaltung und einigen "weichen" Standortfaktoren zu beobachten. Eindeutiger korrelieren Vetriebs- und sonstige Dienstleistungsfunktionen mit der Bedeutungseinschätzung der "weichen" Standortfaktoren. Eine weitere Überraschung ergibt die Betrachtung der Faktorenbewertung und der Absatzverflechtung der Betriebe. Die Bedeutung aller "weichen" Standortfaktoren steigt mit der regionalen Absatzorientierung, mit zunehmender überregionaler und internationaler Orientierung sinkt sie. Im Falle der "Bildungseinrichtungen" ist die Korrelation besonders stark, es ist die höchste in der Tabelle für den 2. Sektor auftretende Korrelation überhaupt. Für 88% der überwiegend regional orientierten Betriebe und für 64,3% der nur unbedeutend regional ausgerichteten Betriebe ist dieser Standortfaktor zumindestens wichtig. Unerwartet ist dieser Umstand besonders beim Faktor "Image", er ist für 65,4% der überwiegend regional orientierten Betriebe und für 38,5% der nicht regional orientierten Bertiebe mindestens wichtig.

Insgesamt entsprechen die Korrelationsergebnisse für das Produzierende Gewerbe nur zum Teil den aufgestellten Hypothesen. Die Abhängigkeiten der Bewertung der "weichen" Standortfaktoren von Betriebsgröße und Anteil Hochqualifizierter zeigten sich zwar in der erwarteten Richtung, nicht aber in der vermuteten Deutlichkeit. Dies könnte allerdings auch durch das gewählte Assoziationsmaß Tau-B bedingt sein, das Korrelationen eher unter- als überschätzt.[131]

Überraschend war, daß die "weichen" Standortfaktoren von Zweigstellen höher als von Hauptbetrieben bewertet werden. Dies könnte auf regionspezifische Verhältnisse zurückzuführen sein, auf die im zweiten Teil dieser Arbeit noch einzugehen sein wird: Bei den großen Betriebsstätten handelt es sich meist um Zweigbetriebe. Diese großen Betriebe bewerten "weiche" Standortfaktoren aber höher als die Hauptbetriebe kleinerer Unternehmen, so könnte das überraschende Ergebnis letzlich durch den Faktor Betriebsgröße erklärt sein.

Weniger leicht aufzuklären ist allerdings der Umstand, daß ein Anstieg in der Bedeutung höherwertiger Funktionen wie Verwaltung, Forschung und Entwicklung, wenn auch schwach, negativ mit der Bewertung der "weichen" Standortfaktoren korreliert, wo doch die Korrelation mit dem Anteil der allgemein in diesen Bereichen Beschäftigten positiv ist. Entweder die Hochqualifizierten der befragten Betriebe wären also eher in Bereichen "Vertrieb" und "sonstige Dienstleistungen" beschäftigt oder, was plausibler scheint, die Befragten hatten keinen geeigneten Bewertungsmaßstab, die Bedeutung der am Standort ausgeübten Funktionen adäquat wiederzugeben. Die entsprechenden Fragestellungen geben nicht an, ob die Kennzeichnung der Funktionen als "überwiegend-teilweise-unbedeutend" ausgeübt beispielsweise aufgrund der Beschäftigenzahlen, der Investitionen in diesen Bereichen, oder vielleicht gar der eingenommenen Flächen geschehen sollte.[132] Nur hingenommen werden kann die wohl erstaunlichste Beobachtung, daß die Bedeutung der "weichen" Standortfaktoren mit steigendem Absatzradius abnimmt, bzw. für re-

---

[131] *Der Gamma-Koeffizient hätte bei einigen Beziehungen Werte von bis zu 0,5 erreicht.*
[132] *vgl. Anhang Fragebogen, S.1*

gional orientierte Betriebe größer ist. Am meisten erstaunt dies beim Faktor Image, schien gerade dieses doch überregional wirksam zu werden.

Ein Betriebstypus hoher Affinität zu den "weichen" Standortfaktoren läßt sich aus den genannten Korrelationen summarisch nur sehr vage herausschälen, zu wenig Merkmale korrelieren spürbar mit einer Bewertung der "weichen" Standortfaktoren. Klar ist, daß dieser Typus eine Zweigstelle aus dem Bereich Elektrotechnik ist, einen höheren Anteil und eine höhere Anzahl Hochqualifizierter aufweist. Weniger deutlich, aber noch erkennbar ist eine hohe Beschäftigtenzahl und ein hoher Technologieeinsatz.

Vor allem ist aber die Frage entscheidend, ob dieser aus den einzelnen Merkmalen konstruierte Betriebstyp in der Verteilung überhaupt empirische Korrelate besitzt. Diese Frage läßt sich besser beantworten, wenn der Betriebstypus von vornherein durch die simultane Betrachtung seiner strukturierenden Merkmale "konstruiert" wird. Dazu bietet sich das Verfahren der Clusteranalyse an.[133] Als Ergebnis der Clusteranalyse wurden fünf Betriebstypen des Produzierenden Gewerbes ermittelt, deren Struktur in Tabelle 12 dargestellt ist. Eine weitere Typenausdifferenzierung hätte dem Ziel der Informationsreduzierung widersprochen.

- Typ I ist in seiner Branchenstruktur intern recht heterogen beschaffen, es überwiegt nur leicht der Metall-/Maschinen-/und Fahrzeugbau, auch Bau, Elektrotechnik etc. und Verbrauchsgüter, Holz, Druck sind vertreten. Deutlicher sind die clusterinternen Ähnlichkeiten hinsichtlich der anderen Merkmale: Es handelt sich überwiegend um regional orientierte Kleinbetriebe mit einem geringen Technikeinsatz und einem meist geringen Anteil an Hochqualifizierten, in einem Viertel der Fälle aber auch einem sehr hohen Anteil dieser Beschäftigten. Innovative Neugründungen dürften zu diesem Typ gehören.

- Typ II weist eine nicht ganz so heterogene Branchenstruktur auf, es überwiegt der Metall- und Maschinenbau. Die Absatzorientierung dieser Betriebe mittlerer Größe und mittleren Technikeinsatzes ist meist nur zum Teil regional, der Anteil der Hochqualifizierten ist gering.

- Etwas kleiner und eher regional orientiert sind die Betriebe in Typ III, meist aus der Chemie etc. und EBM-etc.- Branche. Auch hier ist ein mittelhoher Technikeinsatz und ein geringer Anteil an Hochqualifizierten zu finden.

---

[133] vgl. dazu methodische Ausführungen im Anhang

**Tab. 12: Struktur der clusteranalytisch gewonnenen Betriebstypen im Produzierenden Gewerbe***

| (* Anteil der Betriebe mit jeweiliger Merkmalsausprägung an den Betrieben innerhalb eines Clustertyps) | | | | | |
|---|---|---|---|---|---|
| **MERKMAL** | **TYP** | | | | |
| | **I** | **II** | **III** | **IV** | **V** |
| ANZAHL DER BETRIEBE | 23 | 16 | 11 | 16 | 12 |
| **BRANCHE** | | | | | |
| Energie,Wasser,Bergbau | 13,0 | 0,0 | 0,0 | 0,0 | 0,0 |
| Chemie u.ä. | 8,7 | 6,3 | 27,3 | 0,0 | 0,0 |
| Bau | 17,4 | 0,0 | 9,1 | 6,3 | 0,0 |
| Metall,Maschinenbau | 26,1 | 31,3 | 0,0 | 6,3 | 33,3 |
| E.-Technik,Feinmechanik,Optik | 17,4 | 12,5 | 18,2 | 87,5 | 25,0 |
| EBM-,Spielwaren | 0,0 | 18,8 | 27,3 | 0,0 | 8,3 |
| Verbrauchsgüter,Holz,Druck | 17,4 | 18,8 | 0,0 | 0,0 | 16,7 |
| Nahrungs- und Genußmittel | 0,0 | 12,5 | 18,2 | 0,0 | 0,0 |
| **REGIONALE ABSATZORIENTIERUNG** | | | | | |
| überwiegend | 90,9 | 11,1 | 37,5 | 7,7 | 0,0 |
| teilweise | 9,1 | 88,9 | 50,0 | 0,0 | 25,0 |
| unbedeutend | 0,0 | 0,0 | 12,5 | 92,3 | 75,0 |
| **ANZAHL DER BESCHÄFTIGTEN** | | | | | |
| 1 - 50 | 69,6 | 6,3 | 0,0 | 6,3 | 0,0 |
| 51 - 200 | 13,0 | 0,0 | 90,9 | 0,0 | 16,7 |
| 201 - 500 | 0,0 | 68,8 | 0,0 | 0,0 | 25,0 |
| 501 - 1000 | 8,7 | 0,0 | 0,0 | 25,0 | 33,3 |
| 1001 - 2000 | 4,3 | 25,0 | 9,1 | 6,3 | 25,0 |
| über 2000 | 4,3 | 0,0 | 0,0 | 62,5 | 0,0 |
| **ANTEIL HOCHQUALIFIZIERTER IN %** | | | | | |
| 0 - 4 | 57,1 | 100,0 | 100,0 | 57,1 | 0,0 |
| 5 - 9 | 19,0 | 0,0 | 0,0 | 28,6 | 100,0 |
| 10 - 16 | 23,8 | 0,0 | 0,0 | 14,3 | 0,0 |
| **ANZAHL DER EINGESETZTEN TECHNOLOGIEN** | | | | | |
| 0 - 4 | 73,9 | 31,3 | 45,4 | 0,0 | 8,3 |
| 5 - 9 | 21,7 | 50,0 | 45,5 | 25,0 | 66,7 |
| 10- 16 | 4,3 | 18,8 | 9,1 | 75,0 | 25,0 |

Quelle: Eigene Berechnungen; Datengrundlage DIfU (1989)

- Am prägnantesten ist sicherlich Typ IV strukturiert. Bei den 16 Unternehmen handelt es sich meist um Großbetriebe aus dem Bereich Elektrotechnik etc. Die Absatzorientierung ist nicht regional, der Anteil der Hochqualifizierten mittel-, ihre absolute Zahl hoch, ebenso die Zahl der eingesetzten Technologien.

- Typ V setzt sich wiederum aus Betrieben mehrerer Branchen zusammen. Er ist wenig regional orientiert, besteht aus mittleren bis großen Betrieben, weist eine recht günstige Qualifikationsstruktur und einen hohen Technikeinsatz auf.

- **Zusammengefaßt: Typ I fällt durch seine geringe Größe und die regionale Orientierung, die Typen II und III durch ihre geringen Anteile an Hochqualifizierten und die Typen IV und V durch ihre Größe, weiträumige Absatzorientierung und ihr hohes Qualifikationsniveau auf. Soweit aus den einbezogenen Variablen zu erkennen ist, scheint es sich bei Typ IV und V insgesamt um die ökonomisch stärksten zu handeln. Typ I dürfte sowohl von schwächeren Betrieben als auch von dynamischen Neugründungen geprägt sein. Als die ökonomisch schwächsten lassen sich die Typen II und III bezeichnen.**

Für diese clusteranalytisch gewonnenen Betriebstypen wird nun das Profil der Bedeutung der Standortfaktoren erstellt. Dabei werden wiederum die Bewertungsskalenmittelwerte in Rangplätze umgerechnet, die Profile sind dadurch schärfer konturiert. In Abbildung 7 sind die Abweichungen der Faktorrangplätze der Industriebetriebstypen vom Durchschnitt des 2.Sektors dargestellt. Wie schon bei der Betrachtung der Branchen, können die Bewertungsdifferenzen zwischen den Betriebstypen angesichts der geringen Fallzahl nur als Tendenzen aufgefaßt werden.

**Abb. 7: Rangabweichungen bei den beschäftigtenbezogenen "weichen" Standortfaktoren der Industriebetriebstypen vom Durchschnitt des Sekundären Sektors**

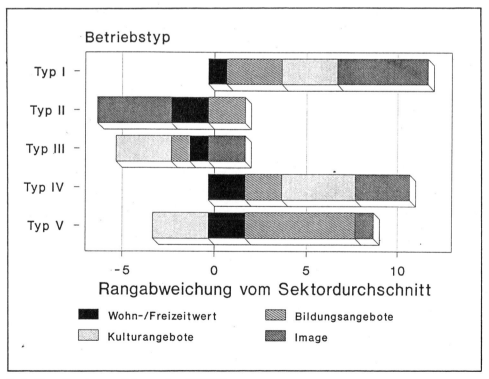

Quelle: Eigene Berechnungen; Datengrundlage DIfU (1989)

- Für Typ I sind überdurchschnittliche Rangplätze bei allen "weichen" Standortfaktoren, ausgenommen die des "politischen Klimas" festzustellen. "Wohn- und Freizeitwert", "Bildungseinrichtungen", "Wirtschaftsklima", deutlich auch "Image" und "Kulturangebot" gehören zu den wichtigeren Faktoren. Damit liegt die Affinität dieses Typs zu beschäftigtenbezogenen "weichen" Standortfaktoren sogar über der der Elektrotechnik.

- Umgekehrt sind (was aus der Abbildung nicht deutlich wird) für Typ II eher die Faktoren des "politischen Klimas" bedeutend, auch traditionelle Faktoren wie Flächen und Finanzhilfen spielen eine Rolle. Von den übrigen "weichen" Standortfaktoren fällt nur der Bedeutungsrückgang des "Image" zu einem der unwichtigsten Faktoren auf.

- Für Typ III fällt die hohe Bedeutung der weiträumigen "Verkehrsanbindung" auf. Von den "weichen" Standortfaktoren weist nur das "Wirtschaftsklima" und geringfügig das "Image" überdurchschnittliche Bedeutung auf. Ebenso wie Typ II zeigt dieser Typ also nur unterdurchschnittliche Affinitäten zu den beschäftigtenbezogenen "weichen" Standortfaktoren.

- Typ IV dagegen bewertet alle "weichen" Standortfaktoren, vor allem das "Kulturangebot", als überdurchschnittlich wichtig, so daß für ihn insgesamt eine Affinität zu diesen Faktoren festzustellen ist, die etwa dem Ausmaß der Affinität der ihn dominierenden Elektrotechnik entspricht.

- Typ V schließlich kann als sehr "wissensorientiert" bezeichnet werden. Die Bedeutung der "Forschungseinrichtungen" ist hier hoch, die "Bildungsangebote" werden gar zum zweitwichtigsten Faktor. "Wohn- und Freizeitwert", "politisches Klima" und "Image" werden ebenfalls überdurchschnittlich bewertet, nur das "Kulturangebot" fällt etwas ab.

- **Es läßt sich festhalten, daß die ökonomisch stärkeren Betriebe des Typus IV und V, große Betriebe aus noch wachstumsstarken Branchen mit hohem Qualifikationsniveau und hohem Technikeinsatz den beschäftigtenbezogenen "weichen" Standortfaktoren höhere Bedeutung und dem "Wirtschaftklima" geringere Bedeutung beimessen als die ökonomisch schwächeren Typen II und III. Hinsichtlich der "politisch-klimatischen" Faktoren sind im übrigen keine nennenswerten Unterschiede festzustellen. Überraschender sind aber die Ergebnisse für den Typ I. Dieser regional orientierte Kleinbetrieb mißt den beschäftigtenbezogenen Faktoren überdurchschnittliche Bedeutung bei.**

## Tertiärer Sektor (ohne "neue produktionsorientierte Dienstleistungen")

Aus dem (auch wenn z.B. personenbezogene Dienstleistungen und der Einzelhandel gar nicht in der Befragung berücksichtigt wurden) heterogenen Dienstleistungssektor läßt sich bereits an dieser Stelle eine regionalpolitisch besonders interessante Gruppe von Betrieben herausfiltern, die "hochwertigen, neuen produktionsorientierten Dienstleistungen". Zunächst sollen jedoch die Ergebnisse für die anderen hier befragten Zweige des 3.Sektors beschrieben werden.

Die Standortfaktorenrangplätze der sonstigen Betriebe des Tertiären Sektors (Banken, Versicherungen, Großhandel und Verkehr) weichen nur gering von denen der Gesamtzahl aller Betriebe ab. Das Wirtschaftsklima erhält noch höhere Bedeutung, während Faktoren des politischen Klimas an Rang verlieren.

**Abb. 8: Standortfaktorenrangplätze Tertiärer Sektor (ohne "neue produktionsorientierte Dienstleistungen")**

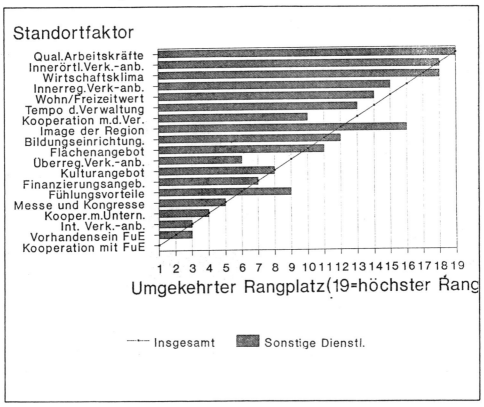

Quelle: Eigene Berechnungen; Datengrundlage DIfU (1989)

Die Faktoren "Wohn- und Freizeitwert", "Bildungseinrichtungen"und "Kulturangebot" behalten ihre mittleren Rangplätze. Auffallend ist jedoch die hohe Bedeutung des Faktors "Image", er wird zum viertwichtigsten Standortfaktor. Hier sind auch die Rangabweichungen zum Produzierenden Gewerbe (7 Rangplätze) am höchsten. Insgesamt sind jedoch die Unterschiede zum 2. Sektor überraschend gering. "Arbeitskräfte" und kleinräu-

mige "Verkehrsanbindungen" sind für beide Sektoren besonders wichtige Standortfaktoren.

Abbildung 9 verdeutlicht, daß, wie zu erwarten, für die Dienstleistungszweige Kreditinsti-
tute und Versicherungen die "weichen" Standortfaktoren höhere Bedeutung besitzen als
für den Großhandel und das Verkehrsgewerbe, wo auch der Anteil an "Blue-collar"-Be-
schäftigten höher sein dürfte. Für Banken werden "Image" und "Kulturangebot" damit zu
den wichtigsten Standortfaktoren, das "Wirtschaftsklima" erhält gar den ersten Rang.

**Abb. 9: Rangabweichungen bei den beschäftigtenbezogenen "weichen" Standortfaktoren
der Zweige des Tertiären Sektors vom Sektordurchschnitt**

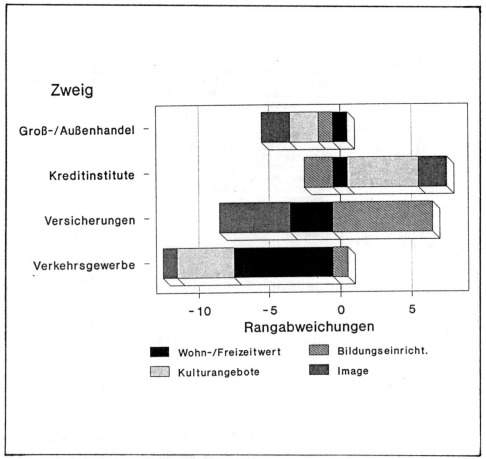

Quelle: Eigene Berechnungen; Datengrundlage DIfU (1989)

Zum Teil deutlich höher als im Produzierenden Gewerbe sind für die Betriebe des 3.Sektors die Korrelationen der Bewertung der "weichen" Standortfaktoren mit den anderen betriebsstrukturellen Merkmalen:

**Tab. 13: Zusammenhänge zwischen der Bedeutung beschäftigtenbezogener "weicher" Standortfaktoren und betrieblichen Merkmalen im Tertiären Sektor (ohne "neue produktionsorientierte Dienstleistungen") (Tau-B-Korrelationskoeffizienten)**

| MERKMAL | STANDORTFAKTOR | | | |
|---|---|---|---|---|
| | WOHN- UND FREIZEIT- WERT | BILDUNGS- EINRICH- TUNGEN | KULTUR- ANGEBOTE | IMAGE |
| Anzahl der Beschäftigten | .16 | .23 | .38 | .29 |
| Anteil Hochqualifizierter | .19 | -.07 | .01 | .07 |
| Anzahl Hochqualifizierter | .35 | .06 | .39 | .40 |
| Anzahl d.eingesetzt.Technologien | .00 | .23 | .26 | .21 |
| Betriebsstatus ( + =Hauptbetrieb) | .28 | .00 | .34 | .01 |
| Dispositive Funktionen | | | | |
| Verwaltung | .11 | -.07 | .04 | -.17 |
| FuE | .07 | -.17 | -.03 | -.47 |
| Dienstleistungen | -,03 | .00 | .19 | .15 |
| Regionale Absatzorientierung | -.15 | -.18 | -.19 | .31 |

Quelle: Eigene Berechnungen; Datengrundlage DIfU (1989)

"Wohn- und Freizeitwert", "Kulturangebote" und "Image" korrelieren zum größten Teil stark mit Betriebsgröße, Anteil und Anzahl hochqualifiziert Beschäftigter sowie der Anzahl der Beschäftigten mit einfachem Berufsabschluß. Bei den "Bildungseinrichtungen" fällt allerdings die negative Korrelation mit Anzahl und Anteil Hochqualifizierter auf. Abgesehen vom "Wohn- und Freizeitwert" werden bei den Dienstleistungen alle "weichen" Standortfaktoren mit zunehmenden Technologisierungsgrad (hier wohl ausschließlich I.-u.K-Technologien) bedeutsamer. Auch ist die erwartete höhere Affinität der Hauptbetriebe im Vergleich zu den Zweigstellen zumindest für den "Wohn- und Freizeitwert" und das "Kulturangebot" hier gegeben. Die Weiträumigkeit des Absatzes korreliert positiv mit der Bewertung der meisten "weichen" Standortfaktoren. Dies trifft aber ausgerechnet auf den Faktor nicht zu, für den dies theoretisch am plausibelsten wäre, auf das "Image". Die Stärke der positiven Beziehung zwischen beigemessener Bedeutung und regionaler Orientierung bzw. negativer Beziehung zu überregionaler Orientierung ist hier deutlich.

- Für den Bereich des Tertiären Sektors (ohne neue produktionsorientierte Dienstleistungen) fällt es damit erheblich leichter, zusammenfassend einen Betriebstypus hoher Affinität zu den "weichen" Standortfaktoren zu kennzeichnen, als für das Produzierende Gewerbe.[134] Es ist der große Hauptsitz eines Kreditinstitutes mit einem, ausgenommen den Faktor "Bildungseinrichtungen", hohen Anteil an hochqualifizierten Beschäftigten, sowie fortgeschrittenem Technikeinsatz und, mit Ausnahme des Faktors "Image", überregionaler Orientierung.

## Neue produktionsorientierte Dienstleistungen

Noch eingehender betrachtet ist hier eine regionalpolitisch besonders interessante Gruppe von Betrieben, die "neuen produktionsorientierten Dienstleistungen". Nach *BADE* handelt es sich hierbei um Betriebe aus den Bereichen Rechts- und Wirtschaftsberatung, Architektur- und Ingenieurbüros, Grundstücksverwaltung, vor allem aber EDV und Marketing.[135] In der vorliegenden Befragung sind derartige Betriebe, gemessen an ihrem Anteil in der Region und in der BRD überrepräsentiert; 23 der 159 befragten Betriebe, also 14,5% lassen sich zu den produktionsorientierten Dienstleistungen zählen.

Bundesweit war in den letzten Jahren ein deutlicher Beschäftigtenanstieg in Betrieben mit diesen Dienstleistungen zu verzeichnen. Von 1976-1983 stieg die Zahl der Beschäftigten in diesem Bereich um 28,5% auf 624.525, während in diesem Zeitraum insgesamt nur eine Beschäftigtensteigerung von 1,2% und im Dienstleistungssektor von 8,9% zu beobachten war.[136] Da die Zuwächse in diesen Bereichen aber auch mit einem Abbau von Fertigungsfunktionen im Industriesektor einhergehen, korreliert insgesamt ein hoher Besatz an hochwertigen produktionsorientierten Dienstleistungen in einer Region kaum mit deren Gesamtbeschäftigtenentwicklung. Wohl aber sind die Korrelationen des Beschäftigungswachstums der produktionsorientierten Dienstleistungen mit den Steigerungen der regionalen Wertschöpfungsraten bemerkenswert. In diesem Sinne sind die hochwertigen produktionsorientierten Dienstleistungen wesentliche Voraussetzung der Innovations- und Wettbewerbsfähigkeit des Industriesektors einer Region.[137] Eine funktionale Betrachtung zeigt, daß der Anteil der mit diesen Tätigkeiten Beschäftigten im 2.Sektor ebenso hoch ist wie im Dienstleistungssektor. Nur etwa ein Fünftel der in diesen dispositiven Bereichen Beschäftigten ist außerhalb des Sekundärsektors zu finden.[138]Jedoch

---

[134] *Diesem Idealtypus muß allerdings kein empirisches Korrelat entsprechen, auf eine clusteranalytische Überprüfung wird hier verzichtet.*

[135] *vgl. Bade (1987) S.23*

[136] *vgl. Bade (1987) S.23*

[137] *vgl. Bade (1987) S.43 ff*

[138] *vgl. Bade (1987) S.49*

dürften gerade die externen Produktionsdienste eine besondere Wichtigkeit für kleine und mittlere Industriebetriebe besitzen, bei denen der Aufbau entsprechender Abteilungen nicht lohnend wäre. Abgesehen von ihren direkten Beschäftigungseffekten besäßen sie damit eine zentrale Schlüsselrolle innerhalb einer an kleinen und mittleren Unternehmen orientierten regionalpolitischen Strategie.

**Abb. 10: Standortfaktorenrangplätze "neue produktionsorientierte Dienstleistungen"**

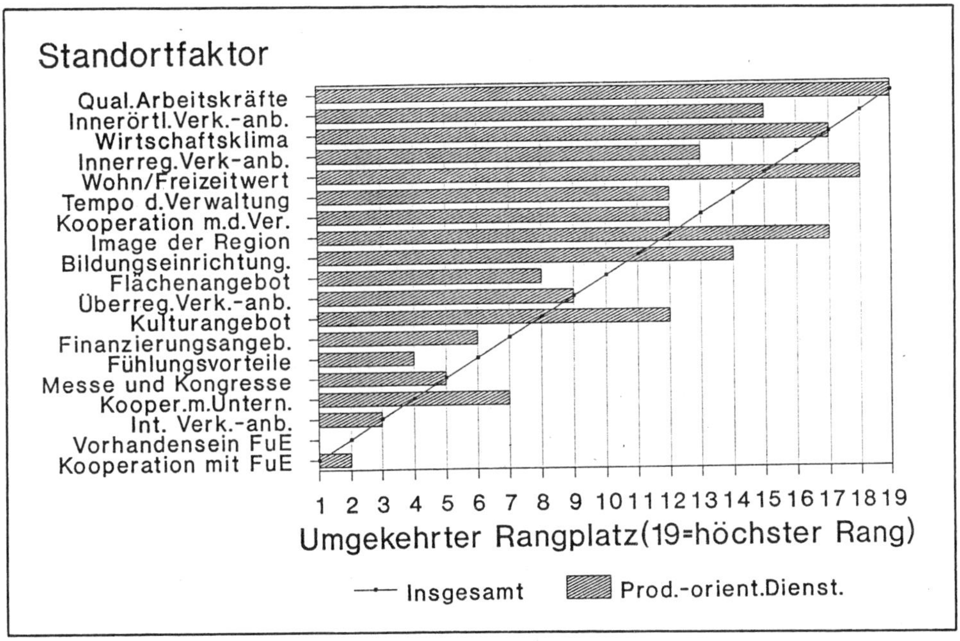

Quelle: Eigene Berechnungen; Datengrundlage DIfU (1989)

Abbildung 10 verdeutlicht, daß die neuen produktionsorientierten Dienstleistungen ohne Übertreibung als der zu "weichen" Standortfaktoren affine Betriebstypus schlechthin gelten können. Alle "weichen" Standortfaktoren, insbesondere die personenbezogenen und das "Image", sind gegenüber dem Durchschnitt aller Betriebe zum Teil deutlich wichtiger. Auf den nach dem Faktor "Qualifizierte Arbeitskräfte" fünf höchsten Rangplätzen findet sich überhaupt nur noch ein "harter" Standortfaktor. "Wohn- und Freizeitwert", "Wirtschaftsklima", "Image" und "Bildungseinrichtungen" sind in der Spitzengruppe zu finden, das "Kulturangebot" stößt in die erweiterte Spitze vor.

Mit den hochwertigen produktionsorientierten Dienstleistungen ist damit der gesuchte Betriebstypus, der eine Schlüsselrolle im Innovationsprozeß und eine besonder Affinität zu "weichen" Standortfaktoren besitzt, empirisch ausgemacht. Für ihn scheinen am ehesten alte, materielle Zwänge an Bedeutung zu verlieren und der Zwang zur Orientierung an den Bedürfnissen der qualifizierten Arbeitskraft zuzunehmen. Tatsächlich ist der Anteil der hochqualifiziert Beschäftigten in diesem Bereich sehr hoch. Während bei allen 159 befragten Betrieben 16,8% der Beschäftigten einen Hochschul- oder Fachhochschulabschluß aufweisen, sind es in der Gruppe der Anbieter hochwertiger produktionsorientierter Dienstleistungen 41,5%.

Die Anzahl von 23 Betrieben läßt es zwar nicht mehr sinnvoll erscheinen, noch einzelne Unterbranchen zu differenzieren, wohl aber Korrelationsbeziehungen zu anderen charakterisierenden Merkmalen herzustellen:

**Tab. 14: Zusammenhänge zwischen der Bedeutung beschäftigtenbezogener "weicher" Standortfaktoren und betrieblichen Merkmalen bei "neuen produktionsorientierten Dienstleistungen" (Tau-B-Korrelationskoeffizienten)**

| MERKMAL | STANDORTFAKTOR | | | |
|---|---|---|---|---|
| | WOHN- UND FREIZEIT- WERT | BILDUNGS- EINRICH- TUNGEN | KULTUR- ANGEBOTE | IMAGE |
| Anzahl der Beschäftigten | .05 | .18 | -.02 | .02 |
| Anteil Hochqualifizierter | .39 | -.13 | .28 | .21 |
| Anzahl Hochqualifizierter | .24 | .10 | .13 | .13 |
| Anzahl d.eingesetzt.Technologien | .34 | .09 | .35 | .18 |
| Betriebsstatus (+ = Hauptbetrieb) | .10 | -.01 | .44 | .27 |
| Dispositive Funktionen | | | | |
| Verwaltung | .07 | -.03 | .38 | -.22 |
| FuE | .27 | .12 | .41 | .15 |
| Dienstleistungen | -,15 | -.09 | -.03 | .06 |
| Regionale Absatzorientierung | -.35 | .10 | -.19 | -.15 |

Quelle: Eigene Berechnungen; Datengrundlage DIfU (1989)

Hier unterscheiden sich die Bewertungen der "Bildungseinrichtungen" von denen der anderen "weichen" Standortfaktoren. Besondere Bedeutung mißt diesen Einrichtungen die größere Zweigstelle mit einem eher geringen Anteil Hochqualifizierter bei, die zudem eher regional orientiert ist. Für die anderen "weichen" Standortfaktoren zeigen sich die erwarteten Muster. Die Betriebsgröße stellt zwar ein nur schwaches Differenzierungskriterium dar, wohl aber der Anteil und die Anzahl Hochqualifizierter. Weiterhin steigt die Bedeutung der Faktoren deutlich mit dem Technikeinsatz und ist, besonders im Falle des "Kulturangebotes", für Hauptbetriebe höher als für Zweigstellen. Zumindestens für die Faktoren "Wohn- und Freizeitwert" und "Kulturangebote" ist hier auch die Beziehung zu den dispositiven Unternehmensfunktionen deutlich, dem entsprechen für alle drei Faktoren die negativen Korrelationen mit den operativen Funktionen. Weniger deutlich ist die Beziehung zur Absatzorientierung. Für "Wohn- und Freizeitwert" und "Kultur" ist die Affinität, bzw. beim "Image" ist die "Nichtabstoßung" bei einer überregionalen, aber nicht internationalen Orientierung am höchsten. Damit läßt sich zusammenfassen:

- Vor allem der überregional orientierte Hauptsitz eines produktionsorientierten Dienstleistungsbetriebs mit hohem Technikeinsatz, hohem Anteil und hoher Anzahl hochqualifizierter Beschäftigter, die dispositive Funktionen ausüben,

- des weiteren der ökonomisch starke, zukunftsträchtige, produzierende Großbetrieb besonders aus dem Bereich der Elektrotechnik/ Feinmechanik/Optik,

- überraschenderweise der regional orientierte Kleinbetrieb des 2.Sektors

- und, was die Faktoren "Image" und "Kulturangebot" betrifft, das überregional orientierte große Kreditinstitut mit einem hohen Anteil von Hochqualifizierten

sind insgesamt die Betriebstypen mit der höchsten Affinität gegenüber den beschäftigtenbezogenen "weichen" Standortfaktoren. Beim Faktor "Image", für den ähnliches gilt, überrascht, daß insgesamt seine Bedeutung mit der überregionalen Absatzorientierung eher ab- als zunimmt. Faktoren des "Politischen Klimas" sind für weite Teile des Produzierende Gewerbes, das "Wirtschaftklima" eher für Betriebe des Dienstleistungsbereiches, aber auch ökonomisch schwächere produzierende Betriebe von Bedeutung.

## 2.2 Die "neuen Professionellen" und die "weichen" Standortfaktoren

Im vorangegangenen Kapitel wurde gezeigt, daß zumindest für einige Gruppen von zukunftsträchtigen Betrieben "weiche" Standortfaktoren latent hohe Bedeutung besitzen. In diesem Kapitel geht es darum, den Grund der hohen Bewertung eines Teils der "weichen" Standortfaktoren aufzudecken; der Faktoren, die den Reproduktionsbereich der Arbeitskraft, speziell der hochqualifizierten Arbeitskraft umfassen. Es soll aufgezeigt werden, ob für das raumrelevante Verhalten einer bestimmten Gruppe von hochqualifizierten Beschäftigten - insbesondere ihrer Wohn- und Arbeitsortwahl - tatsächlich Faktoren wie Landschaft, Klima, Kultur- und Freizeitwerte entscheidende Determinanten darstellen, oder ob noch immer andere Faktoren wie Einkommen und sonstige Arbeitsplatzattraktivität das räumliche Verhalten dieser Hochqualifizierten bestimmen.

## 2.2.1 Zur Abgrenzung der "neuen Professionellen"

In Kapitel 1 wurde eine Schlüsselgruppe innerhalb der Tendenz der zunehmenden räumlichen Orientierung der Produktion an der Reproduktion genannt: die "neuen Professionellen". *IPSEN* weist auf *"nicht unerhebliche Schwierigkeiten hin, diese Klassenfraktion, so es sie gibt, theoretisch und empirisch zu bestimmen"*[139]. Der Begriff "Professionalismus" markiert nicht nur eine bestimmte abgrenzbare Sozial- oder Berufsgruppe, sondern er steht auch allgemein für ein bestimmtes "intrinsisches", innengeleitetes Verhältnis zur relativ umfassenden, ganzheitlichen eigenen beruflichen Tätigkeit. Dennoch soll die Gruppe der "neuen Professionellen" für den vorliegenden Zusammenhang etwas näher eingegrenzt werden. Zumindest lassen sich einige typische Berufe und Tätigkeitsfelder anführen.

Qualifikation als *"Handlungspotential, das in einer Person durch Ausbildungsprozesse erzeugt worden ist, und das sich in Art, Weise, Zielen des Problemlösungshandelns der Person entäußert"*[140] kann als erste notwendige Voraussetzung des "Professionalismus" gelten. Von 1980 bis 1986 sank in der BRD der Anteil der Beschäftigten ohne Berufsausbildung von 39,9% auf 35,6%.[141] In den siebziger Jahren hatten Arbeitssoziologen noch das Ende des Facharbeiters, die Polarisierung der Qualifikationsstruktur in einen kleinen Teil Hoch-, und einen großen Teil Dequalifizierter prognostiziert. Heute sehen auch dieselben Autoren die Zukunft unter anderen Vorzeichen. Zumindest eine Variante innerhalb der *"Pluralität von Produktionskonzepten"* zeichnet sich demnach durch die *"posttayloristische"* Neubewertung der Funktion der Arbeitskraft aus; bisher verschenkte Produktionspotentiale sollen nun durch ganzheitliche Aufgabenzuschnitte erschlossen werden.[142] Diese "Reprofessionalisierung" betrifft gerade den Industriefacharbeiter; in der Automobilproduktion wird er zum "Industriemechaniker", im Maschinenbau zum "Systembetreuer", in der Großchemie wird der Facharbeiter überhaupt erst definiert.[143] Aber auch im Dienstleistungsbereich sind allgemeine Qualifizierungstendenzen zu beobachten, und es scheint sich hier mit der Technisierung keine weitere Durchsetzung des tayloristischen Prinzips, vielleicht sogar sein Abbau zu verbinden.[144]

Dahingestellt bleibe, ob diese breiten Qualifizierungstendenzen zu Verbesserungen der Arbeitsbedingungen führen. Die innerbetriebliche Position der Beschäftigten im Dienstleistungsbereich wird sich durch die Technisierung eher schwächen,[145] die Streßbelastung

---

[139] *Ipsen (1986a) S.151*
[140] *Neef (1982) S.46*
[141] *vgl. BfLR (1987) S.809*
[142] *vgl. Schumann/Wittemann (1985) S.39*
[143] *vgl. Schumann/Wittemann (1985) S.40*
[144] *vgl. Baethge/Oberbeck (1986) S.26 ff*
[145] *vgl. Baethge/Oberbeck (1986) S.36*

des Industriefacharbeiters bleibt durch die stark verdichtete Tätigkeit hoch.[146] In jedem Fall bedeutet die Tendenz einer Anhebung des allgemeinen Qualifikationsniveaus, die empirisch auch für bundesdeutsche Großstädte nachgewiesen ist,[147] eine weitere ökonomische und soziale Ausgrenzung derjenigen, die an diesem Trend nicht teilhaben. Der Anteil der Unqualifizierten mit höherem Risiko des Arbeitsplatzverlustes wird zwar kleiner, damit wird diese Gruppe aber auch verstärkt sozial isoliert.

"Professionalisierung" scheint also zumindest eine von mehreren allgemeinen Tendenzen gegenwärtiger und zukünftiger Arbeit zu sein, die Gruppe der "neuen Professionellen" ist damit aber noch nicht hinreichend charakterisiert. Als weiteres Eingrenzungskriterium soll der Hochschul oder Fachhochschulabschluß gelten. Der Anteil der solchermaßen Qualifizierten an allen Beschäftigten stieg in der BRD zwischen 1980 und 1986 von 3,9% auf 4,9%.[148] Nun erscheint es schon intuitiv nicht ganz glücklich, etwa einen Archäologen oder einen Pfarrer als "neuen Professionellen" zu charakterisieren. Zu finden ist dieser Typus wohl eher in Tätigkeitsfeldern, die die Basis des in Kapitel 1.1 grob skizzierten räumlichen Strukturwandels bilden: in zukunftsträchtigen industriellen Bereichen und in mit diesen verbundenen Forschungs- und Dienstleistungsbereichen. Obwohl etwas älteren Datums, dürften die in Tabelle 15 zusammengefaßten Prognoseergebnisse des Instituts für Arbeitsmarkt- und Berufsforschung tendenziell noch gültig sein.

Für die operativen Tätigkeiten in Produktion, Lagerhaltung, Transport und Verkehr werden beträchtliche Beschäftigungsrückgänge prognostiziert, auch die einfachen Dienstleistungstätigkeiten werden an Bedeutung verlieren. Zuwächse sind dagegen bei den Entscheidungsfunktionen und im Forschungsbereich zu erwarten. Je nach Variante werden in diesen Bereichen für das Jahr 2000 gegenüber 1985 Steigerungen von 20-50% vorhergesagt. Nach der oberen Variante wären im Jahr 2000 sogar mehr Beschäftigte mit hochwertigen Entscheidungs- und Forschungsaufgaben als mit einfachen Bürotätigkeiten befaßt.

---

[146] vgl. Schumann/Wittemann (1985) S.40
[147] vgl. Ehlers/Friedrichs (1986) S.901
[148] vgl. BfLR (1987) S.809

**Tab. 15: Prognose der Erwerbstätigkeit nach drei Varianten (Erwerbstätige in 1000)**

| | Tätigkeitsgruppen/-bereiche | 1980 | Mittlere Variante | | Untere Variante | | Obere Variante | |
|---|---|---|---|---|---|---|---|---|
| | | | 1990 | 2000 | 1990 | 2000 | 1990 | 2000 |
| 1 | Primärproduktion | 1584 | 1336 | 1223 | 1318 | 1153 | 1382 | 1291 |
| 2 | Handwerkliche Fertigung | 2934 | 2520 | 2261 | 2379 | 2015 | 2548 | 2433 |
| 3 | Maschinelle Fertigung | 2283 | 1853 | 1607 | 1878 | 1624 | 1848 | 1583 |
| 4 | Kontrolle, Anleitung | 651 | 507 | 407 | 523 | 432 | 512 | 422 |
| 5 | Maschinenbedienung, -regelung | 971 | 1023 | 1132 | 940 | 880 | 1081 | 1264 |
| 6 | Reparatur | 1446 | 1365 | 1328 | 1320 | 1211 | 1379 | 1371 |
| 1–6 | PRODUKTION | 9869 | 8613 | 7958 | 8358 | 7315 | 8750 | 8364 |
| 7 | Lager- und Versand | 1182 | 1029 | 942 | 1032 | 914 | 1025 | 944 |
| 8 | Transport (Güter/Personen) | 594 | 560 | 538 | 544 | 490 | 562 | 550 |
| 9 | Verkaufstätigkeiten allgemeiner Art | 2051 | 1919 | 1873 | 1831 | 1607 | 1928 | 1884 |
| 10 | Produktbezogene Handelstätigkeiten | 331 | 319 | 340 | 302 | 280 | 327 | 365 |
| 11 | Kundenbezogene Handelstätigkeiten | 260 | 263 | 270 | 267 | 262 | 269 | 280 |
| 7–11 | LAGER, TRANSPORT, VERTRIEB | 4418 | 4090 | 3963 | 3976 | 3553 | 4111 | 4023 |
| 12 | Abteilungsspezifische Bürotätigkeiten | 1611 | 1339 | 1155 | 1358 | 1166 | 1324 | 1135 |
| 13 | Integrierte Sach-/Antragsbearbeitung | 1258 | 1385 | 1495 | 1307 | 1342 | 1416 | 1542 |
| 14 | Entscheidungsvorbereitung/-assistenz | 306 | 360 | 397 | 336 | 346 | 362 | 401 |
| 12–14 | BÜRO | 3175 | 3084 | 3047 | 3001 | 2854 | 3102 | 3078 |
| 15 | Forschung und Entwicklung | 581 | 646 | 753 | 608 | 613 | 657 | 799 |
| 16 | Sachbezogene Entscheidungen | 796 | 955 | 1147 | 856 | 878 | 971 | 1220 |
| 17 | Führungsaufgaben, Management | 1116 | 1344 | 1658 | 1250 | 1347 | 1371 | 1784 |
| 15–17 | DISPOSITION, F + E | 2493 | 2945 | 3558 | 2714 | 2838 | 2999 | 3803 |
| 18 | Reinigung, Hauswirtschaft, Bewirtung | 1367 | 1356 | 1360 | 1342 | 1263 | 1390 | 1399 |
| 19 | Lehren, Betreuen | 1080 | 1237 | 1379 | 1189 | 1197 | 1262 | 1507 |
| 20 | Ordnen, Bewachen | 960 | 973 | 1036 | 971 | 959 | 994 | 1087 |
| 21 | Rechtspflege | 311 | 368 | 447 | 345 | 374 | 368 | 445 |
| 22 | Physisch/psychisch behandeln, beraten | 1181 | 1301 | 1409 | 1267 | 1252 | 1315 | 1467 |
| 23 | Publizieren, Kunst schaffen | 134 | 146 | 169 | 141 | 141 | 156 | 191 |
| 19–23 | DIENSTLEISTUNGEN | 3666 | 4025 | 4440 | 3913 | 3923 | 4095 | 4697 |
| 24 | In Ausbildung | 1265 | 1145 | 956 | 1117 | 865 | 1153 | 979 |
| | ALLE TÄTIGKEITEN | 26251 | 25257 | 25282 | 24424 | 22609 | 25600 | 26344 |

Quelle: Rothkirch/Weidig (1985) S.171

Als "neue Professionelle" sind somit hochqualifizierte Selbständige oder Beschäftigte in naturwissenschaftlich-technischen, privaten und öffentlichen Bereichen wie Physiker, Chemiker, Mathematiker, Informatiker, allgemein Ingenieure zu bezeichnen. Dazu sind auch Absolventen wirtschafts- und sozialwissenschaftlicher und juristischer Studiengänge in Führungspositionen von Unternehmen zu zählen. Zwar ist damit noch immer nur ungefähr umrissen, um welche Beschäftigten es sich bei den "neuen Professionellen" handelt. Genauere Festlegungen wären jedoch in diesem Rahmen nicht sinnvoll, denn die nachfolgende Skizzierung von Berufs-, Freizeit- und Wanderungsverhalten dieser Berufsgruppen ist auf Untersuchungen angewiesen, die derart feine Differenzierungen nicht treffen.

Sind die "neuen Professionellen" gerade dadurch charakterisiert, daß sie in vermeintlich besonders zukunfträchtigen Wirtschaftsbereichen zu finden sind und können sie damit als "Gewinner des Strukturwandels" bezeichnet werden, so sind sie dennoch keineswegs frei von Arbeitsplatzsorgen. Von 1977 bis 1988 erhöhte sich in der BRD die Zahl der Arbeitslosen mit einem abgeschlossenen Hochschul- oder Fachhochschulabschluß von etwa 40.000 auf ca. 140.000. Die Arbeitslosenquote lag damit für diese Qualifikationsgruppe bei etwa fünf Prozent. Gegenüber dem Vorjahr war 1988 ein deutlicher Anstieg zu verzeichnen.[149] Betroffen waren von dieser Akademikerarbeitslosigkeit auch die "neuen Professionellen". Bei den Ingenieuren beispielsweise stieg die Zahl der Arbeitslosen 1988 gegenüber 1977 um fast das Doppelte, von ca. 11.000 auf ca. 21.000, bei Naturwissenschaftlern gar von ca. 2.200 auf etwa 9.000. Dabei wuchs und wächst die Zahl der offenen Stellen in diesen Bereichen an bzw. liegt, im Vergleich etwa zu Stellen für Geistes- und Sozialwissenschaftler, auf sehr hohem Niveau. Die Zahl der Absolventen übersteigt aber die Nachfrage bei weitem, und es besteht offenbar, auch bei Führungskräften, eine erhebliche Differenz zwischen den gebotenen und den nachgefragten, häufig auch "extrafunktionalen" Qualifikationen.[150]

## 2.2.2 Die Berufseinstellung und das Freizeitverhalten der "neuen Professionellen"

Die Gruppe der "neuen Professionellen" ist nun etwas näher bestimmt. Ein Kernpunkt der Überprüfung der These des Bedeutungsgewinns der "weichen" Standortfaktoren ist die Frage nach dem Verhältnis von Arbeits- und Freizeit dieser Hochqualifizierten. Kann von einer besonderen Freizeitorientierung dieser Gruppen gesprochen werden und welche Ansprüche stellen sie dabei an den Raum? Vor diesem Hintergrund ist auch das in den anschließenden Teilkapiteln thematisierte Mobilitätsverhalten der "neuen Professionellen" zu sehen.

---

[149] vgl. Bundesanstalt für Arbeit (1989) S.714
[150] vgl. Bundesanstalt für Arbeit (1989) S.711ff

Seit 1950 ist die jährliche Arbeitszeit eines Beschäftigten in der BRD gesunken. Die tatsächlich geleisteten Arbeitsstunden reduzierten sich von 2.081 im Jahr 1960 auf 1.641 im Jahr 1985, der Rückgang war in den letzten Jahren allerdings etwas schwächer.[151] Im selben Zeitraum stieg die Zahl der arbeitsfreien Tage in der Woche von 1,5 auf 2 und die Zahl der Urlaubstage im Jahr von 9 auf 30.[152] Weniger leicht zu belegen und umstrittener sind Angaben über die Zeit, die als Mußezeit, als ungebundene Zeit nach Abzug der Arbeitszeit, aller "geregelten" arbeitsähnlichen Freizeitaktivitäten, wie etwa ehrenamtlichen Tätigkeiten, "Do it yourself", Weiterbildungsaktivitäten sowie der Ernährung, der Körperpflege und dem Schlaf, verbleibt. Nach *DIFU-PROJEKTGRUPPE* stieg sie von täglich 2,5 Stunden 1951 auf 4,5 Stunden 1986. Anderen Untersuchungen zufolge liegt die völlig ungebundene Freizeit niedriger. Sie scheint zumindest nicht proportional mit der arbeitsfreien Zeit anzuwachsen. Die "geregelten" arbeitsähnlichen Freizeitaktivitäten absorbieren einen großen Teil der frei werdenden Zeit.[153]

Aus stadtplanerischer Sicht ist der Teil der Freizeit, der außer Haus verbracht wird, besonders interessant; hier wird kommunale Freizeitinfrastruktur und werden urbane und natürliche Qualitäten beansprucht: Nur etwa ein Viertel der gesamten Freizeit [154] bzw. knapp sieben Stunden ungebundener Freizeit werden wöchentlich außer Haus verbracht.[155] Zwei Drittel der freien Zeit gelten dem Medienkonsum, 16% der Geselligkeit, 9% dem Sport, je 2% werden für Hobbies, Bildungsaktivitäten, Kunst und politische Betätigungen verwendet.[156] Die Ansprüche an städtische Freizeit-, Erholungs- und Kulturangebote werden insgesamt in Zukunft zwar steigen, aber nicht in dem Ausmaß, in dem die arbeitsfreie Zeit wächst. Die entsprechende Infrastruktur wird weniger in quantitativer Hinsicht stärker belastet; es steigen vor allem die qualitativen Ansprüche.

Tendenziell scheint die quantitative Abnahme der gesellschaftlich notwendigen Arbeit mit einer Neubewertung von Status und Sinn der Arbeit einherzugehen. Einigen Autoren zufolge scheint sich dabei eine Abkehr vom alten Prinzip, nach dem die Struktur und der Charakter der Arbeitswelt die Sphäre der Reproduktion der Arbeitskraft prägen, zu vollziehen. Innerhalb des Übergangs vom "dualen" zum "integralen" Lebenskonzept gilt z.B. für *OPASCHOWSKI* auch die Umkehrung dieses Prinzips: *"die Freizeit verändert das berufliche Anspruchsniveau des Menschen"*[157], zumindest die Wahrnehmung der Arbeit werde durch die Ansprüche aus der Freizeit determiniert. Der Wertewandelschub von

---

[151] *vgl. DIfU-Projektgruppe (1988) S.69*
[152] *vgl. DIfU-Projektgruppe (1988) S.74*
[153] *vgl. ILS (1988) S.131; Müller-Wichmann (1989) S.20 ff*
[154] *vgl. Lüdtke (1987) S.20*
[155] *vgl. ILS (1988) S. 131*
[156] *vgl. Lüdtke (1987) S.20*
[157] *vgl. Opaschowski (1985) S.143 und S.148*

der *"kollektivistischen Unterwerfung"* unter die Arbeit zur *"individualistischen Selbstentfal-
tung"* wird von *KLAGES* für die BRD zeitlich fixiert: er begann Mitte der sechziger und
endete Mitte der siebziger Jahre.[158] Skeptische Beobachter des "Übergangs zur Freizeitgesellschaft" sehen einerseits die internationale Konkurrenzfähigkeit der bundesdeutschen Wirtschaft durch die Freizeitorientierung der Beschäftigten gefährdet,[159] andererseits wird mit Blick auf die reale Freizeitnutzung eine Freizeitethik vermißt, die die
Lücke, die die protestantische Arbeitsethik hinterließ, füllen könnte.[160]Ausgeblendet
bleiben in dieser Diskussion häufig diejenigen, *"denen quasi eine hundertprozentige Ar-
beitszeitverkürzung aufgezwungen wird"*[161].

Nicht so eindeutig wie zunächst zu vermuten, ist die Rolle der "neuen Professionellen"
innerhalb dieser realen und bewußtseinsmäßigen Umbewertungen von Arbeit und Freizeit. Das Bild des "konsumorientierten citoyens" muß zumindest differenziert werden.
Leider liegen keine aktuellen Untersuchungen vor, die das typische Zeitbudget und Freizeitverhalten eines "neuen Professionellen" explizit behandeln. Aus einer Reihe von Untersuchungen zu Freizeitansprüchen, vor allem aber zu Arbeitszeit und Berufseinstellung
läßt sich jedoch ansatzweise ein plausibles Mosaik zusammensetzen.

Zunächst scheint die Zeitsouveränität einer Arbeitskraft auch ein Resultat ihrer Knappheit zu sein. Nach hochqualifizierten Arbeitskräften besteht trotz steigenden Angebotes
und zunehmender Arbeitslosigkeit noch immer starke Nachfrage, sie müßten somit ihre
entsprechenden Zeitpräferenzen leicht durchsetzen können. Ihre hohen Einkommen
könnten die Substitution von Geld durch Zeit ermöglichen, sie stünden damit gewissermaßen an der Spitze der Freizeitgesellschaft. Nach *WIPPLER* kann denn auch die Bildung einer Person gar als bester Prädiktor ihres Freizeitverhaltens gelten. Ob Sport,
Hobby oder Kultur, empirisch korreliert eine *"dynamisch expansive Freizeitgestaltung"* positiv mit der formalen Bildung.[162] Dem entspricht, daß die Ansprüche an entsprechende
Infrastruktureinrichtungen mit dem Sozialstatus steigen. Dabei gibt es einerseits Einrichtungen wie Theater und Museen, die fast nur von höheren Sozialgruppen "gefordert"
werden. Auf der anderen Seite werden aber auch alle anderen Freizeitinfrastrukturein-
richtungen mit steigendem Sozialstatus als wichtiger eingeschätzt. Eine für höhere
Schichten unwichtige und nur für untere Sozialgruppen relevante Freizeitinfrastruktur

---

[158] *vgl. Klages (1984) S.20*
[159] *vgl. Opaschowski (1985) S.147*
[160] *vgl. Lüdtke (1987)*
[161] *vgl. DIfU-Projektgruppe (1988) S.80*
[162] *vgl. Giegler (1982) S.355 ff*

gibt es, zumindest wenn die subjektive Bedeutung und nicht die reale Nutzung ermittelt wird, offenbar überhaupt nicht.[163]

Dieses erhöhte Anspruchsniveau der Hochqualifizierten ist jedoch nicht Resultat einer niedrigen Arbeitszeit. Nach einer Befragung des Instituts für Arbeitsmarkt und Berufsforschung wiesen drei Viertel der in der Industrie beschäftigten Informatiker eine wöchentliche Arbeitszeit von über 40 Stunden auf, 17% arbeiten gar über 50 Stunden, bei Selbständigen lagen die Arbeitszeiten noch um einiges höher.[164] Fast ein Drittel der von *ENGFER* u.a. befragten "Akademiker und Manager" wiesen eine wöchentliche Arbeitszeit von über 45 Stunden auf, gegenüber knapp 16% aller Beschäftigten.[165] Nach Ergebnissen von *KOSSBIEL* ist für Ingenieure und Naturwissenschaftler in der industriellen Forschung und Entwicklung ein Elf-Stunden-Arbeitstag der Normalfall.[166] "Workoholics" mit einer monatlichen Arbeitszeit von 200-250 Stunden scheinen keine Ausnahmen zu sein. Die Überstunden gelten insofern als "normal", als sie mit dem Gehalt "abgegolten" sind.[167] Tatjana U.,Chemikerin, stellt sicherlich innerhalb der Extreme noch einen Extremfall dar:

*"...es gibt kaum einen Tag, wo Sie mit 10 oder 11 Stunden nach Hause gehen, das ist selten. Meistens sind es 12 bis 13 Stunden; ich bin jetzt 18 Jahre in Deutschland, ich hab noch nie einen Samstag oder Sonntag frei gehabt...".*[168]

Das umgekehrte Muster zeigt allerdings die Betrachtung der Urlaubszeiten. *ENGFER* u.a ermittelten für 33,2% ihrer befragten Akademiker eine Jahresurlaub von mehr als 31 Tagen, dies konnten nur knapp 16% aller befragten Beschäftigten durchsetzen.[169]

Zum Teil dürfte die hohe Arbeitszeit der "neuen Professionellen" durch offenen Druck von seiten der Betriebsleitung bedingt sein.[170] Auch bei steigendem Angebot an hochqualifizierten Arbeitskräften scheint es für Unternehmen profitabler zu sein, eingearbeitete Kräfte länger arbeiten zu lassen, als weitere einzustellen. Sicherlich mögen auch hohe Einkommen als Anreiz, als "Überstundenvorschuß" dienen; der *SPIEGEL* ermittelte für Naturwissenschaftler bereits 1979 ein durchschnittliches Nettojahreseinkommen von über 60.000 DM. Ingenieure verdienten nur etwas weniger, der Durchschnitt für alle Beschäf-

---

[163] vgl. Zimmermann u.a. (1973) S.8
[164] vgl. Bäßler u.a. (1987) S.17
[165] vgl. Engfer u.a. (1983) S.92
[166] Koßbiel u.a. (1987) S.262
[167] vgl. Trautwein-Kalms (1988) S.693
[168] vgl. Koßbiel u.a. (1987) S.144
[169] vgl. Engfer u.a. (1983) S.94
[170] vgl. DIfU-Projektgruppe (1988) S.80

tigten lag dagegen seinerzeit bei 22.000 DM.[171] Mindestens ebenso entscheidend wie offener Druck und finanzieller Anreiz scheint jedoch das vergleichsweise hohe *"interne Kontrollbewußtsein"* [172] der "neuen Professionellen" und ihre, verglichen mit anderen Beschäftigten, attraktive, erfüllende Arbeit, die zu einer hohen Arbeitszufriedenheit führt, zu sein. 35% der von *LAATZ* befragten Ingenieure waren mit ihrer Arbeit "sehr zufrieden", nur 8% "unzufrieden", die Vergleichszahlen für den Durchschnitt aller Berufsgruppen lauten 12% und 18%.[173] Auch der *SPIEGEL* ermittelte für Ingenieure und Naturwissenschaftler eine überdurchschnittliche Arbeitszufriedenheit.[174] Für *KOSSBIEL* ist das *"intrinsische Einbindungsmuster"* in den Betrieb mit dem Begriff des "Professionalismus" geradezu synonym.[175] Zum Teil mag dieser hohe Grad an Eigenmotivation durch ein gewisses Standesdenken zu erklären sein; durch auch von außen gezielt inszenierte ideologische Muster, wie das Bild des Daniel Düsentrieb und seiner "zweckfreien", nur eigenem Kreativitätsstreben entsprungenen Erfindungen. Diese Ideologien haben jedoch durchaus ihre Grundlagen. Wenn auch *NEEF* für Ingenieure und *FRIEDRICH* speziell für EDV-Fachleute Taylorisierungstendenzen ausmachen,[176] sind doch insgesamt die Tätigkeiten der "neuen Professionellen", z.B. der Ingenieure, nach wie vor vergleichsweise komplex.[177] Die Grenzen zwischen den Inhalten von Arbeit und Freizeit scheinen hier fließender zu sein, der Beruf ist das Hobby.[178] Je geringer die Trennung der beiden Bereiche ist, desto weniger reine Freizeit bleibt dem "neuen Professionellen". Nicht jedem behagt diese Auflösung der Zeitstrukturen, so auch nicht dem Informatiker Peter A. . Interessant ist, daß er sie dennoch als essentiell für seinen Beruf verteidigt:

> *"Was haben's doch die Arbeiter gut. Wenn es 15.30 Uhr ist, dann ist Feierabend, dann lassen die den Schraubenzieher fallen, wo sie gerade stehen, und rennen zur Stempeluhr und ab und raus.(...), ich kann doch nicht Feierabend machen, nur weils gerade tutet, als Ingenieur, wenn ich mitten in der Überlegung bin. Und meiner Meinung nach hat jemand, der nicht diese Einstellung hat, der ist als Ingenieur nicht tragbar(...)".*[179]

Eine spezifische Mischung aus äußerem Druck und seiner Verinnerlichung, aus berufsständischer Tradition und guter Bezahlung einerseits, sowie einer vergleichsweise hohen Autonomie in der Tätigkeit andererseits bestimmt die Arbeitseinstellung der "neuen Pro-

---

[171] *vgl. Spiegel-Verlag (1980) S. 32, S.343 und S.392*
[172] *vgl. Koßbiel u.a. (1987) S.176*
[173] *vgl. Laatz (1979) S.169*
[174] *vgl. Spiegel-Verlag (1980) S.342f und 391f*
[175] *vgl. Koßbiel u.a. (1987) S.120*
[176] *vgl. Neef (1982) S.175; Friedrich (1988) S.681 ff*
[177] *vgl. Laatz (1979) S.158*
[178] *vgl. Koßbiel u.a. (1987) S.143*
[179] *vgl. Koßbiel u.a. (1987) S.144f*

fessionellen". Damit besitzen die von *GIEGLER* so bezeichneten *"Ausgleichs-"* bzw. *"Kompensationsthesen"*, wonach in der Freizeit ein Gegengewicht zur sinnentleerten Arbeit geschaffen werden muß,[180] zumindest insofern für "neue Professionelle" keine Gültigkeit, als ihr Lebenssinn nicht erst in der Freizeit gestiftet werden muß. Der vermeintliche *"hedonistische Lebensentwurf"*[181] äußert sich weniger in einem insgesamt entsprechend großen Freizeitbudget, sondern eher in der Art und Intensität, in der die freie Zeit verbracht wird. Die wenige Tagesfreizeit wird unter hohem finanziellen Aufwand intensiv genutzt, ein großer Teil der Freizeit wird im Block verbracht. Das Zeitbudget *"eines überbeschäftigten Informatikers im Jahr 2017"* scheint schon heute Gültigkeit zu besitzen. Nach der Arbeit bildet er sich zunächst noch weiter, eine bis zwei Stunden der noch verbleibenden Zeit verbringt er im Fitness-Studio, den Rest bei Psychiater und *"emotional training"*, am Wochenende fliegt er in den Süden und besucht dort Parties.[182]

Diese spezifische Freizeitbudgetstruktur beruht allerdings nicht nur auf den Wünschen der Hochqualifizierten. *ENGFER* u.a. ermittelten, daß diese Gruppen eine Ausdehnung ihrer Tagesfreizeit Verlängerungen des Urlaubs vorziehen würden. Bei anderen Berufsgruppen sind dagegen genau die umgekehrten Präferenzen festzustellen.[183] Dennoch dürfte die besondere Arbeits- und Freizeitstruktur der "neuen Professionellen" auch in Zukunft erhalten bleiben, da sie ihre Wünsche nach einer Änderung ihrer Zeitstrukturen angesichts der Lage auch auf diesem Teilarbeitsmarkt wohl nicht reibungslos durchsetzen werden.

Aus diesen Erkenntnissen zu Berufsorientierung und Freizeitverhalten ergeben sich bereits wesentliche Folgerungen zur Beantwortung der Frage nach der räumlichen Orientierung der "neuen Professionellen". Betrachtet man ihr Berufsengagement und Freizeitverhalten, so sprechen einige Fakten gegen die Tatsache, daß sie ihren Wohnstandort an den Freizeitwerten der Regionen ausrichten. Sie verbringen ihre Freizeit - verglichen mit anderen Berufsgruppen - eher in Blöcken, damit wird bei ausreichenden finanziellen Möglichkeiten eine großräumigere Orientierung möglich. Ob ein vehement geforderter lokaler Freizeitwert auch im entsprechenden Maße genutzt würde, kann bezweifelt werden.

Ist nunmehr der Begriff des "neuen Professionellen" etwas besser charakterisiert und sind Aspekte der Berufseinstellung und des Freizeitverhaltens der Hochqualifizierten näher umrissen, so gilt das Augenmerk anschließend der "räumlichen Verteilung" und dem

---

[180] *vgl. Giegler (1982) S.127f*
[181] *vgl. Ipsen (1986a) S.147*
[182] *vgl. ILS (1988) S.214*
[183] *vgl. Engfer u.a. (1983) S.96f*

räumlichen Mobilitätsverhalten dieser Beschäftigten. In Kapitel 2.1 wurde die Frage, ob Betriebe ihre Standortentscheidungen zunehmend an den Reproduktionserfordernissen ihrer Beschäftigten ausrichten, zumindestens für einige Betriebstypen bejaht. Nun wird umgekehrt gefragt, ob die hochqualifizierten Beschäftigten selbst überhaupt ihren Wohnstandort nach Wohn-, Freizeit- und kulturellen Attraktivitäten wählen oder ob nicht Gründe aus dem Arbeitsbereich ausschlaggebend sind. Aufgrund der bisher gesammelten Erkenntnisse zu Berufseinstellung und Freizeitorientierung kann erwartet werden, daß gerade bei den "neuen Professionellen" der Arbeitsplatz der ausschlaggebende Faktor ist, der die Wanderungsentscheidung zugunsten oder zuungunsten einer Region bestimmt. Lokale "weiche" Standortfaktorenqualitäten, so die begründbare Vermutung, werden zwar angefordert, faktisch aber können entsprechende Präferenzen in einem wesentlich größerem Aktionsraum befriedigt werden.

## 2.2.3 Die räumliche Verteilung der "neuen Professionellen" - Regionale Qualifikationsstrukturen in der BRD

Aus Tabelle 16 wird deutlich, daß in der BRD beträchtliche Unterschiede in den Qualifikationstrukturen einzelner Raumtypen und Agglomerationen bestehen.

Am augenfälligsten ist dabei sicherlich der noch immer vorhandene Unterschied im Qualifikationsniveau zwischen den hochverdichteten und den ländlichen Gebieten. Der Anteil der Beschäftigten mit Fachhochschul- oder Hochschulabschluß ist in den zentralen Räumen fast doppelt so hoch wie in den peripheren Regionen. Umgekehrt weisen die geringer verdichteten Räume einen höheren Anteil von Beschäftigten ohne Berufsabschluß auf. Die Veränderungsraten deuten nicht auf einen Abbau dieses Gefälles hin, im Gegenteil: der Anteil der Hochqualifizierten stieg in den hochverdichteten Räumen relativ überproportional an. Es zeigt sich aber auch ein "Süd-Nord-Gefälle" zwischen den Agglomerationen. Alle südlichen Agglomerationen weisen höhere Anteile an hochqualifizierten Beschäftigten auf als ihre nördlichen Gegenüber. Die Extreme stellen - wie kaum anders zu erwarten - das Ruhrgebiet und der Münchner Raum dar. Im Ruhrgebiet liegt der Anteil der Hochqualifizierten sogar noch unter dem Bundesdurchschnitt.

Bei der Gruppe der Beschäftigten ohne Berufsabschluß ist das "Süd-Nord-Gefälle" nicht so deutlich zu erkennen. Zwar hat München die geringsten, aber der Stuttgarter Raum die höchsten Anteile aufzuweisen. Illustriert ist damit die traditionell facharbeiterorientierte Qualifikationsstruktur des "Nordens", seine Prägung durch die mittlere Qualifikationsgruppe, der "Süden" ist eher durch eine polarisierte Struktur gekennzeichnet.

## Tab. 16: Qualifikationsstrukturen ausgewählter Raumeinheiten

| RAUMEINHEIT | %-ANTEIL D.BESCHÄFTIGTEN MIT HOCHSCHULABSCHLUß | | %-ANTEIL D.BESCHÄFTIGTEN OHNE BERUFSAUSBILDUNG | |
| --- | --- | --- | --- | --- |
| | 1986 | VERÄND. ZU 1980 | 1986 | VERÄND. ZU 1980 |
| Bundesgebiet | 4,9 | 1 | 35,6 | -4,3 |
| REGIONSTYPEN | | | | |
| Hochverdichtet | 6 | 1,2 | 35,9 | -3,5 |
| m.Verd.-ansätzen | 3,7 | 0,8 | 38,1 | -5,2 |
| ländlich | 2,8 | 0,6 | 33,1 | -5,8 |
| AGGLOMERA-TIONSRÄUME | | | | |
| Hamburg | 5,6 | 1,1 | 33,1 | -3,6 |
| Bremen | 5,6 | 1,2 | 33,2 | -2,6 |
| Hannover | 5,7 | 1,4 | 33,2 | -3,8 |
| Rhein-Ruhr-Nord | 4,6 | 0,9 | 35,3 | -3,3 |
| Rhein-Main | 7,6 | 1,5 | 31,6 | -4,1 |
| Rhein-Neckar | 6,4 | 1,2 | 33,5 | -4,4 |
| Stuttgart | 6,5 | 1,1 | 36,3 | -2,6 |
| Nürnberg | 6,3 | 1,5 | 34,5 | -5,1 |
| München | 9,9 | 1,9 | 31 | -3,9 |
| LÄNDLICHE REGIONEN | | | | |
| Bodensee | 5 | 0,8 | 36,9 | -5,9 |
| Allgäu | 2,7 | 0,7 | 36,7 | -6,3 |
| Oberland | 2,8 | 0,5 | 35,5 | -4,6 |
| Südost-Oberb. | 3,1 | 0,6 | 35,8 | -6,3 |

Quelle: BfLR (1987); eigene Darstellung

Interessant erscheint auch eine Betrachtung der unmittelbar den Alpen vorgelagerten Regionen. Hier verortet *IPSEN* seine *"neuen urbanen Zonen"*, einen Raumtypus, der *"im bisher bekannten Sinne weder städtisch noch ländlich"*[184] ist, der landschaftliche Attraktivität mit ökonomischer Dynamik vereinigt und damit als Wohn- und Arbeitsort gleichermaßen begehrt ist. Diese Regionen müßten, folgt man *IPSENS* Vermutung, zumindest im Vergleich zu anderen peripheren Räumen mit "neuen Professionellen" geradezu durchtränkt sein. Die als "Voralpenland" klassifizierten Raumordnungsregionen 72, 73 und 74 unterscheiden sich jedoch in ihrem Anteil von Hochqualifizierten nicht nennenswert von anderen ländlichen Regionen. Für die Region Bodensee, mit dem Luft- und Raumfahrtechnikzentrum Friedrichshafen, ist allerdings ein solcher Unterschied festzustellen; dort liegt der Anteil der Hochqualifizierten sogar über dem Bundesdurchschnitt. Unterschiede zwischen dem Voralpenland und den anderen ländlichen Räumen zeigen sich vielmehr beim Anteil von Beschäftigten ohne Berufsabschluß, das Voralpenland liegt hier eher auf dem Niveau der Regionen mit Verdichtungsansätzen. Das Qualifikationsni-

---

[184] *Ipsen (1986a) S.142*

veau ist somit insgesamt in den Voralpenregionen etwas höher als in anderen ländlichen Räumen. Jedoch sind die Unterschiede, die Bodenseeregion ausgenommen, nicht so hoch, um schon deshalb von einem neuen "postfordistischen" Raumtypus sprechen zu können. Als Wohn- und Freizeitorte sind diese Regionen für "neue Professionelle" sicherlich eminent attraktiv, ihre Arbeitsplatzstruktur ist aber insgesamt eher ländlich. High-Tech-Fabriken in ländlicher Umgebung fallen zumindest quantitativ noch kaum ins Gewicht, der Produktions- und Dienstleistungsraum München hat, so gesehen, das Voralpenland erst in Ansätzen erfaßt.

## 2.2.4 Die Binnenwanderungen der "neuen Professionellen"

Schon in Kapitel 2.1 wurde erwähnt, daß die Zahl der räumlich mobilen Betriebe seit Jahren rückläufig ist, anders gesagt:

*"daß das regionale physische Produktionskapital zu mehr als 95% durch Investitionen in den Betrieben wächst, die in der Region ansässig sind, also nicht durch zugewanderte oder neue Betriebe. Genau umgekehrt verhält es sich beim Humankapital. Das regionale Humankapital wächst nicht in erster Linie durch die nachgewachsenen, in der Region geborenen bzw. ausgebildeten Generationen, und es verringert sich nicht in erster Linie durch die Personen, die aus dem Erwerbsleben ausscheiden oder sterben, sondern durch Wegzüge."* [185]

Insofern erscheint die Frage nach dem Umfang und den Bestimmungsgründen von Personenwanderungen sogar wichtiger als die nach den Determinanten der betrieblichen Standortentscheidung.

### Regionale Wanderungsbewegungen

Das Ausmaß der Binnenwanderungen ist in der BRD, wie auch in vergleichbaren Ländern seit Ende der fünfziger Jahre zurückgegangen. Die Zahl der Wanderungen zwischen den Bundesländern war 1984 auf gut 2/3 des Niveaus von 1961 abgesunken, bei den Erwerbspersonen sogar auf 42%. Abbildung 11 illustriert die abnehmende[186] Mobilität innerhalb der BRD:

---

[185] *Birg (1986) S.69*
[186] *vgl. Karr u.a. (1987) S.198f. Dieser Trend dürfte sich in den letzten beiden Jahren durch die starken Zuwanderungsströme vor allem aus osteuropäischen Staaten in die BRD freilich umgekehrt haben.*

**Abb. 11: Binnenwanderungen in der Bundesrepublik Deutschland 1979-1987**

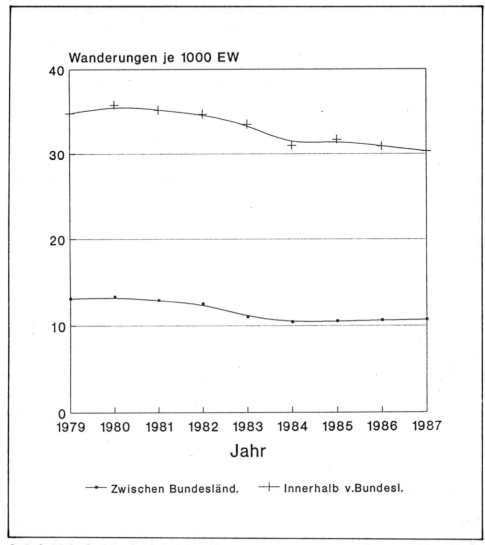

Quelle: Statistisches Bundesamt (1989); eigene Darstellung

1979 waren noch 803.519 Personen über Bundesländergrenzen hinweg und 2.133.138 innerhalb von Bundesländern gewandert, 1987 waren es nur noch 650.511 bzw. 1.854.519 Personen.[187] Sind kurzfristige Schwankungen konjunkturell bedingt, führt eine Abnahme des Auslastungsgrades des potentiellen Arbeitsvolumens um ein Prozent zu einem Rück-

---

[187] *Statistisches Bundesamt (1989) S.11*

gang der Wanderungsintensität um drei bis vier Prozent, so wird der langfristig sinkende Trend eher durch den insgesamt gestiegenen Lebensstandard erklärt.[188]

Die oben aufgezeigten Unterschiede der regionalen Qualifikationsniveaus sind zum Teil historisch bedingt und könnten auch durch unterschiedlich starke auf das endogene Potential gerichtete Qualifizierungsanstrengungen der Regionen bedingt sein. Entscheidend aber dürfte auch bei sinkender Mobilitätsintensität die *"Selektivität räumlicher Mobilität"* [189] sein: bestimmte Gruppen wandern eher in bestimmte Räume und andere bleiben zurück.

War schon die Beschreibung der räumlichen Verteilung der "neuen Professionellen" auf Indikatoren und Daten angewiesen, die auch andere Hochqualifizierte enthielten, so ist die amtliche Wanderungsstatistik noch unpräziser. Hier lassen sich keine Berufs- oder auch nur Schulabschlußgruppen identifizieren. Als - nur unbefriedigender - Ersatzindikator muß das Alter der Wanderer herangezogen werden. In den jüngeren "dynamischen" Altersgruppen dürften sich die "neuen Professionellen" eher konzentrieren. Die hier interessierenden regionalen Wanderungssalden sind in Tabelle 17 dargestellt. Hervorgehoben ist die Gruppe der 18-24jährigen "Ausbildungswanderer" und die anschließende Gruppe der 25-29jährigen "Berufseinsteiger".

Es wird deutlich, daß sowohl insgesamt als auch bei den "dynamischen" Altergruppen die hochverdichteten Regionen gegenüber den peripheren Räumen Wanderungsgewinne aufweisen, und es zeigt sich das bekannte "Süd-Nord-Gefälle" zwischen den Agglomerationen. Bremen und das Ruhrgebiet weisen in den betrachteten Altersgruppen sogar negative Wanderungssalden auf, die Gewinne speziell von München bei den Ausbildungswanderern und Stuttgart bei den Wanderungen der Berufsanfänger sind bemerkenswert. Auch weichen die Regionen des Voralpenlandes deutlich von anderen ländlichen Regionen ab. Ihre Verluste in der Gruppe der "Ausbildungswanderer" sind im Saldo nicht so hoch und ihre Gewinne bei den "Berufsanfängern" höher als die anderer ländlicher Räume.

---

[188] *vgl. Karr u.a. (1987) S.198f*
[189] *Genosko (1980) S.726*

**Tab. 17: Wanderungssalden ausgewählter Raumeinheiten (Saldo je 1000 Einwohner)**

| RAUMEINHEIT | ALLE WANDERUNGEN ALLE ALTERSGRUPPEN | | BINNENWANDERUNGEN | | | |
| | | | 18-24-JÄHRIGE | | 25-29JÄHRIGE | |
| | 1985/86 1980/81 | %-VER-ÄND.ZU | 1985/86 1980/81 | %-VER-ÄND.ZU | 1985/86 1980/81 | %-VER-ÄND.ZU |
|---|---|---|---|---|---|---|
| Bundesgebiet | 3,2 | -1,8 | 0 | 0 | 0 | 0 |
| | | | | | | |
| REGIONSTYPEN | | | | | | |
| Hochverdichtet | 4,1 | -1 | 4,3 | 20,8 | 2,9 | 3 |
| m.Verd.-ansätzen | 2,2 | -3,2 | -1,8 | -3,6 | -4,9 | -2,9 |
| ländlich | 2 | -2,4 | -8,7 | 7,6 | 1,1 | -3,2 |
| | | | | | | |
| AGGLOMERA-TIONSRÄUME | | | | | | |
| Hamburg | 2,9 | -2,3 | 3,5 | -5,4 | 3,5 | -1,4 |
| Bremen | -0,8 | -5,1 | -9,8 | -9,2 | -6,6 | -14,9 |
| Hannover | 2 | -3,3 | 1,8 | -8 | -0,6 | 4,6 |
| Rhein-Ruhr-Nord | 0,2 | -1,6 | -7,4 | 8,4 | -6,7 | 2,1 |
| Rhein-Main | 5 | -0,9 | 2,2 | -3,1 | 6,1 | -1,2 |
| Rhein-Neckar | 3,7 | -5,9 | 8,9 | -6,8 | 0,5 | -2,8 |
| Stuttgart | 6,6 | 2 | 13,8 | 9,1 | 18,6 | 13,3 |
| Nürnberg | 7,8 | -2 | 16,3 | -2,6 | 2,6 | 3,5 |
| München | 9 | 2,2 | 34,1 | -3,8 | 13,6 | 15,1 |
| | | | | | | |
| LÄNDLICHE REGIONEN | | | | | | |
| Bodensee | 5,5 | 0,4 | -6,3 | 5,3 | 12,6 | 0 |
| Allgäu | 4 | -1,7 | -4,4 | 6,4 | 7,6 | -2,2 |
| Oberland | 7,4 | -1,4 | -1,6 | 5 | 10,5 | 7,3 |
| Südost-Oberb. | 8,4 | -2,5 | -3,2 | 3,6 | 7,2 | -1,9 |

Quelle: BfLR 1987; eigene Darstellung

Eine Verknüpfung dieser Befunde mit den Ergebnissen des vorangegangenen Teilkapitels erscheint plausibel, wonach für die Regionen, in denen einerseits die Anteile von hochqualifizierten Beschäftigten überproportional steigen und die andererseits besonders hohe Wanderungsgewinne in "dynamischen" Altersgruppen zu verzeichnen haben, auch vergleichsweise hohe Zuwanderungsraten von "neuen Professionellen" zu beobachten sein dürften.

## Erklärungsansätze

Zwei möglicherweise "erklärende" Strukturfaktoren seien vor der eingehenderen Darstellung der Ergebnisse der Wanderungsforschung hier schon genannt: Für Studenten könnte das regionale Studienplatzangebot einen Attraktivitätsfaktor darstellen, für Hochschulabsolventen das regionale Einkommen. Die regionalen Unterschiede in der Qualität der Wohn- und Freizeitwerte, des Kulturangebotes und des Image müßten dann nicht ausschlaggebend sein. Tabelle 18 zeigt die Hochschulkapazitäten ausgewählter Agglomerationsräume.

**Tab. 18: Hochschulkapazitäten ausgewählter Agglomerationsräume (Studienplätze für Erstsemester je 1000 Einwohner 20-25 Jahre)**

| RAUMEINHEIT | Bestand WS 85/86 | Entwicklung zu WS 84/85 | zu WS 80/81 |
|---|---|---|---|
| Bundesgebiet | 32,6 | -2,8 | -2,6 |
| HOCHVERDICHTETE REGIONEN | 38,3 | -3,1 | -4,6 |
| AGGLOMERATIONS-RÄUME | | | |
| Hamburg | 31,5 | -3,5 | -7,1 |
| Bremen | 28,6 | -2,0 | -4,5 |
| Hannover | 49,1 | -2,7 | -3,2 |
| Rhein-Ruhr-Nord | 30,9 | -3,7 | -1,3 |
| Rhein-Main | 37,4 | -1,7 | 3,8 |
| Rhein-Neckar | 46,4 | -1,2 | 2,7 |
| Stuttgart | 30,2 | -0,6 | -2,6 |
| Nürnberg | 53,8 | -5,5 | -1,6 |
| München | 77,0 | -3,1 | 2,7 |

Quelle: BfLR (1987); eigene Darstellung

Von den hohen Werten für Hannover und dem niedrigen Rang Stuttgarts abgesehen zeigt sich hier ein "Süd-Nord-Gefälle". Daß beträchtliche Unterschiede der Einkommen zwischen einigen Räumen vorhanden sind, wurde schon angeführt.[190] Auch innerhalb bestimmter Berufsgruppen sind die regionalen Einkommensdifferenzen bemerkenswert. Es zeigt sich zum Beispiel bei den Einkommen der hochqualifizierten EDV-Beschäftigten ein deutliches "Süd-Nord-Gefälle" zwischen den Agglomerationen, mit einem "Ausreißer": der Nürnberger Raum rangiert noch hinter dem Ruhrgebiet.[191]

Die regionalen Unterschiede bei den Ausbildungskapazitäten und bei den Einkommen Hochqualifizierter könnten aber ebensogut die Folge und nicht die Ursache der positiven Wanderungssalden sein. Die Ausbildungskapazitäten der südlichen Regionen könnten auch aufgrund einer durch "weiche" Standortfaktoren bedingten hohen Nachfrage nach Studienplätzen so hoch liegen. Auch könnten die höheren Einkommensniveaus des Südens in "professionellen" Berufen das Resultat ihrer Attraktivität sein, da die aus ihr resultierenden hohen Lebenshaltungskosten kompensiert werden müßten.

Auch innerhalb vieler empirischer Arbeiten aus dem Feld der Migrationsforschung ist dieses Kausalitätsproblem nicht befriedigend gelöst. Ähnlich wie bei den Arbeiten zur

---

[190] vgl. Kapitel 1.1
[191] vgl. Bäßler u.a. (1987) S.22

Standortwahl von Unternehmen lassen sich auch innerhalb der Untersuchungen zu den Bestimmungsfaktoren von Personenwanderungen zwei unterschiedliche Betrachtungsebenen jeweils mit einer anderen Methodik gekoppelt unterscheiden. Systemtheoretische Ansätze auf der Makroebene fassen "..*regionale Mobilität nur als Mittler in einem Markt der Produktionsfaktoren (Faktormarkt), um entstandenes Ungleichgewicht zu beseitigen und zu einer optimalen Faktorkombination (hohe Grenzproduktivität) zu gelangen"* [192]. Migration ermöglicht den Ausgleich der Diskrepanzen im Verhältnis zwischen Bevölkerungsverteilung und Erwerbschancen[193] und ist damit sowohl Ausdruck des ökonomischen Strukturwandels als auch ein Mittel zu seiner Bewältigung. Aus soziologischer Perspektive ist sie als Interaktionsprozeß zwischen sozialen Einheiten zu sehen.[194]

Methodisch entspricht dem ein auf "harten" Daten basierendes Vorgehen: Regionale Wanderungsströme oder -salden werden als zu erklärende und diverse Strukturparameter als erklärende Größen in einer Regressionsgleichung verbunden. Die Kritik an diesen systemtheoretischen Arbeiten - die Vernachlässigung *"der subjektiven und objektiven Interessenlagen der wandernden Menschen"* [195], daß *"die einzelnen Personen als willenlose, nur von sozialen Kräften gesteuerte kleinste Systemeinheiten gesehen werden, deren individueller Handlungsspielraum zu vernachlässigen ist"* [196] - führte in der BRD in den sechziger Jahren zu einer Orientierung der Wanderungsforschung hin zu entscheidungstheoretischen Ansätzen.[197] Der Entscheidungsprozeß des Individuums ist hier nicht mehr in die "black box" verbannt, sondern wird gerade thematisiert. Nach *EISENSTADT* ist *"jede Wanderungsbewegung durch ein Gefühl der Unsicherheit und Unzufriedenheit des Migranten in seiner Ausgangslage begründet"* [198]. *LANGENHEDER* faßt innerhalb seiner *"feldtheoretischen"* Migrationstheorie menschliches Handeln als Funktion von dessen Lebensraum.[199] Dieser Lebensraum besteht aus vergangenen, gegenwärtigen und zukünftigen Handlungssituationen. Die Wahrscheinlichkeit für ein bestimmtes Handeln, hier für eine Wanderung, hängt von der *"relativen Potenz"* und der *"Valenz"* der daraufhin eintretenden Situation ab, also dem Maß an Kenntnis über die neue Situation und ihrer Erwünschtheit, sowie der angenommenen Wahrscheinlichkeit des Eintretens alternativer Situationen.[200] Der implizit bei *LANGENHEDER* unterstellte rational kalkulierende "Homo Oeconomicus" ist bei *WOLPERT* schon weiter überwunden. Die Nutzenabwägung zwischen alternativen Ziel-

---

[192] *Franz (1984) S.58*
[193] *vgl. Blaschke (1982) S.253*
[194] *vgl. Albrecht (1972) S.147ff; siehe auch Franz (1982) S.63*
[195] *Heuer (1977) S.124*
[196] *Franz (1984) S.67*
[197] *vgl. Franz (1984) S.67*
[198] *Albrecht (1972) S.143*
[199] *vgl. Marel (1980) S.32*
[200] *vgl. Albrecht (1972) S.146ff*

orten wird nicht permanent vollzogen. Sie beginnt erst, wenn ein alternativer Wohnort so viele Vorteile verspricht, daß eine bestimmte Nutzenschwelle überschritten wird. Diese Schwelle variiert beim einzelnen auch entsprechend seinem Sozialstatus. Der Such- und Entscheidungsprozeß ist nicht erst beendet, wenn der Nutzen optimiert ist, dem Individuum genügen *"befriedigende"* Wohnstandorte.[201] *BESHERS* kommt in Anwendung der *WEBER*schen Typen sozialen Handelns zu einer Konkretisierung dieser determinierenden sozialen Merkmale. Die Wanderungsentscheidung des *"zweckrationalen"* unterscheidet sich von der des *"traditionalen"* und des *"kurzfristig-hedonistischen"* Handlungstyps.[202]

Entscheidungstheoretische Ansätze versuchen nicht nur, Handlungstypen zu charakterisieren, sie entwickeln auch Modelle des Wanderungsprozesses. Im Gegensatz zu den "deterministischen" Regressionsmodellen sind diese "probabilistisch" gefaßt, es werden Handlungswahrscheinlichkeiten unter Unsicherheitsbedingungen ermittelt. In Abbildung 12 ist ein solches Modell dargestellt.

Eine Frustrationsgrenze in bezug auf den alten Wohnort (oder auch Beruf) muß überschritten sein, damit eine Veränderung überhaupt erst erwogen wird. Zunächst wird versucht, die Zufriedenheit durch Einwirken auf die örtlichen *"Stressoren"* wiederherzustellen. Auch können Ansprüche reduziert und die Entscheidung aufgeschoben werden. Entschließt sich das Individuum aber zur Wanderung, so versucht es, einen Großteil der alten Bindungen an Personen, Institutionen und Infrastrukturen aufrechtzuerhalten. Erst wenn sich innerhalb der Region keine brauchbare Berufs- oder Wohnungsalternative ergibt, wird in anderen Regionen gesucht und erfolgt die Bewertung der Räume auch hinsichtlich anderer Faktoren. Diese Bewertung hängt *"u.a. von Persönlichkeitsfaktoren, gesellschaftlichen Normen, der sozialen Position und der Stellung im Lebenszyklus ab"*[203].

---

[201] *vgl. Franz (1984) S.69f*
[202] *vgl. Franz (1984) S.71f; empirische Wanderungsuntersuchungen nehmen allerdings diese Typisierungen kaum auf, sondern beziehen statistisch leichter faßbare Größen wie Alter, Bildung, sozialen Status mit ein.*
[203] *Bähr (1983) S.306*

**Abb. 12: Allgemeines Entscheidungsmodell von Wanderungen**

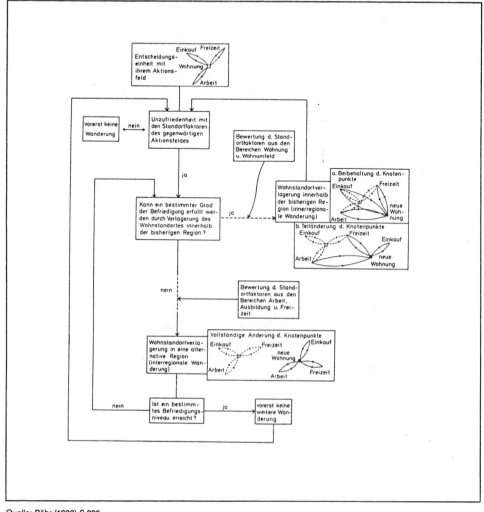

Quelle: Bähr (1983) S.305

Vom Ansatz her scheinen entscheidungstheoretische Überlegungen die tatsächlichen Determinanten der Wanderungsentscheidung eher aufdecken zu können als Modelle der Makroebene. Ihr Nachteil besteht jedoch in der fehlenden Verwendungsmöglichkeit für ein praktisches Ziel der Wanderungsforschung, die Erstellung von Prognosen.[204] Auch bedeutet die Abkehr von der Makroebene die Ausblendung der Tatsache, daß es auch objektive, strukturelle Faktoren sind, die das Handeln des einzelnen determinieren. Makroanalytische und handlungstheoretische Ansätze können jedoch vermittelt werden,

---

[204] *vgl. Heuer (1977) S.122f*

wenn die individuellen Entscheidungen nach Merkmalen der Makrostruktur klassifiziert werden oder umgekehrt Disaggregationen der Globaldaten aufgrund von durch Motivbefragungen ermittelten Handlungstypen vorgenommen werden, wie es ansatzweise bei *GATZWEILER* geschieht.

Differenziert werden kann die Darstellung der empirischen Ergebnisse zu den Bestimmungsfaktoren der Wanderungen von Personen zunächst dahingehend, welche Faktoren auf der Seite des Individuums und welche auf der Seite des Raumes die Migration bestimmen. Hinsichtlich der individuellen Merkmale, die die Wahrscheinlichkeit zur Wanderung, den Mobilitätsgrad bestimmen, kommen die betrachteten Untersuchungen zu einheitlichen Befunden: Wanderer sind eher männlichen Geschlechts, ledig, jünger, besser ausgebildet und einkommenstärker als Nichtwanderer.[205] Unter erwachsenen Einwohnern verhält sich die relative Wanderungshäufigkeit umgekehr proportional zum Alter.[206] Die Mobilitätsbereitschaft ist zwischen 20 und 30 Jahren[207] bzw. zwischen 25 und 45 Jahren[208] am höchsten; die Wanderungserträge sind für junge Personen offenbar besonders hoch.[209] Die Wanderungsdistanz allerdings scheint insgesamt altersunabhängig zu sein,[210] auch Alterswanderer legen weite Entfernungen zurück.

Noch wichtiger in diesem Zusammenhang ist, daß die Mobilitätsbereitschaft und Wanderungsentfernung auch von der beruflichen Stellung und Qualifikation abhängen. Sowohl von ihrer Bereitschaft,[211] als auch vom tatsächlichen Verhalten[212] her sind qualifizierte Angestellte am mobilsten. Nach einer Untersuchung von *KARR* wechselten 36,9% der Hochschul- und Fachhochschulabsolventen, aber nur 13,4% der Facharbeiter und 10% der Ungelernten mit ihrem Arbeitsplatz auch die Region.[213] Der lineare Zusammenhang zwischen Qualifikationsniveau und Mobilität ist allerdings nicht unumstritten: nach *ZIM-MERMANN* u.a.[214] sowie *MIETH/GENOSKO*[215] sind Beschäftigte ohne Berufsabschluß mobiler als Facharbeiter. Konsens besteht jedoch darüber, daß vor allem hohe Beamte und Angestellte mit dem Arbeitsplatzwechsel auch häufiger einen Wohnortwechsel vornehmen und dabei größere Entfernungen zurücklegen.[216] Damit scheint die der räumlichen

---

[205] vgl. *Marel (1980) S.110; Karr u.a. (1987) S.198; Mackensen/Vanberg/Krämer (1975) S.52*

[206] vgl. *Heuer (1977) S.126*

[207] vgl. *Zimmermann u.a. (1973) S.156*

[208] vgl. *Karr u.a. (1987) S.205*

[209] vgl. *Mieth/Genosko (1982) S.27*

[210] vgl. *Reding (1973) S.37*

[211] vgl. *Eckey/Harney (1982) S.91*

[212] vgl. *Zimmermann u.a. (1973) S.165*

[213] vgl. *Karr u.a. (1987) S.205*

[214] vgl. *Zimmermann u.a. (1973) S.163*

[215] vgl. *Mieth/Genosko (1982) S.28*

[216] vgl. *Mieth/Genosko (1982) S.28*

Mobilität zugesprochene Funktion des Ausgleichs zwischen Bevölkerungsverteilung und Erwerbschancen am ehesten bei Hochqualifizierten erfüllt.[217] Auf der anderen Seite sind Arbeitslose zunächst immobiler, als es Ausgleichspostulate fordern. Erst mit zunehmender Dauer der Arbeitslosigkeit nähert sich die Mobilitätsrate dieser Gruppe der von freiwillig mobilen Gruppen an.[218]

Zu erklären ist die größere Mobilität von Hochqualifizierten durch mehrere Faktoren. Im Gegensatz zu gering qualifizierten, die eher den Beruf als den Ort wechseln,[219] ist hier die Wanderung meist mit einem beruflichen Aufstieg verbunden. Der höhere Bildungsgrad erleichtert die Aufnahme und Bewertung von Informationen auch über weiter entfernt liegende Städte und die Orientierung in neuer Umgebung. Dies führt zu einer gesteigerten Risikobereitschaft. Umgekehrt steigt aus betrieblicher Sicht der Suchradius nach einer Arbeitskraft mit deren Knappheit. Auch weiter entfernt liegende Beschäftigte werden angeworben.

Weitaus weniger Übereinstimmung weisen die Untersuchungsergebnisse hinsichtlich der räumlichen Faktoren auf, die zu Wanderungen führen; sind "ökonomische" oder "nichtökonomische" entscheidend? Zu den regressionsanalytischen Arbeiten, die nur "ökonomische" Variablen in den Erklärungsansatz miteinbeziehen, gehören jene von *HIPPMAN* und von *ECKEY/HARNEY. HIPPMANN* geht es um die Frage nach dem Einfluß des Arbeitsplatzangebots, genauer der Zahl der offenen Stellen in einer Region auf deren Wanderungsgewinne. Seine Arbeit fällt positiv durch ihre ausgiebige theoretische Fundierung auf, ihre Ergebnisse sind jedoch nicht eindeutig. Zwar *"läßt sich ein grundsätzlicher Zusammenhang zwischen der Arbeitskräftenachfrage in einer Region und der Binnenfernwanderung nicht mehr ausschließen"*[220], Stärke und Signifikanz dieses Zusammenhanges variieren jedoch nach den betrachteten Räumen und Zeitabschnitten. *ECKEY/HARNEY* überprüfen, *"inwieweit regionale Wanderungssalden in der Bundesrepublik Deutschland als Indikator schulabschlußspezifischer Einkommensansprüche gewertet werden können"*[221]. Unterstellt wird, daß Reaktionen auf Einkommensgefälle nicht homogen ausfallen, sondern durch qualifikationsbedingte Erwartungen vermittelt sind. Die traditionelle Hypothese des Einflusses des Einkommens auf die Wanderung wird damit leicht modifiziert. Die Hypothese, so das Ergebnis, muß abgelehnt werden. Im Vergleich zum

---

[217] *vgl. Blaschke (1982) S.253*
[218] *vgl. Karr u.a. (1987) S.206*
[219] *vgl. Mieth/Genosko (1982) S.27*
[220] *Hippmann (1982) S.187*
[221] *Eckey/Harney (1982) S.90*

Bildungsniveau geringe bzw. hohe Regionaleinkommen führen nicht zu Wanderungsver-lusten bzw. -gewinnen.[222]

Kaum verwunderlich ist es, daß regressionsanalytische Untersuchungen mit einer höhe-ren Anzahl von "erklärenden" Variablen häufig zu uneindeutigen und unbefriedigenden Ergebnissen kommen. Die Arbeit von *SCHRÖDER* wurde in Kapitel 2.1 schon eingehen-der beschrieben, auch *HEUER* bezeichnet ihre Ergebnisse als *"enttäuschend"* [223]. *SCHWEITZER/MÜLLER* versuchen in Anwendung eines Gravitationsmodelles von *ZIPF/STEWART* die *"Erklärung"* der Wanderungsströme zwischen den Bundesländern von 1970-1974. Die Einbeziehung von, neben den Grundvariablen Entfernung und Größe, weiteren 65 (!) Prädiktoren - darunter jeweils mehrere Variablen für Gesundheitsversor-gung, Bildung, politische Verhältnisse, Wohnungsmarkt und Kulturangebot - führt zu ei-ner fast 90%igen Varianzaufklärung.[224] Die meisten Variablen, darunter auch die Er-werbslosenquote und das effektive Stellenangebot, können im zweiten Auswertungs-schritt als redundant aus dem Modell entfernt werden. Von den nicht "ökonomischen" Faktoren verbleibt nur das Kulturangebot im Schätzansatz.[225] Ganz abgesehen davon, daß nach eigener Aussage bei der Variablenauswahl *"recht willkürlich"* [226] vorgegangen werden mußte, sind auch die Ergebnisse sachlogisch unplausibel.[227] Das Vorzeichen des Indikators Kulturangebot z.B. ist sowohl für das Quell- als auch für das Zielgebiet positiv, ein gutes Kulturangebot wäre demnach sowohl ein Zu- als auch ein Abwanderungsgrund.

*EICK* versucht, die Binnenwanderungssalden von 21 bundesdeutschen Großstädten durch über 50 "ökonomische" und "nichtökonomische" Variablen zu "erklären". Die Variablen Einkommen, Beschäftigungsdichte, Realsteuerkraft, Produktionswert und Arbeitslosen-quote erweisen sich statistisch als irrelevant. Dagegen sind die Determinationskoeffizien-ten der Attraktivitätskomponenten Natur, Gesundheit, Bildung, Kultur, Wohnung und Freizeit deutlich höher.[228] *EICK* folgert, daß zumindest im Betrachtungszeitraum 1969-1973 *"Binnenfernwanderungen in starkem Maße mit nichtökonomischen Faktoren der vor-handenen Wohlfahrt und in nur geringem Maße mit ökonomischen Faktoren verbunden sind"* [229]. *HIPPMANN* schreibt dieses eindeutige Ergebnis allerdings dem Indikatorensatz von *EICK* zu und kritisiert die fehlende Betrachtung der Prädiktoren in einem theoreti-schen Zusammenhang; Wohnungs- und Infrastrukturausstattungen zum Beispiel könnten

---

[222] vgl. Eckey/Harney (1982) S.90
[223] vgl. Heuer (1977) S.138
[224] vgl. Schweitzer/Müller (1979) S.440
[225] vgl. Schweitzer/Müller (1979) S.449
[226] vgl. Schweitzer/Müller (1979) S.446
[227] vgl. Bähr (1983) S.302
[228] vgl. Eick (1976) S.42
[229] Eick (1976) S.48

auch Folge und nicht Ursache von Wanderungen sein.[230] Zudem "erklärt" *EICK* Wanderungssalden und nicht Wanderungsbewegungen. Ein Saldo ist aber das Resultat zweier Ströme; "erklärt" ein Indikator den Saldo, so erklärt er im Grunde Zu- und Abwanderungen derselben Region.

Dieses methodische Problem umgeht die Arbeit von *BERGMANN* u.a. Sie untersuchen Wanderungsströme zwischen zehn clusteranalytisch aus den bundesdeutschen Kreisen gebildeten Strukturtypen und damit auch intraregionale Wanderungen, sowie die Wanderungsverflechtungen von 13 bundesdeutschen Großstädten. Abgesehen von den Stadtrandwanderungen, so ein wichtiges Ergebnis, gibt es keine Wanderungsströme, denen nicht ein ähnlich starker Strom gegenüber stünde. *"Wesentliche, d.h. typische und starke"* Wanderungen über große Entfernungen lassen sich insgesamt nicht finden.[231] Die gewonnenen Bestimmtheitsmaße zur Erklärung der Wanderungsströme sind *"nicht befriedigend"*[232]. Fast konträr zu *EICK* stellen *BERGMANN* u.a. fest: *"Die Gegenläufigkeit der Wanderungsströme und ihre vorwiegend kurze Distanz verbieten eine Interpretation, die den Landschaftsvorteilen und Ausstattungsmerkmalen der Teilgebiete ein wesentliches Gewicht zumessen möchte"*[233]. Noch weniger Erklärungsanteile kommen jedoch "ökonomischen" Faktoren zu. Allerdings könnten die Ergebnisse für Teilgruppen eindeutiger sein.

Eine solche teilgruppenspezifische Betrachtungsweise nimmt *GATZWEILER* vor. Damit reagiert er auf eine Hauptkritik an den systemtheoretisch-regressionsanalytischen Arbeiten. Zumindest in Ansätzen wird hier versucht, auch nach möglichen unterschiedlichen Verhaltensweisen und Affinitäten einzelner Individuen bzw. Gruppen zu differenzieren. Als wichtigste die Motive der Gewanderten differenzierende Variable nimmt *GATZWEILER* das Alter an. Allerdings messen die wenigen einbezogegen Prädiktoren nur Wohnungsausstattungen und Dichtegrößen. Das Ergebnis ist, daß der Anteil an billigen Ein- bis Zweifamilienhäusern die Wanderungssalden der über 30jährigen Migranten besser erklärt als die Salden der jüngeren und daß umgekehrt die Dichtefaktoren positiv mit den Wanderungssalden der jüngeren Personen korrelieren.[234]

Regressionsanalytische Untersuchungen, die die Bestimmungsfaktoren von Wanderungen für einzelne Qualifikationsgruppen ermitteln, waren im Rahmen der vorgenommenen Recherchen nicht aufzufinden. Sie sind wohl auch derzeit angesichts der Datenbasis der amtlichen Statistik nicht durchführbar. Für die Beantwortung der eingangs genannten Fragestellung ist dies allerdings kein dramatischer Umstand, zu groß sind die prinzipiel-

---

[230] *vgl. Hippmann (1982) S.28ff*
[231] *vgl. Bergmann u.a. (1979) S.123*
[232] *Bergmann u.a. (1979) S.143*
[233] *Bergmann u.a. (1979) S.38*
[234] *vgl. Gatzweiler (1982) S.28*

len methodischen Schwächen dieser Art von Untersuchungen. Selbst wenn die räumlichen Einheiten plausibel abgegrenzt wären, wenn Wanderungsströme und nicht nur Salden analysiert würden, ja selbst wenn die zu erklärenden Größen nach sozialstrukturellen oder Handlungstypen spezifizierenden Merkmalen disaggregiert würden - das Kausalitätsproblem bliebe bestehen. Jede noch so aufwendige Regressionsrechnung ermittelt nur die Parallelität struktureller Größenunterschiede. Welche Größe wie auf welche einwirkt, ist keine Frage des Modellansatzes, sondern der theoretischen Vermittlung, zumindest der Plausibilisierung. Einige der aufgeführten Ansätze widmen sich eher der aufwendigen Suche nach einer Fülle von - bisweilen letztlich doch willkürlich gewählten - Indikatoren, der Konstruktion einer Regressionsgleichung mit optimaler Varianzaufklärung, anstelle beispielsweise die Art der Wirkung der Faktoren zu beleuchten.

Die Ergebnisse der auf entscheidungstheoretischen Überlegungen beruhenden Motivuntersuchungen erscheinen im hier gesetzten Rahmen als wesentlich stichhaltiger. Eine ältere Befragung von PROGNOS ermittelte in etwa eine Drittelparität beruflicher, wohnungsbezogener und persönlicher Wanderungsmotive.[235] Für die Zuzüge in 16 Ruhrgebietsstädte stellte eine ander Befragung ähnliche Strukturen fest, bei den Wegzügen dominierten die wohnungsbezogenen Gründe.[236] Unterscheidet man inter- und intraregionale Wanderungen, so ergibt sich ein recht eindeutiges Muster: Nach INFAS erfolgten 85% der wohnungs-, freizeit- und erholungsorientierten Wanderungen im 25-km-Radius, während sich die berufsorientierten Wanderungen etwa gleichmäßig über alle Entfernungsklassen verteilten.[237] Zu fast gleichlautenden Ergebnissen kommen BERGMANN u.a. in einer Analyse der Wanderungen von Köln und Trier. Allerdings weisen infrastruktur- und umweltorientierte Wanderungen hohe Besetzungszahlen nicht nur bei den kleinsten, sondern auch bei den größten Entfernungsradien auf, was wesentlich durch die Alterswanderungen zu erklären sein dürfte.[238] Auch HEUER vermutet, daß Fernwanderungen eher ökonomisch orientiert sind als Nahwanderungen.[239] BLASCHKE kann diese Vermutung auf der Datenbasis von 73.233 untersuchten Berufsverläufen noch überzeugender erhärten.[240] KARR u.a. schließlich resümieren, daß "im Bündel der Motive für regionale Wanderungen von Erwerbspersonen Berufsgründe nach wie vor an erster Stelle stehen"[241].

---

[235] vgl. Heuer (1977) S.130ff
[236] vgl. Heuer (1977) S.133f; Zimmermann u.a. (1973) S.199
[237] vgl. Bergmann u.a. (1979) S.135
[238] vgl. Bergmann u.a. (1979) S.136
[239] vgl. Heuer (1977) S.136
[240] vgl. Blaschke (1982) S.243
[241] vgl. Karr u.a. (1987) S.198

Im Gegensatz zu regressionsanalytischen Untersuchungen ermöglichen Motivbefragungen auch die in diesem Zusammenhang wertvolle Differenzierung der Wanderungsmotive nach Qualifikationsgruppen. *ZIMMERMANN* u.a. stellen ein deutliches Übergewicht der beruflichen Motive besonders bei leitenden und qualifizierten Angestellten für die Wanderungsentscheidung fest.[242] Auch *BLASCHKE* kommt auf seiner beeindruckenden Datenbasis zu diesem Ergebnis.[243] *MACKENSEN/VANBERG/KRÄMER* bemerken, daß jene Personen am ehesten aus ökonomischen Gründen wandern, *"deren Sozialstatus ihnen eine Strategie der 'Nutzenmaximierung' am ehesten ermöglicht, also unabhängige und hochqualifizierte Personen"*[244].

Im Lichte der Vielzahl gleichlautender Untersuchungsergebnisse erscheint auch die von *MAREL* vorgenommene Typologie der Binnenwanderer plausibel. Der erste Typ, der *"Nahzuwanderer"*, stellt den klassischen gering qualifizierten und berufsuchenden "Landflüchtling" dar. Der *"Nahabwanderer"* als am häufigsten auftretender Typ ist qualifiziert, aber nicht hochqualifiziert und wandert aus Wohn- und Wohnumfeldgründen an den Rand der Region. *"Fernab- und Fernzuwanderer"* sind besonders hoch qualifiziert und migrieren manchmal aus privaten, meist aber aus beruflichen Gründen.[245]

Als Hauptergebnis der detaillierteren Betrachtung empirischer Migrationsstudien läßt sich damit festhalten: Der hochqualifizierte Beschäftigte, der aus Wohnungs-, Freizeit-, Umweltgründen von einer Region in die andere wandert, ist eine eher atypische Erscheinung. Eher typisch dürfte folgende "Wanderungsgeschichte des neuen Professionellen" sein: Die erste Entscheidung über einen Wechsel der Wohnregion stellt sich dem angehenden "neuen Professionellen" mit der Wahl des Studienplatzortes. Das Studienplatzangebot in den Regionen stellt dabei einen ersten, die Durchsetzung seiner Präferenzen einschränkenden Faktor dar. Sind die Hochschulkapazitäten der aufgrund ihrer vermeintlichen Lebensqualität, ihres Image bevorzugten Region nicht ausreichend, so muß in eine andere gewandert werden. Am Studienort werden dann häufig bereits Kontakte zu örtlichen Betrieben geknüpft. Angesichts der sich verschärfenden Situation auf dem Arbeitsmarkt wird der zukünftige "neue Professionelle" entsprechende Stellenangebote wohl selten ausschlagen. Angenommen, er bindet sich nicht schon während des Studiums an einen Betrieb, so wird seine spätere Wahlfreiheit wesentlich von der Qualität seines Abschlusses abhängen. Ist der Abschluß nur mittelmäßig, so wird der "neue Professionelle" froh sein, überhaupt irgendwo einen Job zu bekommen, die Attraktivität der Wohnregion dürfte - zumindest innerhalb eines gewissen Rahmens - hier kaum entschei-

---

[242] vgl. Zimmermann (1973) S.200
[243] vgl. Blaschke (1982) S.242
[244] Mackensen/Vanberg/Krämer (1975) S.60
[245] vgl. Marel (1980) S.112ff

dend sein. Absolventen mit besseren Noten verfügen dagegen über eine etwas größere Wahlfreiheit. Während ihres Studiums werden aber auch sie am Studienort bereits eine Reihe von persönlichen Kontakten geknüpft haben und die zumindest an großen Studienorten gegebene Freizeit- und Kulturinfrastruktur schätzen gelernt haben. Sie werden, wenn sich regional ein attraktiver Arbeitsplatz findet, eventuelle Wohnungs- und Wohnumfelddefizite in der Region durch innerregionale Wanderungen auszugleichen versuchen. Zudem ermöglicht ihnen, wie herausgearbeitet wurde, ihr Einkommen und ihre Arbeitszeitstruktur eine großräumige Freizeitorientierung. Ist dennoch die Unzufriedenheit mit dem Wohnort so groß, daß eine attraktivere Region aufgesucht wird, so muß diese auch besonders attraktive Arbeitsplätze für diese Höchstqualifizierten anbieten. Kurzum, nur in wenigen Fällen wird ein hoher Wohn-/Freizeitwert einer Region, ein gutes Kulturangebot den wirklich entscheidenden Ausschlag für den Zuzug eines "neuen Professionellen" darstellen. Bei zwei gleich hochwertigen Arbeitsplätzen dürfte allerdings die Attraktivität der Region das "Zünglein an der Waage" bilden. Eine hohe Qualität der "weichen" Standortfaktoren dürfte aber fehlende Arbeitsplatzqualitäten nur selten kompensieren.

Der eher typische Fall, in dem "weiche" Standortfaktoren eine Rolle spielen könnten, ist der auch immer wieder von Unternehmen beklagte, in dem sich ein Ingenieur oder eine Führungskraft einer Versetzung in eine vermeintlich unattraktivere Region widersetzt. "Weiche" Standortfaktoren wirken hier also nicht als "push-" oder "pull-", sondern als "stay-factors". Systematische Analysen dieser meist anekdotenhaft beschriebenen Konstellation liegen nicht vor. Es kann somit auch nicht näher präzisiert werden, inwieweit in diesen Fällen die "planbaren" "weichen" Standortfaktoren eine Rolle spielten oder, was zu vermuten ist, eher rein "Persönliche Präferenzen", die Bindungen an Personen oder Dinge eine Rolle spielen. Faktoren also, die sich einem im herkömmlichen Sinne verstandenen planerischen Zugriff letztlich immer entziehen werden und damit wohl auch kein regelrechtes kommunales Handlungsfeld darstellen können.

# 2.3 Der "weichste" Standortfaktor: Das Image

Bei der vorangegangenen Betrachtung des Einflusses "weicher" Faktoren auf die Standortentscheidung von Betrieben und die Wohnortentscheidung von Personen standen die
"beschäftigtenbezogenen 'weichen' Standortfaktoren" wie "Wohn- und Freizeitwert", "Kulturangebot" und "Bildungseinrichtungen" im Vordergrund. Der vergleichsweise hohe
Objektivitätsgrad einer Bewertung dieser "weichen" Standortfaktoren erklärt, daß ihr
Einfluß bisweilen mithilfe von Regressionsansätzen untersucht und sie dazu zu "harten"
Indikatoren operationalisiert wurden. Ließ sich die letztliche Unbrauchbarkeit dieser Art
von Untersuchungsmethoden zur Beantwortung der Hauptfragen dieser Arbeit herausar-
beiten, so scheint aber der Einfluß der Wohn-, Bildungs- und Freizeitfaktoren mit dem
Instrument der Befragung zumindest in Ansätzen ermittelbar zu sein.

Wenn hier dem Faktor Image ein eigenes Unterkapitel gilt, so liegt dies nicht nur daran,
daß in der Fallstudienstadt Nürnberg das Image nach Einschätzung von dort politisch
Verantwortlichen den problematischsten "weichen" Standortfaktor darstellt und daher
auf ihm ein Schwerpunkt der entsprechenden kommunalen Aktivitäten liegt. Vielmehr
scheint allgemein gerade dieser Faktor eine Wirkung auf raumrelevantes Verhalten von
Entscheidungsträgern und anderen Beschäftigten zu besitzen, die sich den in den vorangegangenen Kapiteln dargestellten Untersuchungsmethoden von vornherein entzieht. Ein
Image wirkt, mehr noch als die anderen "weichen" Standortfaktoren, eher auf das Unterbewußtsein des Handlungsträgers als auf sein rationalisierendes Kalkül ein. Durch Befragungen ist der wahre Einfluß eines Image daher nur bedingt zu ermitteln. Die folgende
Klärung der Wirkung des Image bewegt sich von daher von vornherein eher auf einer
spekulativen Ebene als auf einem soliden empirischen Fundament.

### Zur Funktion und Wirkung von Images

Wie und wozu entstehen Images und wodurch sind sie gekennzeichnet? *"Das Image ist im
hohen Grade eine Funktion der Zeit."*[246] Grundsätzlich sind Images also dynamisch, sie
tragen immer das Potential ihrer Veränderung in sich.[247] Faktisch weisen sie jedoch häufig eine starke Beharrungstendenz auf; hat sich ein Image erst einmal verfestigt, so besitzt
es einen hohen Grad an Stabilität, läßt sich sogar als "stereotypes System" bezeichnen.[248]

---

[246] *Zimmermann (1975) S.82*
[247] *vgl. Zimmermann (1975) S.45*
[248] *vgl. Zimmermann (1975) S.56*

Die dem Image innewohnende *"normative Struktur"* wirkt dann gegenüber den Individuen als ein Filter, der inadäquate Informationen nicht mehr passieren läßt; die Images werden gegenüber den Veränderungen ihres Gegenstandes resistent.[249] Sie können sogar eine im direkten Kontakt zu einer Stadt empfundene Wahrnehmung derart präformieren, daß sie selbst wiederum durch dieses *"Primärerlebnis"* bestätigt werden. Das Image reproduziert sich dann, trotz möglicher anderslautender Erfahrungen, immer wieder selbst.[250] Je bildhafter, je plastischer ein Image ist, desto prägnanter und dauerhafter wird es in der Regel sein.

Sieht man einmal von den "Informationsmittlern", den Massenmedien ab, so sind drei Faktoren an der Entstehung und Reproduktion eines Image beteiligt: Das Bewertungsobjekt (die Stadt), der Bewertende (die Arbeitskraft oder der betriebliche Entscheidungsträger) und das soziale Umfeld des Bewertenden. Nach *JOHANNSEN* ist ein Image das Resultat der permanenten Auseinandersetzung des Individuums mit der Gesellschaft einerseits und mit dem *"Meinungsgegenstand"*, dem Imageobjekt andererseits.[251] Das Individuum nimmt dabei die Reize, die vom Objekt ausgehen, gefiltert durch seine eigenen Motivationen auf und verdichtet sie zu einer bildhaften Vorstellung von dem Gegenstand. Diese informationsfilternden Motivationen sind in zwei Komponenten zerlegbar. Durch die *"psychische Komponente"* wird das Image zum Träger individueller Projektionen, von Angst und Lustgefühlen. Die *"soziokulturelle Komponente"*, die vorhandenen gruppenspezifischen Normen führen zu Generalisierungen von Teilinformationen über das Objekt.[252]

Images besitzen damit mehrere Funktionen: Zunächst erleichtern sie für den Einzelnen die Beurteilung komplexer Sachverhalte und tragen damit zu deren Bewältigung bei. Sie bauen subjektives Nichtwissen ab, indem sie zur Strukturierung der Außenwelt beitragen und ersetzen dabei mangelnde Informationen und fehlende Eigenerfahrungen mit dem Bewertungsobjekt.[253] Images haben eine Selektionsfunktion; sie helfen, aus der Fülle von Informationen diejenigen auszuwählen, die in das individuelle und gruppenspezifische Wertesystem einzuordnen sind und stellen so eine Voraussetzung *"sinn- und sachgerechten"* Handelns dar.[254] Neben dieser Orientierungsfunktion erfüllen sie auch eine Moderatorfunktion zwischen dem Handlungssubjekt und dem bewerteten Handlungsobjekt.[255] Images steuern jedoch nicht nur das Verhalten von Subjekten gegenüber Gegenständen,

---

[249] vgl. SVR (1973) S.28
[250] vgl. SVR (1973) S.29
[251] vgl. Johannsen (1971) S.36
[252] vgl. Ruhl (1971) S.26
[253] vgl. Monheim (1972) S.5
[254] vgl. Zimmermann (1975) S.53; Ruhl (1971) S.26
[255] vgl. Zimmermann (1975) S.55

sie fördern auch die Konstituierung sozialer Gruppen. Individuen definieren über Images ihre Zugehörigkeit oder Abgrenzung zu oder gegenüber sozialen Gruppen.[256] Wenn sich Gruppen über Images definieren, hängt auch deren Stabilität von der Dauerhaftigkeit des Image ab. Gruppen tendieren daher dazu, diese Bilder aufrechtzuerhalten.[257]

Weiter noch holt *IPSEN* bei der Funktionsbestimmung des *"Raumbildes"* (er wählt diesen Begriff wohl hauptsächlich wegen der Abnutzung des Imagebegriffes; Images sind vielfach "gemachte" und gekünstelte Bilder) aus: er skizziert die Funktion des Raumbildes im ökonomischen und sozialen Wandlungsprozeß. Auch das "Raumbild" entsteht inter- und handlungsaktiv. Der Raum schafft sich durch seine Entwicklung oder Nichtentwicklung ein kulturelles Bild, zugleich wird (durch die "Neuen Professionellen") ein (derzeit der "postfordistische") Entwicklungstypus auf den Raum projiziert.[258] Das "Raumbild" kann verschiedene Grade an Kongruenz einerseits zum Raum und andererseits zum Entwicklungsmodell aufweisen. Die Valenz des Raumbildes, seine Bedeutung als eigenständiger Wirkungsfaktor, ist am höchsten bei mittlerer Kongruenz zu Raumbeschaffenheit und Entwicklungsmodell. Bei geringer Kongruenz ist die Realitätsverankerung des "Raumbildes" zu gering, um es zu etablieren. Ist die Übereinstimmung mit der Raumbeschaffenheit oder dem Entwicklungsmodell aber vollständig, so wird ein eigenständig wirkendes "Raumbild" überflüssig.[259] Das "Raumbild" vermittelt damit die gesellschaftlich ökonomische Entwicklung mit den Orten ihrer größten Dynamik.

Ein wesentliches Merkmal eines Image ist seine Ganzheitlichkeit. Im Unterbewußtsein des Subjektes werden die Teilqualitäten des Objektes zusammengefügt. Die Synthese erfolgt nicht gemäß der "wahren" Bedeutung der Elemente, die Komplexqualität wird vielmehr vom Detail her beeinflußt. Diese einheitsstiftende Prägung der Gestaltgesamtheit durch einzelne Züge ist in der Imageforschung mit dem Begriff *"Irradiation"* belegt.[260]

Gleich ob sie ihren Gegenstand "objektiv" richtig widerspiegeln, Images sind also individuell und sozial notwendige Informationsverdichtungen.

---
[256] vgl. Monheim (1972) S.25f
[257] vgl. SVR (1973) S.28
[258] vgl. Ipsen (1986b) S.922
[259] vgl. Ipsen (1986b) S.927
[260] vgl. Zimmermann (1975) S.62

## Zwei empirische Untersuchungen zur Ermittlung des Einflusses des Image auf Wanderungsentscheidungen

Ob die Effizienz einer Imageplanung bewiesen werden kann, hängt auch davon ab, ob generell die Wirkung eines Image auf räumliches Verhalten nachzuweisen ist. Der empirische Nachweis der Auswirkungen von Images steht auch in anderen Berichen (z.B. dem Konsumgüterbereich) häufig aus,[261] eher beruht ein Großteil der vorab vorgenommenen Bestimmungen des Imagebegriffes auf theoretischen Plausibilitäten. Erst recht gilt dies für den Einfluß des Image eines Raumes auf eine Migrationsentscheidung. Da das Image seine eigentliche Wirkung im Unterbewußtsein entfaltet, ist es empirischen, auf Repräsentativität angelegten einfachen Befragungen letztlich nicht zugänglich. Scheinrationalisierungen und die fehlende Bereitschaft zur Offenlegung von Gefühlswelten werden auch tiefergehende Motivationsstudien erschweren.[262] Das Image als eigenständiger Wirkungsfaktor ist denn auch bei den vorgehend beschriebenen Wanderungsuntersuchungen von Personen überhaupt nicht abgefragt. Es taucht auch nur bei wenigen Betriebsstandortwahluntersuchungen auf, seine wahre Bedeutung dürfte aber auch bei diesen nicht richtig eingeschätzt sein.

Auch *MONHEIM* untersucht genaugenommen nicht den Einfluß des Image auf Standortentscheidungen, immerhin aber den der ähnlich diffusen "Attraktivität". Er ist sich der Begrenztheit des empirischen Instrumentariums bewußt: es *"sind die Schwierigkeiten differenzierter Verhaltenswahrscheinlichkeitsbestimmung nach dem Attitüdenkonzept hauptsächlich darin zu sehen, daß geeignete Attitüdenmeßverfahren bisher kaum entwickelt werden konnten".[263]* Darüber hinaus *"fehlen bisher theoretische Konzepte zur Fixierung der Zusammenhänge zwischen subjektiver Vorstellungswelt, Antizipation und realem Verhalten."[264]* Daraus ergibt sich das *"bescheidene Erkenntnisziel"*, Bedingungen zu fixieren, unter denen die Wahrscheinlichkeit eines bestimmten Verhaltens zu oder abnimmt:[265]

[261] vgl. Lütke-Bornefeld/Wittenberg (1978) S.8

[262] vgl. Monheim (1972) S.19

[263] Monheim (1972). S.35

[264] Monheim (1972). S.21

[265] vgl. Monheim (1972). S.21

*"2. Die Wahrscheinlichkeit, daß ein Ort Zielort der Mobilität wird, nimmt in dem Maße zu , in dem*

*a) gegenüber diesem Ort eine positiv akzentuierte Stellungnahme besteht,*

*b) eine ähnlich positive Stellungnahme gegenüber anderen Orten nicht besteht,*

*c) gegenüber anderen Orten negative Stellungnahmen bestehen."*[266]

Diese - insofern sie letztlich nichts anderes besagen, als daß die Anziehungskraft eines Ortes ceteris paribus mit seinen komparativen Attraktivitätsvorsprüngen steigt - fast schon tautologischen Prämissen sind ebenso sehr plausibel, wie wenig sie hilfreich sind, auch nicht für *MONHEIM:* Er ermittelt in seiner empirischen Untersuchung, daß die Entscheidungsträger über Bürostandorte ausgeprägte Ortspräferenzen aufweisen. Auch weist er anhand einer Auswertung von Fernsprechbüchern nach, daß es die präferierten Orte sind, die real auch die größten Zuwächse an Büros aufweisen. Da aber nicht faktisch gewanderte oder neugegründete Betriebe befragt wurden, sondern die Präferenzen unabhängig von realen raumrelevanten Entscheidungen festgestellt wurden, bleibt, wie so oft auch hier, das Kausalitätsproblem bestehen. Die Ergebnisse, so *MONHEIM* selbst, *"können nur tendenziell im Hinblick auf die Wahrscheinlichkeit präferenzkonformen Wanderungsverhaltens interpretiert werden".*[267]

*RUHL* versucht, die Wirkung des *"Image Münchens als Faktor für den Zuzug"*[268] zu ermitteln. Seine Untersuchung ist die einzige im Rahmen dieser Arbeit behandelte, die tatsächlich die Wanderungsmotive von "neuen professionellen" Zuzüglern untersuchte.[269] Die Fallzahl von 90 Personen und die Eingrenzung auf die Stadt mit dem damals besten Image in der BRD geben ihr zwar nur eine geringe Aussagereichweite; dennoch sind in Tabelle 19 einige Ergebnisse dargestellt:

---

[266] *Monheim (1972) S.33*
[267] *Monheim (1972). S.36*
[268] *Ruhl (1971)*
[269] *vgl. auch die Ausführungen von Ganser (1970)*

**Tab. 19: Motive von hochqualifizierten Zuwanderern nach München**

| BEURTEILUNG DES HERKUNFTSORTES | ZUGEZO-GENE N = 90 | ANGABEN ZUR ZIELWAHL | ZUGEZO-GENE N = 90 |
|---|---|---|---|
| unzufrieden mit | % | | % |
| 1.Arbeitsmöglichkeiten | 29 | 1.Gute Berufs-und Arbeitsmögl. | 29 |
| 2.Freizeitmöglichkeiten | 6 | 2.Gute Freizeitmöglichkeiten | 18 |
| 3.Sozialklima | 26 | 3.Tolerantes Sozialklima | 14 |
| 4.Geographische Lage | 9 | 4.Geographische Lage | 8 |
| 5.Herkunftsort allgemein | 6 | 5.Gute Bildungsmöglichkeiten | 8 |
| 6.Familiäre Gründe | 9 | 6.Familiäre Gründe | 8 |
| 7.Sonstiges | 6 | 7.Sonstiges | 15 |

Quelle: Ruhl (1971) S.88

Die Tabelle zeigt zunächst, daß vor allem das "Sozialklima" für Hochqualifizierte einen starken "push-factor" darstellt. Die Freizeitfaktoren spielen dagegen eine eher untergeordnete Rolle; Berufsgründe sind, wie aufgrund der im vorangegangenen Kapitel dargestellten Untersuchungen zu erwarten, zentral. Methodisch interessant ist vor allem der Umstand, daß im Grunde auch hier - trotz des so lautenden Titels der Arbeit - nicht der Einfluß des Image abgefragt wurde, sondern die Bedeutung einiger Imagekomponenten. Diese Zerlegung des Image in verschiedene Komponenten erfolgte zwar auf der Grundlage einer detaillierten Inhaltsanalyse und ist in sofern objektiv gerechtfertigt. Jedoch wird dadurch gerade nicht deutlich, ob für einen Befragten z.B. der aufgrund von Erfahrungen eingeschätzte Freizeitwert der Stadt oder eben das Image Münchens, einen hohen Freizeitwert zu haben, seinerzeit die Entscheidung bestimmte.

Es ist nicht absehbar, mit welchen theoretischen Modellen und empirischen Instrumentarien die Wirkung gerade des Image einer Stadt auf die tatsächliche Wohn- oder Betriebsstandortwahl besser erfaßt werden sollte. Eine Imageplanung wird sich letztlich immer nur durch die triviale These begründen können, daß mit der Beliebtheit einer Stadt, mit einem positiven Image ceteris paribus die Wahrscheinlichkeit zunimmt, daß sie Ziel von Personenwanderungen und Investitionsentscheidungen sein wird. Regelrechte Erfolgskontrollen, die auch nur andeutungsweise eine Einschätzung des Verhältnisses von Aufwand und Ergebnis ermöglichen könnten, werden hier auch weiterhin wohl unmöglich sein.

## Das Image als "weichster" Standortfaktor

Wie ist nun vor dem Hintergrund dieser Überlegungen das Image in den Kanon der "weichen" Standortfaktoren einzuordnen und was sind seine Besonderheiten? Daß das Image einen geringeren "Objektivitätsgrad" als andere "weiche" Standortfaktoren besitzt, wurde in Kapitel 2.1 schon ausgeführt. Auch wird die Planung eines Image immer mit größerer Erfolgsunsicherheit behaftet sein als die Entwicklung von Freizeit-, Wohn-, Bildungs- und Kulturangeboten. So eingeschränkt dieser de facto für viele Bevölkerungsgruppen sein mag: alle diese anderen "weichen" Standortfaktoren besitzen prinzipiell einen unmittelbaren Gebrauchswert, den das Image so nicht hat. Der Gebrauchswert des Image ist ein bloß mittelbarer: es schafft den Zugang zu anderen Gebrauchswerten, indem es als Substitut fehlender Informationen Handlungen ermöglicht. Geringe Objektivität der Bewertung und dieser nur mittelbare Gebrauchswert machen das Image zum "weichsten Standortfaktor". Diese Unterscheidung ist keine bloß akademische, sie schafft vielmehr eine klare Prioritätenfolge für eine Entwicklung "weicher" Standortfaktoren. Eine Imageplanung ist meist von vornherein sinnlos, wenn die "weiche Hardware", auf die sie sich bezieht, mangelhaft ist, wenn beispielsweise Wohn- und Freizeitwerte defizitär sind. Schafft die Entwicklung der anderen "weichen" Standortfaktoren zumindest für Teile der lokalen Bevölkerung auch Gebrauchswerte, so wird sich der Sinn einer Imageplanung (genauer: einer nach außen gerichteten Werbestrategie) immer darin zeigen, inwieweit sie den Gebrauch, die Nutzung der anderen "weichen" Standortfaktoren durch noch auswärtige Personen steigert, inwieweit sie also zu einem verstärkten Zuzug von Arbeitskräften, zur Ansiedlung von Betrieben führt.

# 3 Zusammenfassung und Folgerungen: Die Entwicklung "weicher" Standortfaktoren - ein kommunales Handlungsfeld?

I

Zunächst sind die wesentlichen Ergebnisse des ersten Teils dieser Arbeit zusammenzufassen: Aus dem Mosaik der Erklärungsansätze des bundesdeutschen "Süd-Nord-Gefälles", der Verschärfung der ökonomischen Disparitäten zwischen Regionen steht ein Baustein im Mittelpunkt dieser Arbeit. Demnach steht die günstige Entwicklung besonders der süddeutschen Räume in engem Zusammenhang mit der vergleichsweise hohen Qualität ihrer "weichen" Standortfaktoren. Aus diesen Qualitäten resultiert ihre Attraktivität zunächst für hochqualifizierte Beschäftigte und - daraus abgeleitet - auch für zukunftsträchtige Betriebe, die ihre Investitionsentscheidung an den für sie notwendigen Arbeitskräften und deren Präferenzen ausrichten. Es wurde verdeutlicht, daß, obwohl dieses Erklärungsmuster eher auf unüberprüften Klischees, denn auf fundierter wissenschaftlicher Forschung basiert und demzufolge auch kontrovers und eher in Form bloßer Statements diskutiert wird, die bundesdeutschen Städte massive Anstrengungen in Richtung einer Entwicklung "weicher" Standortfaktoren unternehmen. Diese neue Runde interkommunaler Konkurrenz, so die Vermutung, ist erst eingeläutet und wird noch andauern.

Im zentralen zweiten Kapitel wurde versucht, das Knäuel der Spekulationen um die "weichen" Standortfaktoren etwas zu entwirren. Dazu wurde das räumliche Verhalten der beiden Hauptakteure dieser vermeintlich neuen Art der Raumbewertung ausführlich untersucht: des zukunftsträchtigen Betriebes und der hochqualifizierten Arbeitskraft. Der Bedeutungsgewinn "weicher" Standortfaktoren, so die Vermutung, wäre das Resultat zweier ineinandergreifender Entwicklungen: Einerseits einer aufgrund der Ubiquität klassischer Standortfaktoren erhöhten Standortwahlfreiheit der Betriebe, die aber durch die verstärkte Abhängigkeit von der qualifizierten Arbeitskraft kompensiert werde. Andererseits einer verstärkten Determinierung des raumrelevanten Verhaltens der qualifizierten Arbeitskraft durch ihre Freizeit. Zunächst war der mittlerweile häufig, jedoch nicht einheitlich gebrauchte Begriff "weiche Standortfaktoren" näher zu umreißen. Als zentrale Faktoren wurden "beschäftigtenbezogene" "weiche Standortfaktoren" wie "Wohn- und Freizeitwerte", "Kultur- und Bildungseinrichtungen" und der "weichste" und inhaltlich vielfältigste Faktor, das Image, hervorgehoben. "Direkt betriebsbezogen" wirkende wie "Wirtschaftsklima", "Verwaltungshandeln" wurden zwar als "weiche" Standortfaktoren kategorisiert, jedoch nicht weiter problematisiert. Es wurde ausgeführt, daß das Vorurteil der traditionellen Standorttheorie, nach dem die Berücksichtigung dieser Faktoren die betriebliche Standortwahl entrationalisiere, nicht aufrechterhalten werden kann und daß zwischen "harten" und "weichen" Standortfaktoren kein statisch konträres Verhältnis besteht, sondern die Unterschiede eher gradueller Art sind. Die detaillierte Betrachtung vorhandener Arbeiten zur Standortwahl von Betrieben und eine eigene Primärauswertung ergab, daß zumindest für bestimmte Betriebe latente Affinitäten zu "weichen" Standortfaktoren auszumachen sind. Innerhalb des Produzierenden Gewerbes handelt es sich dabei einerseits um Großbetriebe aus den dominierenden Branchen des "4.Kondratieffschen Zyklus", insbesondere der Elektrotechnik, andererseits um kleine Betriebe mit regionaler Orientierung, zu denen auch Existenzgründer gerechnet werden können. Vor allem aber zeigte sich eine hohe Affinität zu beschäftigtenbezogenen "weichen" Standortfaktoren bei Betrieben aus dem stark expandierenden Bereich der "neuen produktionsorientierten Dienstleistungen". Dabei handelt es sich um Betriebe, die durch Serviceleistungen z.B im EDV- und Marketingbereich eine Schlüsselrolle im Innovationsprozeß und damit im wirtschaftlichen Strukturwandel besitzen.

Alle diese Betriebstypen mit besonders hoher Affinität zu "weichen" Standortfaktoren weisen überdurchschnittliche Anteile an hochqualifizierten Beschäftigten auf. Die hochqualifizierten Beschäftigten, genauer, eine als "neue Professionelle" bezeichnete Teilgruppe, standen im Blickpunkt des zweiten Teils des Kapitels. Es wurde belegt, daß gerade diese Gruppe von Beschäftigten ein "innengeleitetes" Verhältnis zu ihrer Arbeit besitzt und daß sowohl ihr Freizeitverhalten als auch ihre Wohnstandortwahl wesentlich durch ihre Arbeit, ihren Arbeitsplatz bestimmt ist. Das Migrationsverhalten der hochmobilen "neuen Professionellen" kann generell als - wenn auch durch andere Faktoren beeinflußte - Funktion ihres Berufsverlaufes gelten. Die Freizeitstruktur und das Freizeitverhalten der Hochqualifizierten ist wesentlich durch ihre flexible Arbeitszeitstruktur geprägt. Dadurch ist für Hochqualifizierte - verglichen mit anderen Berufsgruppen - eine größere Unabhängigkeit vom lokalen Angebot an "weichen" Standortfaktoren gegeben. Ihre Bedeutung als Arbeitskraft für Betriebe und als Steuerzahler für Gemeinden ermöglicht es ihnen aber eher als anderen Gruppen, lokale Angebote "anzufordern". Schon angesichts dieser Befunde müssen die Erfolgsaussichten einer an den "neuen Professionellen" ausgerichteten Kommunalpolitik der Entwicklung "weicher" Standortfaktoren skeptisch eingeschätzt werden.

Das "Henne-und-Ei-Problem" - ob die hochqualifizierten Arbeitskräfte den Betrieben folgen oder umgekehrt - konnte freilich nicht gelöst werden. Herausgearbeitet werden konnte aber, daß die These einer "Trendwende" hin zum Primat der Wohnortentscheidung der Arbeitskraft über die Standortentscheidung der Betriebe zumindest spezifiziert werden muß. Könnte man aus den gewonnenen allgemeinen Ergebnissen bruchlos den Einzelfall ableiten, so wäre festzustellen: Ein Betrieb antizipiert die an "weichen" Standortfaktoren orientierte Wohnortwahl der Beschäftigten und sucht sich einen entsprechenden Standort. Die faktische Wohnortwahl der Beschäftigten erfolgt dann aber arbeitsplatzorientiert, d.h., die Beschäftigten wären dem Arbeitsplatz auch an einen anderen Ort gefolgt. Die steigende Bedeutung der "weichen" Standortfaktoren würde sich so als Tendenz durch eine Fülle von auch spekulativen Entscheidungen durchsetzen und sie wäre damit letztlich eher durch die relative Standortwahlfreiheit der Betriebe, als durch die zunehmende Freizeitorientierung der "neuen Professionellen" verursacht.

Damit stellt sich die Frage, wie sich die offenbar zentrale Größe im Bedeutungswandel der Standortfaktoren, die gesteigerte Standortwahlfreiheit der Betriebe, räumlich äußert. Sie zeigt sich, wie ausgeführt wurde, nicht in steigenden Mobilitätsraten - im Gegenteil: Überregionale Verlagerungen von Betrieben stellen im Grunde irrelevante Größen dar. Für kleine Einbetriebsunternehmen ist diese Regionsbindung besonders stark ausgeprägt, und auch Neugründungen orientieren sich meist am alten Wohnort bzw. dem alten Betrieb der Existenzgründer. Bedeutsam wird die sinkende Bedeutung der klassischen Standortfaktoren und der damit verbundene relative Bedeutungsgewinn der "weichen" Standortfaktoren im Grunde erst bei selektiven Investitionsentscheidungen von großen Mehrbetriebsunternehmen. Hier knüpfen auch die häufig gehörten Anekdoten an: vom Ingenieur, der sich einer Verlagerung der Forschungsabteilung eines Großunternehmens in eine unattraktivere Region widersetzte, von der Ehefrau eines Betriebsleiters, wegen deren Gewöhnung an das Kulturangebot einer Stadt andernorts eine Betriebsstätte geschlossen wurde.

Sicherlich - es gibt diese Fälle, aber sind sie so häufig und so bedeutend, um daraus ein allgemeines kommunales Handlungsfeld abzuleiten? Die in dieser Arbeit dargestellten neueren Untersuchungen bezogen sich - was angesichts der gesunkenen betrieblichen Mobilität kein Zufall ist - meist auf keine konkrete Standortentscheidung, auch die Betriebsbefragung im Nürnberger Raum ermittelte nur "latente Präferenzen". Die Arbeit von *LÜDER/KÜPPER* ist die einzige hier betrachtete, die sich intensiver mit tatsächlichen Investitionsentscheidungen von Großbetrieben befaßt. Die Rolle der "weichen" Standortfaktoren bleibt aber auch hier diffus. Sie spielten bei der Makrostandortwahl der Großbetriebe keine Rolle, aber:

*"Der substitutionale Charakter der* ["weichen"] *Kriterien schließt im übrigen nicht aus, daß sich für einzelne Länder, Regionen und Kommunen negative oder positive 'Images' aufbauen können, die die Standortwahl erheblich beeinflussen."*[1]

## II

Die herausgearbeiteten Defizite der eingehend dargestellten empirischen Untersuchungen geben zumindest einige Anhaltspunkte, wie die Bedeutung der "weichen" Standortfaktoren besser zu ermitteln wäre. Große Mehrbetriebsunternehmen wären wohl die wichtigsten Einheiten einer solchen Untersuchung. Rekonstruiert werden müßten die Verläufe verschiedener Arten von Investitionsentscheidungen (Fertigungsexpansion, Fertigungskonzentration/Abbau an einem Standort, Verlagerung von dispositiven Funktionen wie Verwaltung und Forschung etc.). Der Einfluß der "weichen" Standortfaktoren dürfte bei jedem Investitionstypus ein anderer sein. Vor allem - und dies wurde bisher bei keiner Untersuchung von überregionalen Standortentscheidungen geleistet - müßte simultan die Wohnortentscheidung der Beschäftigten nachvollzogen, das Wechselverhältnis von Betriebs- und Wohnstandortwahl aufgedeckt werden. Das Hauptproblem dürfte bei einer solchen Untersuchung in der Balance zwischen Quantität und Qualität liegen. Es müßte einerseits ein gewisser Repräsentationsgrad für verschiedene Teilräume gesichert sein und dazu ein ausreichendes Quantum von Entscheidungen untersucht werden. Andererseits müßte der Prozeßcharakter, das Wechselspiel der Teilentscheidungen von betrieblichen Entscheidungsträgern und anderen Beschäftigten deutlich werden, die notwendige Quantifizierung dürfte nicht zu einer inhaltlichen Verkürzung führen. Letztlich würden so Wahrscheinlichkeiten ermittelt, unter welchen Umständen sich bestimmte "weiche" Standortfaktoren auf bestimmte Investitionsentscheidungen in bestimmtem Maße auswirken.

## III

Mit derlei aufwendigen Untersuchungen ist sicherlich so bald nicht zu rechnen. Die Frage, ob die Entwicklung "weicher" Standortfaktoren ein kommunales Handlungsfeld darstellen kann, wird deshalb nur auf Grundlage der unbefriedigenden Forschungsergebnisse zu beantworten sein. Eine Abstraktion tut daher not, vereinfachend soll nachfolgend von der Richtigkeit der Ausgangshypothesen ausgegangen werden. Die Frage nach

---

[1] *vgl. Lüder/Küpper (1983) S.197*

der Relevanz des "Handlungsfeldes 'weiche' Standortfaktoren" wird nunmehr aus anderen Perspektiven heraus diskutiert.

In Kapitel 1 wurde eine Reihe von Erklärungsansätzen für die neuen räumlichen Disparitäten in der BRD, die "Polarisierung der Stadtstruktur" skizziert. Das "Postfordismus-Konzept" kann dabei als der theoretische Ansatz mit der größten Erklärungsreichweite gelten. Hier wird der "Trendbruch in der Raumentwicklung" nicht nur als Ergebnis technologischer Entwicklungen und zunehmender Funktionsdifferenzierungen gesehen. Vielmehr werden diese Veränderungen als Bestandteile eines grundlegenden "Formationswechsels" der kapitalistischen Ökonomie, der Gesellschaft und ihrer Institutionen gefaßt. Die grundlegenden Elemente dieses "Formationswechsels" sind:[2]

- Auf der ökonomischen Seite - zumindest dem Modell nach - der Übergang von der standardisierten Massenproduktion zur computergesteuerten flexiblen Fertigung und das Aufkommen neuer technologischer Industrien. Damit verbunden die Entstehung eines neuen Konsummodells, eine Polarisierung zwischen verbilligtem Massen- und qualitativ hochwertigem Konsum.

- Auf der gesellschaftlich- individuellen Seite die Herausbildung einer "Klassenfraktion" der "neuen Professionellen", bei gleichzeitiger sozialer Ausgrenzung derjenigen, die an dem allgemeinen Qualifizierungsschub nicht partizipieren, verbunden mit einer generellen Individualisierung der Lebenswelten.

- Auf der politischen Seite der Niedergang traditioneller Wählerschaften und fester Großpartei und Interessenverbändestrukturen, eine Flexibilisierung der Machtblöcke, das Aufweichen korporatistischer Strukturen bei gleichzeitig zunehmender Abhängigkeit des nationalen politischen Systems von internationalen Konzernen.

Das kommunale Handlungsfeld der Entwicklung "weicher" Standortfaktoren läßt sich als eine Reaktion auf diesen "Formationswechsel" der kapitalistischen Akkumulation kennzeichnen. Es ist gleichzeitig aber auch als ein beschleunigender Faktor dieser Entwicklung zum "Postfordismus" zu sehen: Unter dem Druck des Weltmarktes konkurrieren die Regionen und Kommunen um Positionen in der internationalen Arbeitsteilung, um ihre Bedeutung als Konsumzentren und um Kontroll- und Befehlsfunktionen.[3] Sie passen sich dabei in doppelter Weise an die vom neuen Akkumulationsmodell geforderten Standortbedingungen an: Zum einen versuchen sie, ihre Wohnattraktivität für die Schlüsselgruppe des "Postfordismus", die "neuen Professionellen" zu erhöhen, was sich vor allem in der Aufwertung der Innenstädte und im kulturellen Bereich in der "immensen Anhäufung

[2] vgl. Krämer-Badoni (1987) S.168f
[3] vgl. Harvey (1987) S.112

von Spektakeln"[4] zeigt. Auf der anderen Seite entwickeln sie Formen "öffentlich-privater Partnerschaften"[5], zeigt sich ein Wandel des Selbstverständnisses der Verwaltung in Richtung eines Dienstleistungsunternehmens wie auch ein Rückzug der regulierenden Instanzen.

Mit der Vollendung des europäischen Binnenmarktes 1992 wird eine weitere politisch-institutionelle Basis "flexibler Akkumulation"[6] geschaffen. Damit werden auch die bundesdeutschen Kommunen verstärkter Konkurrenz ausgesetzt. Die Aufhebung von Handelsbarrieren und Schutzvorschriften in Güter- und Dienstleistungsbereich, Vereinfachungen im Grenzverkehr, die Angleichung von technischen Normen, Umweltstandards und Steuerregelungen sowie eine zunehmende Freizügigkeit von Erwerbspersonen schaffen veränderte Rahmenbedingungen. Dies wird zwischen Unternehmen ähnlichen Angebotes zu verstärktem Konkurrenzdruck mit der Folge von Rationalisierungen, Arbeitsplatzabbau und Konzentrationen, aber auch zu verstärkter Kooperation führen. Von den Befürwortern des Binnenmarktes wird für die Summe der europäischen Länder, besonders auch für die BRD, mit einem Wachstumsschub, der auch zu neuen Arbeitsplätzen führen wird, gerechnet.[7] Zwischen Betrieben und Unternehmen wird es zu einer verstärkten Konkurrenz um attraktive Städte kommen. Umgekehrt wird aber auch der Wettbewerb zwischen den Städten und Regionen - verstärkt auch den Bundesländern - um attraktive Produktionen, Dienstleistungen und Arbeitsplätze zunehmen.

In der BRD dürfte dieser steigende Konkurrenzdruck letztlich zu einer weiteren Polarisierung der Stadtstruktur und zu einer Verstärkung des Stadt-Land-Gefälles führen. Auf der einen Seite werden die prosperierenden Agglomerationen, vor allem die süddeutschen Zentren Stuttgart und München ihre Betroffenheit durch den Binnenmarkt aufgrund ihrer Rahmenbedingungen und Entwicklungsdynamik in steigende Marktanteile und damit in weiteres Wachstum umsetzen.[8] Im Hinblick auf die Erschließung außereuropäischer Märkte werden darüber hinaus auch noch Kooperationsbemühungen zwischen den europäischen "High-Tech-Regionen" zunehmen.[9] Allerdings ist auch eine Gefährdung derzeitiger Wohlstandsregionen denkbar, vor allem wenn diese vergleichsweise einseitig strukturiert sind. Für die "global city" Frankfurt beispielsweise könnte eine Niederlage im Wettbewerb der Bankplätze - als erster Konkurrent wäre London zu nennen - weitreichende negative Folgen haben. Auf der anderen Seite werden die peripheren

---

[4] *Harvey (1987) S.123*
[5] *Harvey (1987) S.123*
[6] *vgl. Harvey (1987)*
[7] *vgl. Sinz/Steinle (1989) S.10f*
[8] *vgl. Sinz/Steinle (1989) S.14*
[9] *vgl. Klaaßen (1989) S.9*

Räume allenfalls von allgemeinen Wachstumsentwicklungen profitieren. Ihre Produkte dürften, bedingt vor allem durch europaweit differierende Lohnniveaus, verstärkter Preiskonkurrenz ausgesetzt sein. Gelingt diesen Regionen keine Umstellung auf höherwertige Produktionen oder Dienstleistungen, so werden sie - auch durch direkte Abwanderungen von Betrieben - Arbeitsplätze verlieren.[10]

Welche Bedeutung werden die "weichen" Standortfaktoren in dieser Entwicklung erhalten? Angesichts der Mängel der vorab diskutierten Ergebnisse empirischer Untersuchungen ist diese Frage nur sehr vorsichtig zu beantworten. Generell führt ein größeres Absatzgebiet auch zu stärkeren räumlichen funktionalen Ausdifferenzierungen. Verschiedene Standortqualitäten der Räume werden dabei stärker "durchschlagen". Räume mit geringen Lohnniveaus und größerem Flächenangebot werden attraktiver für große Betriebe mit standardisierter Massenproduktion. Die klassischen Standortfaktoren, wie beispielsweise die Verkehrsinfrastruktur oder die kommunalen Steuern, sind auf europäischer Ebene auch in der nächsten Zeit nicht in dem Maße ubiquitär wie heute auf nationaler Ebene. Diese Faktoren dürften somit insgesamt sogar an Bedeutung gewinnen. Die Maßstabvergrößerung wird - trotz eines fast überall vorhandenen Flughafenangebotes - auch großen Städten Lagenachteile einbringen. Für höherwertige Produktions-, Verwaltungs- und Dienstleistungsfunktionen sind "weiche" Faktoren bereits heute zumindest latent wichtige Kriterien. Insofern eine generelle Höherqualifizierung der Arbeitskräfte, vor allem aber eine zunächst sprunghaft steigende Mobilität der nachgefragten Beschäftigten zu erwarten ist, könnte auch die Bedeutung der Wohn- und Freizeitwerte, des Kulturangebotes und der Bildungseinrichtungen für eine Stadt steigen. Die Vergrößerung des räumlichen Maßstabs könnte, sofern sie nicht mit einer gleichwertigen Steigerung qualifizierter Informationsmöglichkeiten über konkurrierende Städte verbunden ist, zu einem Bedeutungsgewinn des Stadtimage als Substitut fehlender Informationen führen. Je höher die Zahl der zu vergleichenden Einheiten, desto größer ist die Wahrscheinlichkeit einer vereinfachenden Informationsreduzierung. Fast banal ist, daß andere "weiche" Standortfaktoren, wie Klima, Mentalität der Bevölkerung und Sprache auf europäischer Ebene jede Wohnortentscheidung und auch viele Betriebstandortentscheidungen a priori präformieren. Sie werden insofern zu den wichtigsten Faktoren überhaupt gehören.

Abzusehen ist, daß zumindest alle bundesdeutschen Großstädte zu Teilnehmern dieser neuen Runde interurbaner Konkurrenz werden. Die Entwicklung der "weichen" Standortfaktoren, soweit sie planbar sind, wird bereits jetzt auch im Zeichen des Binnenmarktes als Handlungsfeld besetzt.[11] Abzusehen ist aber auch, daß für den Großteil der Städte die

---

[10] vgl. Sinz/Steinle (1988) S.21
[11] vgl. Klaaßen (1989) S.7ff

Teilnahme an dieser Runde nicht von Erfolg gekrönt sein wird und es ist auch zu vermuten, für welche Städte dies gilt. Die Standorte für die attraktivsten Produktionen und
Funktionen mit hoher Affinität zu den "weichen" Standortfaktoren sind bereits vergeben:
"Rund um die Alpen", von München über Friedrichshafen, Grenoble bis in die oberita-
lienische Ebene ist der "High-Tech-Gürtel" schon "zugeschnallt". In der BRD konzen-
triert sich ökonomische Entscheidungsmacht bereits auf eine Handvoll von Zentren.
Selbst Halbmillionen- und Landeshauptstädte unterliegen eher "externer Kontrolle" als
daß sie solche ausüben und es gibt keine Anzeichen, daß sich - beispielsweise für Bremen, Hannover und Nürnberg - dieses Mißverhältnis ausgerechnet angesichts steigender
europaweiter Konzentrationen auch von Hauptverwaltungen umkehren sollte. Im Gegenteil dürften weitere Agglomerationen externer Kontrolle unterworfen werden.


## IV

All dies sind freilich noch keine Argumente für die Städte, sich von vornherein aus dem
"weichen Rüstungswettlauf" auszuschließen - ohne "Prinzip Hoffnung" keine Konkurrenz.
Ihre Teilnahme wäre vielleicht sinnlos und ineffizient, aber ansonsten unproblematisch,
entgingen nicht ihrem Blick auf die globale Ebene die Verhältnisse auf der lokalen;
würde nicht der Versuch, zu den Gewinnern im Prozeß der Polarisierung des Städte-
systems zu gehören, die innere Polarisierung der Stadt forcieren.

Die Orientierung der Kommunalpolitik auf die oberen zwei Drittel - zugespitzt: auf die
"neuen Professionellen" als oberstes Zwanzigstel - der Gesellschaft reproduziert und verstärkt die Ausgrenzung derjenigen, die am allgemeinen Prozeß der Qualifizierung nicht
partizipieren, die aus Arbeitsprozeß und qualifiziertem Konsum "herausflexibilisiert"
werden. Die Mechanismen dieser reproduzierten Ausgrenzung sind vielfältig. Der direkte
Effekt, die Verschiebung der Ausgaben der Kommunen von einfachen Gebrauchswerten
hin zu kulturellen Glanzlichtern ist dabei zumindest für die prosperierenden Städte das
weniger gravierende Problem. Hier mag das Argument eines "Sickereffektes", wonach Investitionen in die hohen Einkommensschichten auch die materielle Steuerbasis ihrer
"Residenzen" und damit den Wohlstand aller erhöhen, stechen. Die finanziellen Möglichkeiten zur Eindämmung der Armut sind in den prosperierenden Städten größer.

Viel einschneidender sind aber die auf den Märkten, insbesondere dem Wohnungsmarkt,
induzierten Effekte der Aufwertung der Metropolen:[12] *"Die Innenstädte funkeln vor
Attraktivität; Konsum - speziell der Luxuskonsum scheint die Scham abgelegt zu haben."*[13]

---

[12] *vgl. Häußermann/Siebel (1987b) S.83f*
[13] *Krämer-Badoni (1987) S.167*

Die Stadt München beispielsweise ist nicht nur für das unterste Drittel der Gesellschaft kaum mehr bewohnbar, sie wird allmählich zur "5%-Metropole". Die sozial Marginalisierten werden nun auch räumlich an den Rand gedrängt, in die materiell und utopisch entleerten Exponate des "fordistischen" Wohnungsbaus, die Großsiedlungen. Die funktionale Trennung von Wohnen und Arbeiten sowie Selektionsmechanismen auf dem Arbeitsmarkt bewirken, daß sich Beschäftigungskrisen nur sehr verzögert auf den Reproduktionsbereich auswirken, daß kollektive als individuelle Schicksale erscheinen und sozial Ausgegrenzte sich wechselseitig weiter ausgrenzen.[14] Für diejenigen, die in räumlicher Nähe zu den Zentren des Konsums verharren, stellt sich das Problem der inneren Polarisierung noch einmal anders dar: *"Arm zu sein unter Armen, das kann man ja ertragen, aber arm zu sein unter protzenhaftem Reichtum, das ist unerträglich"*[15]. Zufriedenheit von Bewohnern mit der Stadt ist keine lineare Funktion von deren allgemeiner Prosperität.[16]

Bei der Entwicklung von "weichen" Faktoren des wirtschaflichen und politischen Klimas sind Deregulierungsstrategien, wie die im englischsprachigen Raum als Enklaven eines ungehemmten Frühkapitalismus installierten "free-enterprise-zones", im noch immer korporatistischen System der BRD wohl so bald nicht denkbar. Zu beobachten sind aber Tendenzen einer Transformation der Verwaltung zum Dienstleistungsunternehmen privaten Charakters. Kommunale Wirtschaftspolitik wird zum flexiblen, einzelfallbezogenen ganzheitlich-intersektoralem Handeln. Diese Flexibilisierung bedeutet aber auch einen Verlust von Regulierungs- zugunsten von Vermittlungsfunktionen.[17]

## V

Was bleibt übrig vom kommunalen Handlungsfeld einer Entwicklung "weicher" Standortfaktoren? Im Attribut "weich" ist bereits enthalten, daß die Wissenschaft hier besonders wenig Mittel besitzt, um die wahre Wirkungsweise dieser Faktoren auf räumliche Prozesse zu bestimmen. Ebenso wird sich eine entsprechend ausgerichtete Kommunalpolitik, vor allem was den "weichsten" Standortfaktor Image betrifft, sonst üblichen Effizienzkriterien von vornherein entziehen. Selbst wenn man die Wirksamkeit einer entsprechenden Strategie unterstellte: sie führt nicht unbedingt zum "Wohlfahrtserfolg für alle" - im Gegenteil.

---

[14] *vgl. Häußermann/Siebel (1987b) S.86*
[15] *Aus einem Brief einer armen Münchnerin an OB Kronawitter, vgl. Breckner (1986), S.235*
[16] *vgl. die Zufriedenheitseinschätzungen von Bürgern gegenüber ihrer eigenen Stadt in Kap. 1.1.*
[17] *vgl. Häußermann/Siebel (1987a) S.127*

Geht man aber davon aus, daß die Großstädte, auch in Ermangelung anderer Perspektiven, auf dieses Handlungsfeld zurückgeworfen sind, so bleibt nur, differenzierend Kompromisse einzugehen und die unverdächtigeren Seiten des Kataloges der "weichen" Standortfaktoren aufzublättern. Ein Kriterium muß dabei das Ausmaß und die Zugänglichkeit des Gebrauchswerts eines "weichen" Standortfaktors sein. Einer Erhöhung der Umweltqualität einer Stadt ist - auch wenn dies soziale Verdrängungsprozesse auslösen kann - in wenigen Fällen zu widersprechen. Wohnungen und kulturellen Einrichtungen wird man einen Gebrauchswert nicht generell absprechen, hier stellt sich aber das Problem der allgemeinen Zugänglichkeit. Angewiesen auf lokale Qualitäten sind gerade jene, deren ökonomisch-soziale Stellung ihnen die Artikulation und Durchsetzung ihrer Präferenzen nicht ermöglicht.

Anders einzuschätzen sind "weiche" Strategien einer direkten Imagepflege. Ohne Werbeträgern ästhetische Qualitäten absprechen zu wollen, der unmittelbare Gebrauchswert einer Imageplanung ist gering. Es geht hier nur um die Erzielung eines Effektes, das Image verspricht und bewirkt den Zugang zu Gebrauchswerten für bestimmte Zielgruppen.

Eine Entwicklung des politisch-wirtschaftlichen Klimas muß nicht a priori gleichbedeutend mit der Schaffung von Bedingungen zur reibungslosen Durchsetzung internationaler Kapitale und damit dem Verlust kommunaler Autonomie sein. Entscheidend ist auch immer, wem diese Flexibilität gilt.

Entledigt die generelle Kritik einer Entwicklung "weicher" Standortfaktoren nicht der Mühen, im einzelnen zu ergründen, ob bestimmte Faktoren für bestimmte Gruppen nicht doch nutzbringend zu entwickeln sind, so scheint es auch verfehlt, Handlungsbedarfe und Handlungsabstinenzen für alle Städte zu verallgemeinern. Fast wäre es paradox, die Absurditäten innerkommunaler Konkurrenz zu belächeln und gleichzeitig aber eine generelle kommunale Enthaltsamkeit gegenüber einer Verbesserung der "weichen" Standortfaktoren zu predigen. Die Frage nach dem Handlungsfeld "weiche Standortfaktoren" muß vielmehr auch für jede Stadt neu gestellt werden.

## ZWEITER TEIL: FALLSTUDIE NÜRNBERG

Die Frage nach der Relevanz des kommunalen Handlungsfeldes "Entwicklung 'weicher' Standortfaktoren", so lautete ein Fazit des ersten Teils dieser Arbeit, muß auch für jede Stadt neu gestellt werden. Dies geschieht hier für die Stadt Nürnberg und ihre Region. Nürnberg drängt sich weder als besonders krisengeschüttelt noch als besonders prosperierend in das raumwissenschaftlich-planerische Interesse; es handelt sich um eine "ganz normale" bundesdeutsche Großstadt. Innerhalb dieser Fallstudie wird zunächst das inzwischen auch in Nürnberg breite Spektrum der Entwicklung "weicher" Standortfaktoren skizziert. Die aktuelle Nürnberger Imageplanung scheint geradezu prototypisch für diese Art von kommunalen Maßnahmen zu stehen, insofern sie direkt das Ziel einer Steigerung der überörtlich ausstrahlenden Attraktivität Nürnbergs verfolgt. Am Beispiel der Imageplanung wird detailliert untersucht, ob die Strategie einer exogen orientierten Entwicklung "weicher" Standortfaktoren für Nürnberg ein sinnvolles Handlungsfeld darstellt, ob sie an den ökonomischen und sozialen Problemen der Stadt ansetzt und dem kommunalen Handlungsauftrag angemessen ist. Ergänzend werden bestehende und mögliche Ansätze einer endogenen Entwicklung "weicher" Standortfaktoren andiskutiert.

## 1 Aktivitäten der Entwicklung "weicher" Standortfaktoren im Raum Nürnberg im Kontext der kommunalen Stadtentwicklungsplanung und Wirtschaftspolitik

In den letzten Jahren ist in der Nürnberger Region eine Zunahme von Aktivitäten mit der Intention der Entwicklung "weicher" Standortfaktoren zu beobachten. Zum Teil spiegelt sich dieser Trend auch in den Veränderungen des Finanzhaushalts der Stadt Nürnberg wider. Bei den laufenden Verwaltungsausgaben wiesen in den letzten Jahren, vor allem zwischen 1986 und 1987, die Rubriken Wissenschaft, Forschung und Kunst, sowie Gesundheit, Sport und Erholung starke Zuwächse auf. Auffallender war hier allerdings der starke Anstieg im Bereich der Ausgaben für soziale Sicherung. Dieser führte dazu, daß sich die laufenden Ausgabenanteile im Bereich der "weichen" Standortfaktoren nicht stärker erhöhten.[1] Die Veränderungen im Vermögenshaushalt Nürnbergs bringen die Bedeutungszunahme der "weichen" Infrastruktur eher zum Ausdruck.

**Abb. 13: Bauausgaben der Stadt Nürnberg von 1983-1987**

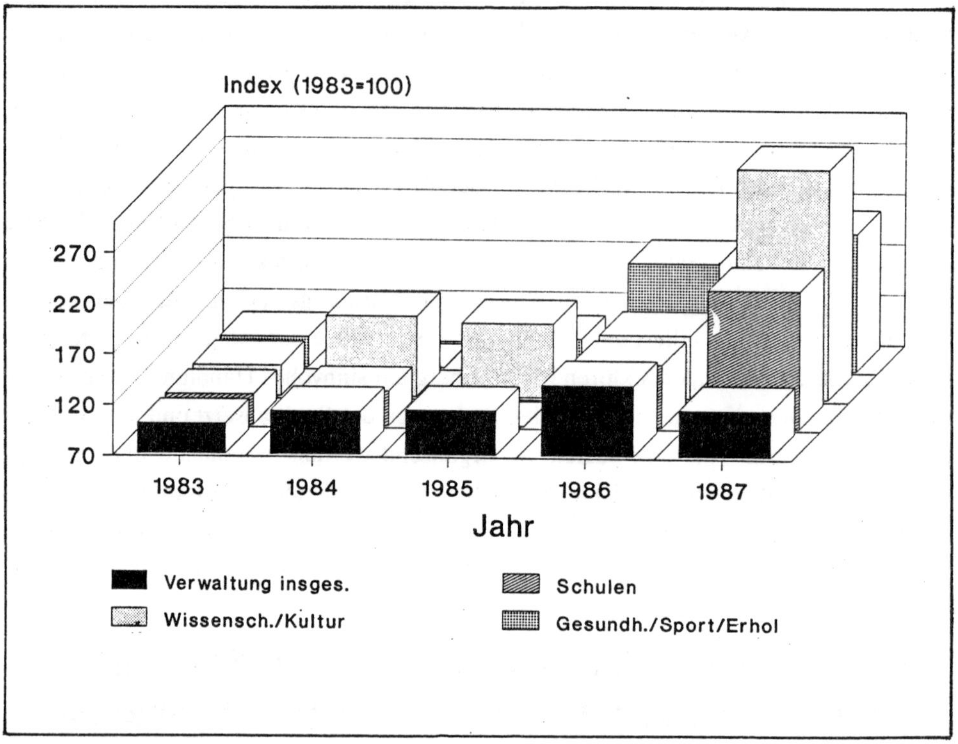

Quelle: Stadt Nürnberg (1988d) S.154ff; eigene Darstellung

Betrachtet man hier die geglätteten Dreijahresdurchschnitte 1983-85 einer- und 1985-1987 andererseits, so wird der Bedeutungszuwachs der Bildungs-, Kultur und Freizeitausgaben deutlich. Von 1983-1985 wurden im Jahresdurchschnitt 8,3%, von 1985-1987 11,3% der Mittel des Vermögenshaushalts in diesen Bereichen ausgegeben. Wofür die Mittel im einzelnen verwendet wurden, kann hier allerdings nicht ermittelt werden, vielen der gerade in der letzten Zeit zu beobachtenden Aktivitäten ist jedoch eine Intention gemeinsam: sie sollen - wenn auch nicht immer in erster Linie - zu einer Steigerung der überregionalen Attraktivität und Ausstrahlung des Nürnberger Raumes beitragen, sie sind - mehr oder minder direkt - "imageprägend".

---

[1] vgl. Stadt Nürnberg (1988d) S.153

Bevor auf die "Überlegungen zum Nürnberg-Image" detaillierter eingegangen wird, seien einige andere imagegestaltende Initiativen kurz beschrieben. Diese Projekte decken einen Großteil des Spektrums "weicher" Standortfaktoren ab: von der Verbesserung der städtebaulichen Erscheinungsbilder zentraler Gebäude, über die Ausweitung herausragender kultureller Aktivitäten, bis hin zu Grundstrategien des Stadtmarketings, der Imagekorrektur; auch integrierte Ansätze sind zu registrieren.

# 1.1 Städtebauliche, kulturelle Projekte und Initiativen

Die Verbesserung des städtebaulichen Erscheinungsbildes der Stadt betrifft vor allem imageträchtige Einrichtungen des überregionalen Verkehrs. Im Falle des Hauptbahnhofes kam der Anstoß nicht aus der Region: die Bundesbahn sieht vor, den Nürnberger Hauptbahnhof von seinem bisherigen "Schmuddel-Image" zu befreien. Für seine Umgestaltung zu einer "Erlebniswelt mit Gleisanschluß" sind für 1990 zunächst 10 Mio. DM vorgesehen.[2] Die Aufwertung wird wohl auch die umliegenden Wohngebiete erfassen, für die an den Bahnhof grenzende Südstadt wurde im Frühjahr 1989 ein städtebaulicher Ideenwettbewerb durchgeführt.[3]

Eine Delegation des Aufsichtsrates der Nürnberger Flughafen-AG besichtigte im Herbst 1988 eine Reihe von gestalterisch herausragenden Luftverkehrszentren in den USA.[4] Danach wurde endgültig der weitere Ausbau des Nürnberger Flughafens in die Wege geleitet. Für rund 78 Mio DM soll der Flughafen im Zuge der Errichtung einer neuen Abfertigungshalle zu einem *"grünen Flughafen mit Weltstadt-Flair"* umgestaltet werden. Der Baukunstbeirat beurteilte die vorliegenden Entwürfe, vor allem aufgrund der *"subtilen Verbindung"* alter und neuer Gebäude, der *"großzügigen Begrünung"* und der *"diffizilen Lichtführung mit sehr viel Tageshelligkeit"*, durchweg positiv.[5]

Der SPD-Wahlkampfschlager einer Nürnberger Bundesgartenschau wurde Anfang des Jahres 1989 ad acta gelegt, zumindest bis in die zweite Hälfte der 90er Jahre lassen die Gemeindefinanzen dieses Projekt nicht zu.[6]

---

[2] vgl. *Nürnberger Nachrichten* 1.3.1989
[3] vgl. *Nürnberger Nachrichten* 25.3.1989
[4] vgl. *Nürnberger Nachrichten* 5.10.1988 und 8./9. 10. 1988
[5] vgl. *Nürnberger Nachrichten* 7.3.1989
[6] vgl. *Nürnberger Nachrichten* 17./18. 12. 1988

Das andere Prestigeprojekt des Oberbürgermeisters aber nahm mittlerweile konkretere Formen an. Zur 1987 entstandenen Idee einer Nürnberger *"Kulturmeile"* wurde im Frühjahr 1989 ein städtebaulicher Ideenwettbewerb ausgelobt. Das etwa 30 ha große Wettbewerbsgebiet erstreckt sich am südlichen Rand der Lorenzer Altstadt entlang der Stadtmauer. Es umfaßt die *"Museums- und Theaterinsel"* (Schauspielhaus, Opernhaus, Kammerspiele, Verkehrsmuseum, Germanisches Nationalmuseum), das *"Komm"*, die staatliche Kunsthalle, ein noch zu errichtendes *"Haus der Kulturen der Welt"* und das Areal der Landesgewerbeanstalt; schließlich die Stadtbibliothek, das Meistersinger-Konservatorium sowie ein geplantes *"Haus der Erwachsenenbildung"*.[7] Die Zielvorstellungen des Wettbewerbs spiegeln sicherlich einiges vom Nürnberger Kulturverständnis wider, sind Ausdruck einer "rot-grünen" Symbiose von Soziokultur und Hochkultur:

> *"In der Nürnberger Kulturmeile sollen sich zukünftig zentrale kulturelle Angebote und dezentrale, in den Stadtvierteln und Basisinitiativen, auf Hochschulen und künstlerischen Ausbildungsstätten entwickelte und erworbene kulturelle Äußerungsformen treffen und verbinden können."*[8]

Hoher Gebrauchswert für alle Stadtbewohner soll hier Vorrang haben vor Fassadenglanz. Der *"Nürnberger Weg"* soll in die Stadtteile zurückstrahlen und dabei mehr sein als die bloße Addition zufällig nebeneinanderliegender Bauten.[9] Interessant ist, daß in den Wettbewerbsunterlagen auch die Bedeutung der Kulturmeile als *"Standortfaktor für die Wirtschaft"* hervorgehoben wird:

> *"Eine in der Kulturmeile sich entwickelnde neue urbane kulturelle Identität beeinflußt das sogenannte innere 'Stadimage', das seine Ausstrahlung auf die äußere und nichtzuletzt wirtschaftliche Attraktivität der Stadt besitzt und ihre Konkurrenzsituation verbessert"*[10].

Die Zukunft des *"Nürnberger Wegs"*, der in einem *"kontinuierlichen Prozeß mit Beteiligung möglichst vieler"*[11] entstehen soll, ist derzeit nach Auskunft der Stadtratsfraktion der Nürnberger *GRÜNEN* noch ungewiß. Im Herbst 1989 werden die Ergebnisse des Ideenwettbewerbs erwartet.

In der Öffentlichkeit offenbar noch weitaus weniger diskutiert ist das Konzept zur kulturellen Öffentlichkeitsarbeit "Nachbar Nürnberg" von *ZEPP*. In der Analyse des "Image-Problems" der Stadt stimmt *ZEPP* im wesentlichen mit den noch darzustellenden Aussa-

---

[7] *vgl. Stadt Nürnberg (1989b) S.16, S.24*
[8] *vgl. Stadt Nürnberg (1989b) S.14*
[9] *vgl. Stadt Nürnberg (1989b) S.15*
[10] *vgl. Stadt Nürnberg (1989b) Anlage 5, Teil 2, S.3*
[11] *vgl. Nürnberger Nachrichten 14./15.1.1989*

gen des *"Arbeitskreis Nürnberg-Image"* überein. Das vorhandene kulturelle Angebot fände außerhalb der Stadt keine adäquate Resonanz,[12] und der *"Denkmalcharakter"* der Stadt allein lasse kein *"Flair"* aufkommen. Darüber hinaus diagnostiziert ZEPP eine *"Identitätskrise"* Nürnbergs: diese zeige sich besonders im *"Auseinanderfallen der städtischen Gesellschaft"*,[13] es fehlten *"Mittler mit Charisma"*.[14] In ihren konzeptionellen Überlegungen, dem integrierten Entwurf eines *"differenzierten Kontrastprogrammes zwischen kulturhistorischer Tradition und gestalterischer Moderne"*[15], bildet die Kultur *"die Lokomotive"*[16]. Am durch bewußt spektakuläre Projekte - als Beispiel wird das Programm *"Küche konkret"* näher beschrieben - gesteigerten öffentlichen Interesse sollen Konzepte der Gestaltung einer visuellen Identität der Stadt anknüpfen. Die Bildhaftigkeit der Stadt wird im "corporate design" aufgenommen. Dieses Stadtbild wird unter einem *"Werbedach Nürnberg"*, getragen von zahlreichen Repräsentanten aus Wirtschaft, Kultur, Freizeit und Sport, über die gesamte Medienpalette verbreitet. Auch hier wird der ökonomische Aspekt als zumindest ein konzeptbegründendes Argument herausgestellt:

*"Im Wettbewerb der Stadt um Attraktivität muß Nürnberg sehr schnell Anschluß finden - es könnte durchaus eine Wunschstadt für Wirtschaftsansiedlungen, für mehr Tourismus, für mehr Identifikation seiner Bürger werden."*[17]

Die Entwicklung "weicher" Standortfaktoren scheint auch eine Brücke zur Überwindung alter Gräben intraregionaler kommunaler Konkurrenz zu bilden. Die Gemeinden der mittelfränkischen Städteachse Nürnberg, Fürth, Erlangen und Schwabach bildeten Anfang des Jahres eine *"Arbeitsgemeinschaft Kultur im Großraum"*. Gemeinsame kulturelle Großprojekte und Veranstaltungen sind nunmehr wahrscheinlicher; *"das ist der Durchbruch, der auch auf andere Lebensbereiche ausstrahlen kann"*, freute sich Schwabachs Oberbürgermeister.[18]

Abgesehen von ZEPPs integriertem Ansatz sind die bisher beschriebenen Aktivitäten durchweg im städtebaulichen und kulturellen Bereich angesiedelt. Auf das Image der Stadt, den "weichsten" der "weichen" Standortfaktoren, wirken sich alle diese Projekte indirekt aus. Über diesen imageprägenden Faktor hinaus besitzen sie aber alle noch einen weiteren Gebrauchswert.

---

[12] *vgl. Zepp (1988) S.4ff*
[13] *vgl. Zepp (1988) S.32ff*
[14] *vgl. Zepp (1988) S.34*
[15] *Zepp (1988) S.1*
[16] *Zepp (1988) S.36*
[17] *Zepp (1988) S.2*
[18] *vgl. Nürnberger Nachrichten 4./5. 2. 1989*

## 1.2 Die "Überlegungen zum Nürnberg-Image"

Näher eingegangen werden soll nunmehr auf Aktivitäten der direkteren Einflußnahme auf das Image der Stadt. Bei diesen ist die kulturelle und freizeitinfrastrukturelle "hardware" nicht erst herzustellen, sondern nurmehr bewußtzumachen und zu verkaufen.

In der Sitzung des Nürnberger Stadtrats vom 12.7.1989 wurde unter TOP 4a der Grundsatzbeschluß gefaßt, *"Maßnahmen zur Verbesserung des Nürnberg-Image"* einzuleiten. In der Tischvorlage - hier ist nur der öffentliche Teil ausgewertet - werden Handlungsbedarf und einzuleitende Schritte vom Amt für Wirtschaft und Verkehr näher erläutert:

Ausgehend von der Beobachtung, *"daß in der Öffentlichkeit - vor allem wohl auch in Kreisen der Wirtschaft- ein verstärktes Interesse an Informationen über örtliche Faktoren - welcher Art auch immer - vergleichend zu anderen Kommunen besteht"*[19] und daß *"die Vorstellung, die außerhalb der Stadt von Nürnberg herrscht, sich von der Realität erheblich unterscheidet"*, wird eine *"tiefgreifende Korrektur"* des Image der Stadt gefordert.[20] Unter Verweis auf die "Überlegungen zum Nürnberg-Image" wird bemerkt, daß diese Korrektur *"mit großem Instrumentarium durchgeführt und absolut professionell angegangen werden muß"*, vor *"hausgemachten Lösungen"* wird ausdrücklich gewarnt.[21] Ein möglicher Ablaufplan der Image-Kampagne wird vorgestellt:

*"- Beauftragung der Verwaltung durch den Stadtrat, geeignete Maßnahmen zur Korrektur des Nürnberg-Image einzuleiten unter Einschaltung einer Werbeagentur.*

*- Auswahl der Agenturen, die zur Präsentation aufgefordert werden sollen.*

*- Briefing der Agenturen mit Unterlagen und Zielsetzungen. Die Agenturen beginnen (eventuell noch ohne rechtliche Bindung und auf eigenes Risiko) mit der Vorbereitung der Präsentation.*

*- Durchführung einer Repräsentativbefragung zu einigen wenigen Fragen der Image-Untersuchung von 1980 (Kontrolluntersuchung zum Zweck der Feststellung, ob sich neue Schwerpunkte ergeben haben.*

*- Beschlußfassung im Rahmen der Haushaltsberatungen über die im Jahr 1990 einzusetzenden Mittel.*

*- Rechtsverbindliche Aufforderung an Agenturen zur Präsentation.*

[19] *Stadt Nürnberg (1989c) Beilage "Überlegungen", S.4*

[20] *vgl. Stadt Nürnberg (1989c) Beilage "Sachverhalt", S.1*

[21] *vgl. Stadt Nürnberg (1989c) Beilage "Sachverhalt", S.2*

- *Präsentation und Auswahl des Auftragnehmers.*

- *Beschlußfassung im Rahmen der Haushaltsberatungen über die im Jahr 1991 einzusetzenden Mittel.*

- *Anfang 1991: Anlaufen der Image-Kampagne.* "[22]

> *"Über den Kostenrahmen kann (außer der unter Spiegelstrich vier aufgeführten Kontrolluntersuchung, die 5000 bis 10000 DM erfordern wird) noch nichts genaues ausgesagt werden."*[23]

Dazu gilt es, die Vorschläge der Agenturen abzuwarten. Abschließend wird darauf hingewiesen, daß die Image-Kampagne von weiteren flankierenden Maßnahmen der Stadt und weiterer Image-Träger begleitet werden sollte.[24]

In Verbindung mit dem Grundsatzbeschluß zur Einleitung von imageverbessernden Maßnahmen stimmte der Stadtrat der Bereitstellung der Mittel für die Kontrolluntersuchung zu. Die ersten Reaktionen in der Presse fielen eher verhalten aus: *"Werbeagentur soll das Image aufpolieren - Höhe der Kosten unbekannt - Wirtschaftsfaktor Nürnberg für viele von untergeordneter Bedeutung - Angst vor Binnenmarkt"*, so faßten die *Nürnberger Nachrichten* die Stadtratsitzung zusammen.[25]

Den beschriebenen Stadtratsbeschlüssen war in Nürnberg eine breitere Diskussion in Institutionen, Öffentlichkeit und Presse über das Image der Stadt Nürnberg vorausgegangen. Einen Kulminationspunkt stellt dabei das Papier "Überlegungen zum Nürnberg Image - Plädoyer für eine gemeinsame Image-Pflege" dar. Dieses Arbeitspapier faßt die Ergebnisse von drei *"Kreativrunden"* zusammen, die im Frühjahr 1987 unter der Leitung des Nürnberger Verkehrsvereins stattfanden. Beteiligt an diesen Diskussionsrunden waren seinerzeit Vertreter aus Verwaltung und städtischen "Tochtergesellschaften", des Referats für Stadtentwicklung, Wohnen und Wirtschaft, des Schul- und Kulturreferats, des Presse- und Informationsamts, der Nürnberger Messe- und Ausstellungsgesellschaft, der städtischen Werke und der Stadtsparkasse.[26] Das Ergebnispapier wurde im Herbst 1988 der Öffentlichkeit vorgestellt,[27] seine wichtigsten Inhalte sind hier kurz dargestellt:

Der Handlungsbedarf nach einer Korrektur des Images der Stadt Nürnberg wird aus mehreren Faktoren hergeleitet: Die Qualitäten der Stadt würden außen und von ihren

---

[22] *Stadt Nürnberg (1989c) Beilage "Sachverhalt", S.3f*
[23] *Stadt Nürnberg (1989c) Beilage "Sachverhalt", S.3f*
[24] *vgl. Stadt Nürnberg (1989c) Beilage "Sachverhalt", S.4*
[25] *vgl. Nürnberger Nachrichten vom 13.7.1989*
[26] *vgl. Stadt Nürnberg (1988b) S.3*
[27] *vgl. Nürnberger Nachrichten vom 5.10.1988*

eigenen Bürgern und Meinungsträgern nicht genügend erkannt und verbreitet. Das vorhandene Kulturangebot, die hohe Lebensqualität der Stadt und ihre Wirtschaftskraft seien im Bewußtsein der Öffentlichkeit nicht genügend verankert.[28] Im Ausland werde Nürnberg mit dem Nationalsozialismus assoziiert, im Inland herrsche das Bild der traditionsgeprägten heimeligen mittelalterlichen Stadt vor.[29] Das geringe Selbstbewußtsein des Franken, die negative lokale Berichterstattung in den Medien und die fehlende Sensibilität einiger politischer Akteure gegenüber den möglichen Auswirkungen ihrer Äußerungen werden darüber hinaus als "interne" Defizite genannt.[30] Angesichts des *"Sogs nach München"* und der Tatsache, daß andere Großstädte bessere internationale Anbindungen als Nürnberg besäßen, wirke sich die *"Unvollständigkeit"* des Images der Stadt negativ auf ihre Entwicklung aus.[31]

Fast von selbst ergeben sich aus diesen genannten Defiziten die Zielsetzungen der Image-Pflege: Um Enttäuschungen zu vermeiden, so die Ausgangsmaxime, muß das zu schaffende Bild der Stadt mit der Realität übereinstimmen.[32] Die traditionellen Imagekomponenten sind zu ergänzen durch moderne Elemente, gerade die Gegensätzlichkeit der Grundkomponenten soll dabei als *"fruchtbar"* herausgestellt werden.[33] Das Stadtleitbild ist auf Grundlage des größtmöglichen gemeinsamen Nenners aller Beteiligten zu entwickeln.[34] Einige der herauszustellenden Image-Komponenten werden konkretisiert:

- Die Stadt ist überschaubar, sauber, aufgeschlossen und solide. Sie ist im positiven Sinn gegensätzlich, diversifiziert, die politische Landschaft ist ausgewogen.

- Nürnberg hat hohe kulturelle und geistige Werte, gute Bildungs- und Gesundheitseinrichtungen, hervorragende Freizeitangebote und kulinarische Qualitäten. Dabei sind die Lebenshaltungskosten gering.

- Die Stadt hat eine hohe Umweltqualität: eine klar gegliederte Siedlungsstruktur, gute Frischluftzufuhr und - trotz vorzüglicher Erschließung - eine geringe Abgasbelastung.[35]

Diese Grundkomponenten des Images sind in zweierlei Richtungen im Rahmen einer Doppelstrategie zu "verbreiten":

---

[28] vgl. Stadt Nürnberg (1988b). S.7
[29] vgl. Stadt Nürnberg (1988b). S.2, S.5
[30] vgl. Stadt Nürnberg (1988b). S.7
[31] vgl. Stadt Nürnberg (1988b). S.6
[32] vgl. Stadt Nürnberg (1988b). S.9
[33] vgl. Stadt Nürnberg (1988b). S.5
[34] vgl. Stadt Nürnberg (1988b). S.9
[35] vgl. Stadt Nürnberg (1988b) S.11

- Nach "innen" gilt es, ein *"Wir-Gefühl"*, die *"Solidarität aller Betroffenen"* zu schaffen. Insbesondere Stadtrat und weite Teile der Verwaltung sind auf das Nürnberger Image-Problem hin zu sensibilisieren. Die *"Töchter der Stadt"*, sowie einzelne Betriebe und Interessenverbände aus der Nürnberger Wirtschaft und die örtlichen Medien sollen miteinbezogen werden. Schließlich soll jeder Bürger zum *"Botschafter seiner Stadt"* werden.[36]

- Nach "außen" werden die Maßnahmen an bestimmten Zielgruppen ausgerichtet: Jugendliche und junge Erwachsene, generell *"Bundesbürger mit höherem Bildungs- und Einkommensniveau"* und *"die Wirtschaft"*.

Die Kampagne, die sich der ganzen Palette von Medien bedienen soll, ist einer Agentur zu übertragen.[37]

## 1.3 Die Entwicklung "weicher" Standortfaktoren im Kontext der Nürnberger Stadtentwicklungsplanung

Aus der Beschreibung der aufgeführten mehr oder minder direkt imageprägenden Aktivitäten wurde deutlich, daß eine - im Rahmen der Marketing-Strategien sogar zentrale - Intention die der Attraktivitätssteigerung der Stadt für auswärtige Betriebe und bildungs- bzw. einkommensstarke Arbeitskräfte ist. Es stellt sich die Frage, wie die Entwicklung "weicher" Standortfaktoren, wie vor allem die Strategien der "Imagekorrektur" in den Kontext der Stadtentwicklungsplanung und der wirtschaftlichen Standort- und Strukturpolitik einzuordnen sind. Gerade das Image, das Gesamtbild der Stadt, scheint ein Aufgabenfeld darzustellen, für das eine integrierte Stadtentwicklungsplanung geradezu prädestiniert ist.

Abbildung 14 verdeutlicht die Organisationsstruktur, des *"kooperativen Ansatzes"* [38] der Nürnberger Stadtentwicklungplanung.

[36] vgl. Stadt Nürnberg (1988b). S.10, S.13f
[37] vgl. Stadt Nürnberg (1988b). S.13f
[38] Lölhöffel (1983) S.32

**Abb. 14: Organisationsmodell der Nürnberger Stadtentwicklungsplanung**

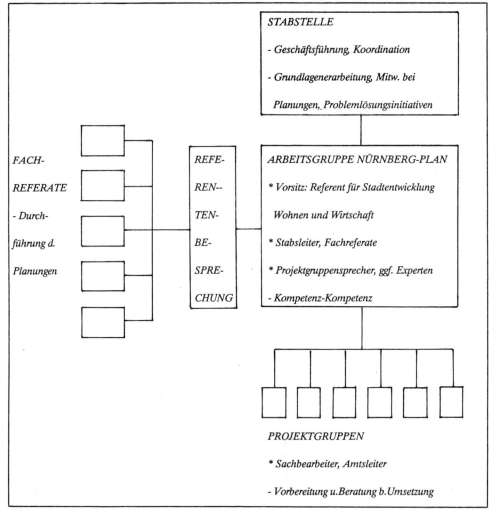

*STABSTELLE*

*- Geschäftsführung, Koordination*

*- Grundlagenerarbeitung, Mitw. bei*

*Planungen, Problemlösungsinitiativen*

*FACH-*

*REFERATE*

*- Durch-*

*führung d.*

*Planungen*

*REFE-*

*REN--*

*TEN-*

*BE-*

*SPRE-*

*CHUNG*

*ARBEITSGRUPPE NÜRNBERG-PLAN*

*\* Vorsitz: Referent für Stadtentwicklung*

*Wohnen und Wirtschaft*

*\* Stabsleiter, Fachreferate*

*\* Projektgruppensprecher, ggf. Experten*

*- Kompetenz-Kompetenz*

*PROJEKTGRUPPEN*

*\* Sachbearbeiter, Amtsleiter*

*- Vorbereitung u.Beratung b.Umsetzung*

Quelle: Eigene Darstellung nach Lölhöffel (1983)

Grundsätzlich umfaßt auch in Nürnberg die STEP das gesamte Aufgabenfeld des gemeindlichen Wirkungskreises.[39] Zentrales Organ auf Verwaltungsebene ist die *Arbeitsgruppe Nürnberg-Plan (AGN)*, deren Mitglieder der ihr vorsitzende berufsmäßige Stadtrat für Stadtentwicklung, Wohnen und Wirtschaft, je zwei Vertreter der Fachreferate, der Leiter des *Stabs für Stadtentwicklung* und die Sprecher der Projektgruppen sowie ggf. geladene Sachverständige aus den Referaten sind. Die mit verschiedenen Aufgabenbereichen befaßten Projektgruppen sind mit Amtsleitern und Sachbearbeitern, ggf. mit

---

[39] vgl. Lölhöffel (1983) S.32

Sachverständigen besetzt. Sie bereiten die Sitzungen der *AGN* vor und liefern regelmäßig Tätigkeitsberichte. Die *AGN* wiederum verfaßt Stellungnahmen (die auch Minderheitsvoten enthalten) für die *"Referentenbesprechung"* (zusammengesetzt aus Oberbürgermeister und den berufsmäßigen Stadträten). Die Durchführung der Planungen liegt weiterhin im Zuständigkeitsbereich der Referate. Der *AGN* ist in *"konsequenter Anwendung des kooperativen Ansatzes"* [40] kein Amt, sondern eine Stabstelle zugeordnet. Dieser obliegt die Geschäftsführung, sie erarbeitet Planungsgrundlagen, wirkt bei sektoralen wie teilräumlichen Planungen mit und macht Vorschläge zur Verwaltungs- und Aufgabengliederung. Dadurch ergeben sich auch in Nürnberg Kompetenzkonflikte zwischen Stab und traditionellen Ämtern.[41] Die theoretische Anordnung der "Planebenen" der Nürnberger Stadtentwicklungplanung läßt sich in Form eines deduktiv-hierarchischen Modells darstellen:

**Abb. 15: Planebenen der Nürnberger Stadtentwicklungsplanung**

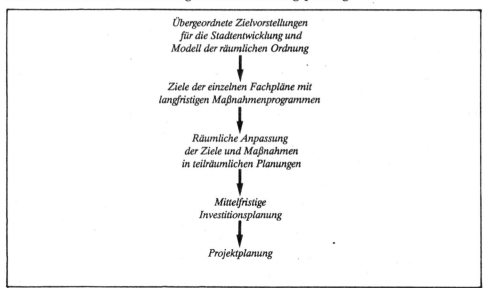

Quelle: eigene Darstellung nach Lölhöffel (1983) S.33

In der Praxis ergeben sich jedoch deutliche Abweichungen von dieser deduktiven Anordnung. Beispielsweise existiert in Nürnberg überhaupt kein übergeordnetes Zielsystem der Stadtentwicklungsplanung, dagegen aber eine breite Palette von Rahmenplänen und das hier offenbar sehr wirksame Instrument der mittelfristigen Investitionsplanung.[42]

---

[40] *Lölhöffel (1983) S.38*
[41] *Lölhöffel (1983) S.35ff*
[42] *vgl. Lölhöffel (1983) S.33f*

Aussagen über die Imageplanung bzw. Imagepflege finden sich innerhalb des beschriebenen Modells nur auf der zweithöchsten Ebene, im derzeit noch nicht ganz fertiggestellten "Rahmenplan für Arbeit und Wirtschaft". Auch aufgrund ihrer noch nicht abschätzbaren Kosten spielt die Imageplanung bei der mittelfristigen Investitionsplanung noch keine Rolle, was aber nach Aussagen von *AGN-Stab* zukünftig durchaus denkbar ist.

Die Entwicklung "weicher" Standortfaktoren, insbesondere die Imageplanung läßt sich als ein Instrument der Standort- und Strukturpolitik in das Zielsystem der kommunalen Wirtschaftspolitik einordnen. Da eine geschlossenes übergeordnetes Zielsystem für die gesamte Stadtentwicklung nicht vorhanden ist, sind die Ziele der kommunalen Wirtschafts- und Verkehrspolitik gesondert formuliert.

*"An diesen müssen alle Maßnahmen der kommunalen Wirtschaftspolitik gemessen werden, d.h. es muß festgestellt werden, inwieweit eine Maßnahme zur Erreichung eines Ziels beiträgt, bzw. wie sich eine Maßnahme auf die Erreichung eines anderen Ziels auswirkt (das kann positiv, neutral oder negativ sein - Zielharmonie, Zielneutralität, Zielantinomie). An diesen Zielen sind aber auch alle anderen Maßnahmen der Stadt zu messen, soweit sie sich im Bereich des Arbeitens und der Wirtschaft auswirken."* [43]

In Abbildung 16 sind die Ziele der kommunalen Wirtschaftspolitik in Nürnberg dargestellt. Drei Zielebenen lassen sich unterscheiden. Das Leitziel *"Lebensqualität"* soll durch die ökonomischen Oberziele *"Sicherung der Arbeitsmöglichkeiten"*, *"Steigerung der Privateinkommen"*, *"differenziertes Angebot von Arbeitsplätzen"* sowie die Ziele der *"Verbesserung von Arbeitsbedingungen"* und *"Sicherung und Steigerung der öffentlichen Einnahmen"* erreicht werden.

Dabei lagen die Prioritäten der kommunalen Wirtschaftspolitik in den letzten Jahren auf den Zielen *"Sicherung der Arbeitsmöglichkeiten"* und *"differenziertes Angebot von Arbeitsplätzen"*, obwohl diese auf kommunaler Ebene grundsätzlich nicht durch direkte, sondern nur durch strukturpolitische Maßnahmen zu beeinflussen sind.[44] Der hohe Abstraktionsgrad der Oberziele erfordert ihre Überführung in konkretere Unterziele: das *"Angebot von Entwicklungsmöglichkeiten"* und die *"ausgewogene Branchen- und Betriebsgrößenstruktur".*[45] Gewissermaßen quer zu dieser Zielhierarchie liegt die *"Bedingung einer geordneten Umwelt".* Auf die einzelnen Implikationen und Antinomien dieses Zielsystems sei hier nicht genauer eingegangen.

---

[43] *Stadt Nürnberg (1985) S.67f*
[44] *vgl. Stadt Nürnberg (1988a) S.13*
[45] *vgl. Stadt Nürnberg (1985) S.73*

**Abb. 16: Ziele der Nürnberger Wirtschaftspolitik**

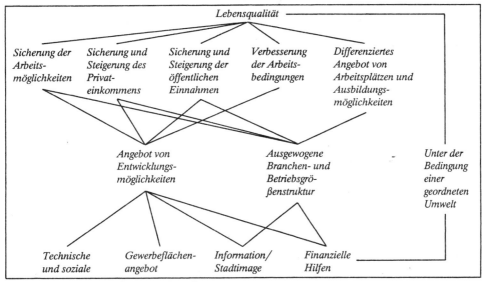

Quelle: Stadt Nürnberg (1985) S.73; eigene Darstellung

Die Imageplanung wirkt nach dem Modell auf die Erreichung beider Unterziele und damit aller Oberziele und des Leitziels ein. Der Intention nach beeinflußt sie das *"Angebot von Entwicklungsmöglichkeiten"*, indem sie die Attraktivität der Stadt für auswärtige Arbeitskräfte steigert und damit für die örtlichen Betriebe die Anpassung an sich ändernde Marktbedingungen erleichtert. Indem auch auswärtige Betriebe auf die Stadt aufmerksam werden, können einerseits für die bestehenden Betriebe die Zulieferer- und Absatzmöglichkeiten und die Diffusion von know-how und damit ihre *"Entwicklungsbedingungen"* verbessert werden. Andererseits kann so auch das Ziel einer *"ausgewogenen Branchen- und Betriebsgrößenstruktur"* erreicht werden.[46]

Im "Rahmenplan Arbeiten und Wirtschaft" werden Bedeutung, Handlungsbedarf und Einflußmöglichkeiten für das Image und die damit verbundenen andern "weichen" Standortfaktoren noch weiter ausgeführt:

- Unter *"Image"* wird das Bild verstanden, *"das sich ein auswärtiger Entscheidungsträger über das Wirtschaftsklima Nürnbergs macht"*. Das kann im Rahmen einer Investitions- oder einer Wohnentscheidung geschehen.[47] Notwendig ist demnach eine Erweiterung des Images der Stadt um die ökonomischen, technischen und kulturellen Potentiale der Region, eine entsprechende Politik ist *"dringend erforderlich"*. Zu erarbeiten ist ein

---

[46] vgl. Stadt Nürnberg (1985) S.69
[47] vgl. Stadt Nürnberg (1985) S.84

*"mittelfristig umsetzbares Konzept zur Imageerweiterung".* Bei der Umsetzung ist die Imagerelevanz weiterer kommunaler Entscheidungen zu berücksichtigen. Auch wird eine Erweiterung der überregionalen Berichterstattung in den Medien vorgeschlagen.[48] Die Standortwerbung richtet sich sowohl an auswärtige Betriebe als auch *"an Entscheidungsträger in größeren Betrieben, die in Nürnberg bereits einen (meist kleineren) Standort haben"* und dient damit der Neuansiedlung und der Erweiterung. Im Zusammenhang damit sollen überörtliche Stellen von Land und Regierungsbezirk dazu aufgefordert werden, *"den Standort Nürnberg mit 'anzubieten'".*[49]

- Das Wirtschaftklima beeinflußt das Image. Es *"ist geprägt durch die Grundeinstellung aller derjenigen Akteure, die das lokale Umfeld direkt oder indirekt gestalten, in dem wirtschafts- und arbeitsmarktpolitische Entscheidungen tagtäglich gefällt werden".*[50] Ein *"Behörden-Engineering"* soll allen Akteuren in Politik und Verwaltung die "klimatischen" Konsequenzen ihres Handelns verdeutlichen. Die Kontakte zu örtlichen Betrieben und wirtschaftlichen Interessenverbänden sollen verbessert werden.[51]

- Der Wohn- und Freizeitwert der Stadt wird als hoch eingeschätzt und ist *"weiter zu entwickeln",* Wohnungs- und Kulturangebot sowie die Umweltqualität sind zu verbessern. Die Qualitäten sind durch "geeignete Maßnahmen" der Zielgruppenwerbung an die zu gewinnenden Arbeitskräfte heranzutragen.[52]

- Hinsichtlich der Verbesserung des geistig kulturellen Klimas kommt es auf die *"qualitative Differenzierung"* der Fülle kultureller Einrichtungen und Aktivitäten an. Die "Kulturmeile" wird als Ansatz der Vernetzung des Kulturangebotes, der Schaffung eines Klimas *"aufgeschlossener Rationalität"* positiv bewertet.[53]

In Abbildung 17 ist zusammenfassend der Handlungsbedarf für die einzelnen "weichen" Standortfaktoren, wie er zumindest von den Hauptinitiatoren der Imageplanung in Nürnberg gesehen wird, dargestellt. Für das Kulturangebot, vor allem für den Wohn- und Freizeitwert, wird der Handlungsbedarf offenbar als nicht so hoch eingeschätzt wie für die anderen "weichen" Standortfaktoren. Es gilt zwar auch, die vorhandenen reichhaltigen Angebote zu verbessern, vor allem aber sollen diese verstärkt bekannt gemacht werden. Tiefgreifender werden augenscheinlich die Defizite im Wirtschaftklima gesehen. Hier gilt es, "Bewußtseinsprozesse" der Verwaltung und Politik einzuleiten, die Kontakte zu Betrieben und Interessenverbänden zu verbessern. Am höchsten wird wohl der

---

[48] *vgl. Stadt Nürnberg (1989a) S.2*
[49] *vgl. Stadt Nürnberg (1985) S. 85*
[50] *vgl. Stadt Nürnberg (1989a) S.3*
[51] *vgl. Stadt Nürnberg (1989a) S.3*
[52] *vgl. Stadt Nürnberg (1989a)*
[53] *vgl. Stadt Nürnberg (1989a) S.3*

Handlungsbedarf für das Image eingeschätzt, hier wird eine neue Politik gefordert. Im Image kulminieren die anderen "weichen" Standortfaktoren, die soweit von hoher Qualität, gezielter nach außen zu vermarkten sind. Im Rahmen der nach innen orientierten Teilstrategie wird die Entwicklung eines "Wir-Gefühls" angestrebt.

**Abb. 17: Handlungsbedarf und -ansätze zur Entwicklung der "weichen" Standortfaktoren in Nürnberg**

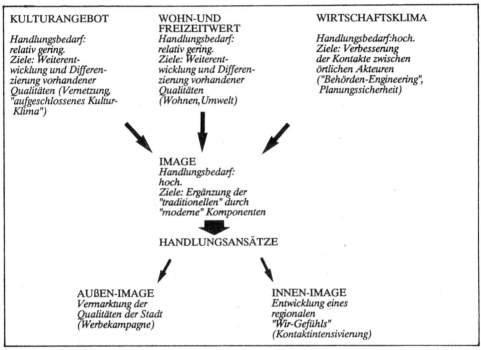

Quelle: Eigene Darstellung

Die Imageplanung und die Verbesserung der anderen "weichen" Standortfaktoren sind als Instrumente der Standort- und Strukturpolitik in das Zielsystem der kommunalen Wirtschaftspolitik und in die Stadtentwicklungsplanung eingeordnet. Der Intention nach dienen sie damit der *"Sicherung der Entwicklungsmöglichkeiten"* bestehender Betriebe und der Schaffung einer *"ausgewogenen Wirtschaftstruktur"*, auch durch anzusiedelnde Betriebe; damit der *"Sicherung, Verbesserung, Differenzierung von Arbeits- und Ausbildungsmöglichkeiten"*, der *"Sicherung und Steigerung privater und öffentlicher Einkommen"* und der *"Verbesserung der Arbeitsbedingungen"*. Die Entwicklung der nichtökonomischen Dimension von "Lebensqualität" soll die der ökonomischen Dimension verbessern. Hauptadressaten sind dabei, "strukturauswiegende" Betriebe und (qualifizierte) Arbeitskräfte in und außerhalb der Stadt.

# 2 Zum Handlungsbedarf für eine exogen orientierte Entwicklung "weicher" Standortfaktoren am Beispiel der Imageplanung

Das Resumée aus dem vorangegangenen Kapitel ist schnell gezogen: auch Nürnberg hat den Startschuß zum neuen Wettlauf interkommunaler Konkurrenz, zum Rennen um überregional wirksame Attraktivität, gehört. Die Zunahme von städtebaulichen und kulturellen Aktivitäten, die eingeleiteten Maßnahmen einer direkten Imagepflege stellen keine Häufung zufälliger Erscheinungen dar, sondern sie sind Bestandteile der kommunalen Stadtentwicklungsplanung und Wirtschaftspolitik.

Untersucht werden soll nunmehr der Handlungsbedarf für eine Imageplanung, generell für eine Erhöhung der überregionalen Attraktivität der Stadt. Am Beispiel der nach außen gerichteten, exogenen Komponente der Imageplanung wird damit überprüft, ob eine Entwicklung "weicher" Standortfaktoren für Nürnberg eine notwendige und vielversprechende Strategie darstellt. Es soll ermittelt werden, ob derlei Strategien zur Lösung der ökonomischen und sozialen Probleme der Stadt beitragen können. Diese spezifischen durch den ökonomischen Strukturwandel bedingten Probleme sind dazu zuerst herauszuarbeiten. Daran anknüpfend werden die Zielgruppen der Imageplanung betrachtet, die "neuen Professionellen" und die Betriebe. Es sind Anhaltspunkte dafür zu sammeln, ob das Verhalten dieser Zielgruppen gegenüber dem Raum Nürnberg in einem Zusammenhang mit dessen "weichen" Standortfaktoren steht, konkreter: Lassen sich Anhaltspunkte dafür finden, daß Nürnberg aufgrund seiner "weichen" Standortfaktoren von Hochqualifizierten gemieden wird? Wirkt sich die "weiche" Attraktivität auf das Investitionsverhalten von Betrieben, auf Zu- und Abwanderungen, auf selektive Investitionen und Desinvestitionen in und aus dem Nürnberger Raum aus, hat sie einen entwicklungshemmenden Einfluß auf bestehende Betriebe? Indirekt wird damit überprüft, ob und in welchem Maße die Maßnahmen der Steigerung der überörtlichen Attraktivität des Raumes dem Maßstab des Zielsystems der Stadtentwicklungsplanung und Wirtschaftspolitik entsprechen. Dies dürfte nur der Fall sein, wenn diesen Maßnahmen ein nachweisbarer Handlungsbedarf zugrundeliegt und wenn sie - innerhalb eines tolerierbaren Unsicherheitsrahmens - erfolgversprechend sind.

# 2.1 Der wirtschaftliche Strukturwandel im Raum Nürnberg und seine Rahmenbedingungen

In diesem Abschnitt geht es darum, den spezifischen Verlauf des ökonomischen Struk-turwandels in der Region Nürnberg zu charakterisieren. Was unterscheidet die jüngeren Entwicklungen, die gegenwärtigen Ausgangsbedingungen und zukünftigen Perspektiven des Nürnberger Raumes von denen anderer Ballungsräume? Als "Raum Nürnberg" wird dabei der Agglomerationsraum Nürnberg-Fürth-Erlangen-Schwabach bezeichnet. Wenn auch die Entwicklung der Stadt Nürnberg die des gesamten Raumes entscheidend be-stimmt und die vorab genannten Initiativen einer Entwicklung "weicher" Standortfakto-ren auch vorwiegend in der Stadt Nürnberg zu finden sind, bleibt die Betrachtung also nicht auf das Zentrum der Region beschränkt. Für diese Betrachtungsweise spricht vor allem die Bedeutung der regionalen Verflechtungen insbesondere des Arbeitsmarktes. Entscheidend ist auch die Tatsache, daß auch viele "weiche" Standortfaktoren regional wirken und daß das Außenimage der Stadt Nürnberg wesentlich das der gesamten Re-gion mitbestimmt. Das in seinen Auswirkungen zu überprüfende "Imageproblem" betrifft - trotz durchaus vorhandener kleinräumiger Imagedifferenzierungen - die gesamte Re-gion.

In Abbildung 18 ist der "Raum Nürnberg" dargestellt. Eingezeichnet sind zum einen die Grenzen der Planungsregion 63, auch "Industrieregion Mittelfranken" genannt, zum an-dern die Grenzen des Agglomerationsraums Nürnberg. Region und Agglomeration sind im Raum Nürnberg weitgehend identisch, in der Region lebten 1986 etwa 1.160.000, in der Agglomeration ca. 1.052.000 Einwohner. Grundlegend für Vergleiche mit anderen Räumen sind nachfolgend in der Regel die Daten für die Agglomerationsräume. Unter den 15 bundesdeutschen Agglomerationen lag der Nürnberger Raum 1986 der Ein-wohnerzahl nach an 11. Stelle.

Die drei Oberzentren des Raumes, Nürnberg, Fürth und Erlangen, liegen dicht beiein-ander. Vor allem Nürnberg und Fürth sind praktisch miteinander verwachsen, im Süden wird die Städteachse durch Schwabach komplettiert. Von der Gemeindefläche, vor allem aber von der Einwohnerzahl her ist die Stadt Nürnberg eindeutig das Herz der Region. 1987 lebten hier knapp 470.000 Einwohner auf etwa 186 qkm. Es folgten Erlangen mit etwas über 100.000 Einwohnern auf 77qkm, Fürth mit knapp 100.000 Einwohnern auf ca 63qkm und schließlich Schwabach mit knapp 36.000 Einwohnern auf ca 41 qkm.[1]

---

[1] vgl. Industrie- und Handelskammer Mittelfranken (1988) S.718

**Abb. 18: Kreise und kreisfreie Städte im Agglomerationsraum Nürnberg bzw. der Industrieregion Mittelfranken**

Quelle: eigene Darstellung

## 2.1.1 Allgemeine Tendenzen und Perspektiven des ökonomischen Strukturwandels im Nürnberger Raum

Zieht man die gängigen Indikatoren, die die Wirtschaftskraft und -dynamik eines Raumes kennzeichnen, Einwohner- und Beschäftigtenentwicklung, Bruttowertschöpfung und Arbeitslosenquote heran,[2] so läßt sich die Region Nürnberg im Vergleich zu andern bundesdeutschen Ballungsräumen prägnant kennzeichnen: Als "Süd-Nord-Drehscheibe mit Tendenz nach Süden". Wie aus Abbildung 19 hervorgeht, ist die Bezeichnung "Industrieregion" für den Nürnberger Raum nicht nur im Vergleich zu den umliegenden dünn besiedelten Regionen, sondern auch im Vergleich zu anderen bundesdeutschen Agglomerationen auch heute noch durchaus treffend.

**Abb. 19: Sektorale Struktur des Agglomerationsraumes Nürnberg und ausgewählter Vergleichsagglomerationen**

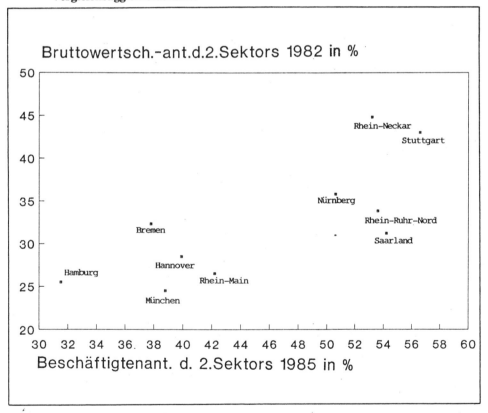

Quelle: BfLR (1986) S.956; S.971; eigene Darstellung

Wenn auch die verfügbaren Daten die Veränderungen der allerletzten Jahre und vor allem die funktionalen Verschiebungen innerhalb der Sektoren nicht wiedergeben, so

---

[2] vgl. Tabelle 1

wird doch deutlich, daß Nürnberg zur Gruppe der industriell geprägten Agglomerationen zu rechnen ist. Dies gilt auch für die Stadt Nürnberg,[3] die Industrie stellt noch immer *"das Rückgrat des Nürnberger Wirtschaftspotentials dar"*[4]. Welche Wirtschaftszweige im einzelnen vorherrschen, ist in Tabelle 20 dargestellt.

**Tab. 20: Beschäftigtenanteile in den Wirtschaftszweigen im Nürnberger Raum und ausgewählten Vergleichsräumen 1985**

| | WIRTSCHAFTSZWEIG | | | | | | | | | | |
|---|---|---|---|---|---|---|---|---|---|---|---|
| | Energie Wasser Bergbau | Chemie u.ä. | Metall Maschinen Fahrzeugbau | E-Technik Feinmechanik Optik | Verbr.-gt. Holz Druck | Nahrungs- u.Genuß- mittel- | Bau Steine Erden | Handel | Verkehr | Banken Versicherungen | sonst. Dienstleistungen |
| **AGGLOM. NÜRNBERG** | 1,1 | 3,6 | 10,1 | 21,9 | 5,3 | 2,8 | 5,9 | 15,9 | 5,3 | 3,9 | 24,4 |
| BUND | 2,4 | 6,3 | 14,8 | 8,4 | 6,4 | 3,5 | 7,3 | 16,7 | 4,9 | 4,0 | 28,2 |
| BAYERN | 1,1 | 6,1 | 13,2 | 10,3 | 8,8 | 4,1 | 8,5 | 13,3 | 4,3 | 4,0 | 26,5 |
| **AGGLOMERATIONEN** | | | | | | | | | | | |
| Hamburg | 1,4 | 5,0 | 8,5 | 4,7 | 2,8 | 3,2 | 6,1 | 18,8 | 11,5 | 6,4 | 31,8 |
| Bremen | 1,5 | 1,3 | 14,8 | 5,2 | 3,8 | 5,6 | 5,7 | 17,6 | 11,4 | 4,2 | 28,9 |
| Hannover | 2,5 | 6,7 | 11,9 | 6,1 | 3,1 | 3,4 | 6,1 | 15,7 | 6,5 | 5,5 | 32,4 |
| Rh.Ruhr-No. | 9,1 | 5,4 | 20,2 | 6,4 | 2,9 | 2,6 | 6,9 | 13,8 | 4,8 | 2,8 | 25,0 |
| Rhein-Main | 0,9 | 9,8 | 11,9 | 7,2 | 4,4 | 2,0 | 6,0 | 15,3 | 7,5 | 6,6 | 28,3 |
| Rh.Neckar | 1,4 | 16,9 | 12,4 | 8,6 | 4,1 | 2,9 | 6,9 | 12,1 | 4,4 | 3,7 | 26,7 |
| Stuttgart | 0,9 | 13,2 | 22,5 | 14,7 | 6,6 | 2,5 | 6,2 | 12,3 | 3,9 | 4,5 | 22,7 |
| München | 1,1 | 2,6 | 11,6 | 10,4 | 3,5 | 2,6 | 7,0 | 15,6 | 5,7 | 6,6 | 33,2 |
| Saarland | 10,1 | 3,0 | 23,9 | 4,2 | 3,4 | 3,3 | 6,2 | 12,7 | 4,2 | 3,6 | 25,3 |

Quelle: BfLR (1986) S.962

Über ein Fünftel der im Raum Nürnberg Beschäftigten war 1985 im Bereich der Elektrotechnik tätig, in keinem der Vergleichsräume hatte diese Branche ein solches Gewicht. Die Anteile des zweitgrößten Industriezwigs, des Metallverarbeitenden Gewerbes, liegen geringfügig unter dem Bundesdurchschnitt. Die Prägung durch Elektrotechnik und Maschinenbau *"war in Nürnberg bereits durch das vielseitige reichsstädtische Gewerbe vorgezeichnet (...), hat sich im vergangenen Jahrhundert rasch durchgesetzt und bis in die letzten Jahrzehnte weiter verstärkt"*[5]. Der noch geringe Tertiärisierungsgrad des Raumes zeigt sich besonders im Bereich der Banken, Versicherungen und sonstigen Dienstleistungen.

Seit über einem Jahrzehnt verändert sich jedoch die typische Nürnberger Struktur. Pointiert formuliert war in den letzten Jahren und ist gegenwärtig die wirtschaftliche Entwicklung im Nürnberger Raum durch beschleunigte Deindustrialisierungsprozesse und gleichzeitige Aufholtendenzen des Dienstleistungsbereiches bestimmt. Dabei konnten die Zuwächse im Tertiären Sektor die Beschäftigungsverluste des Industriesektors lange Zeit nicht kompensieren. Die Beschäftigungsentwicklung verlief damit insgesamt ungün-

---

[3] *vgl. Stadt Nürnberg (1985), Stadt Nürnberg (1988a) S.7*
[4] *Stadt Nürnberg (1987a) S.9*
[5] *Ritter (1985) S.15*

stiger als in anderen südlichen Agglomerationen, jedoch günstiger als in den nördlichen Vergleichsräumen.[6]

**Tab. 21: Standortbedingte Beschäftigungsveränderungen in den Sektoren in der Agglomeration Nürnberg und in ausgewählten Vergleichsräumen 1970-1985**

| VERGLEICHSRAUM | Abweichung der Beschäftigungsentwicklung von den strukturbedingten Erwartungswerten je 100 Beschäftigte | |
|---|---|---|
| | Produzierendes Gewerbe | Dienst-leistungen |
| Nürnberg | - 3,9 | 15,6 |
| Bayern | 11,8 | 13,8 |
| Hamburg | - 24,1 | - 14,8 |
| Bremen | - 8,2 | - 3,2 |
| Hannover | - 34,1 | - 15,6 |
| Rhein-Ruhr-Nord | - 12,2 | - 6,8 |
| Rhein-Main | - 2,5 | 7,9 |
| Rhein-Neckar | - 6,3 | 0,6 |
| Stuttgart | - 0,3 | - 1,6 |
| München | 1,8 | 14,9 |
| Saarland | - 0,1 | - 7,3 |

Quelle: BfLR (1986) S.967f; eigene Darstellung

Dargestellt sind hier die relativen Abweichungen der Beschäftigtenentwicklung in den Sektoren von den strukturbedingten Erwartungswerten. Die hohen standortbedingten Verluste im Industriesektor treffen allerdings die meisten Agglomerationen, sie sind Ausdruck einer Peripherisierung des sekundären Sektors. Typisch für den Raum Nürnberg sind aber die standortbedingten Gewinne im Dienstleistungssektor, in keinem Vergleichsraum wurden die strukturbedingten Erwartungswerte so stark übertroffen. Aus Tabelle 22 wird deutlich, daß sich diese Verschiebungen nicht in allen Wirtschaftszweigen gleich stark vollzogen.

Die Elektrotechnik und die Metallindustrie sind jene Bereiche, in denen die Beschäftigungsverluste im Vergleich zum Bundesgebiet, zu Bayern und zu den meisten anderen Agglomerationen sehr hoch waren. Aufgrund ihrer großen Bedeutung trugen diese Branchen auch die Hauptmasse des Beschäftigungsverlustes. Chemie, Bau- und Holzgewerbe und der Handel hatten ebenfalls Beschäftigungsverluste zu verzeichnen. Dies traf jedoch die meisten anderen Agglomerationen ebenfalls. Höhere Gewinne als die meisten anderen Agglomerationen hatte der Raum im Bereich der Banken und Versicherungen zu verzeichnen. Vor allem aber wuchs der Bereich der sonstigen Dienstleistungen stärker als in allen anderen Vergleichsräumen, relativ zum Bestand sogar stärker als in München.

---

[6] vgl. Tabelle 1

**Tab. 22: Prozentuale Veränderungen der Beschäftigtenanteile der Wirtschaftszweige 1970-1985 im Nürnberger Raum und ausgewählten Vergleichsräumen**

| | Energie Wasser Bergbau | Chemie u.ä. | Metall Maschinen Fahrzeugbau | E-Technik Feinmechanik Optik | Verbr.-gt. Holz Druck | Nahrungs- u.Genuß- mittel- | Bau Steine Erden | Handel | Verkehr | Banken Versiche- rungen | sonst. Dienst- leistungen |
|---|---|---|---|---|---|---|---|---|---|---|---|
| **AGGLOM.** | | | | | | | | | | | |
| NÜRN-BERG | 13,1 | -26,1 | -21,9 | -14,7 | -29,2 | - 6,3 | -32,2 | -13,1 | 24,4 | 36,7 | 84,1 |
| BUND | - 4,3 | -12,4 | -11,5 | -14,2 | -36,1 | -13,6 | -23,6 | - 2,2 | 12,5 | 33,0 | 46,0 |
| BAYERN | 1,9 | -10,6 | 10,5 | - 8,2 | -28,3 | 3,1 | -12,7 | 19,1 | 30,8 | 44,7 | 67,0 |
| **AGGLOME-RATIONEN** | | | | | | | | | | | |
| Hamburg | 24,2 | -27,7 | -32,2 | -25,0 | -54,3 | -41,2 | -34,5 | -12,7 | - 2,9 | 14,8 | 26,1 |
| Bremen | 11,7 | -41,9 | -13,1 | -13,5 | -30,8 | -27,9 | -40,5 | 5,6 | -11,1 | 27,1 | 45,9 |
| Hannover | 10,2 | -45,7 | -36,9 | -20,6 | -53,5 | -39,2 | -41,6 | -15,5 | 4,7 | 13,5 | 24,9 |
| Rh.Ruhr-No. | -12,0 | -10,8 | -27,6 | - 9,6 | -45,9 | -23,9 | -31,5 | -15,3 | 8,3 | 29,4 | 41,4 |
| Rhein-Main | 15,2 | - 6,1 | - 6,5 | -26,9 | -42,0 | -30,5 | -27,1 | 8,5 | 40,7 | 48,0 | 50,1 |
| Rh.Neckar | 15,7 | -15,0 | -26,4 | - 3,1 | -47,6 | -30,7 | -22,7 | - 6,0 | 6,6 | 39,5 | 50,9 |
| Stuttgart | 7,0 | -27,9 | - 6,1 | -12,8 | -45,7 | - 6,8 | -24,8 | 4,4 | 16,3 | 25,9 | 46,5 |
| München | 5,2 | -33,2 | - 0,5 | - 8,4 | -47,6 | - 8,5 | -26,0 | 33,1 | 47,6 | 37,0 | 62,8 |
| Saarland | 12,9 | -29,4 | -12,4 | - 9,3 | -48,4 | - 8,5 | -25,8 | -12,0 | 7,9 | 22,4 | 38,2 |

Quelle: BfLR (1986) S.964; eigene Darstellung

Zwei Gutachtergruppen untersuchten in den letzten Jahren die wirtschaftstrukturellen Entwicklungen der Region. Sie verglichen den Nürnberger dabei zwar mit jeweils verschiedenen Räumen, ihre unterschiedlichen Ergebnisse und Interpretationen dürften jedoch auch Resultat verschiedener regionalpolitischer Grundpositionen sein. *DORSCH-Consult* kommt beim Vergleich mit den anderen südlichen Industrieräumen Rhein-Neckar und Stuttgart zu dem Ergebnis, daß im Nürnberger Raum im Bereich Büromaschinen, Elektrotechnik, EDV von 1978 bis 1986 *"per Saldo allein aufgrund regionsinterner wirtschaftlicher Entwicklungen (d.h. ohne Berücksichtigung von Entwicklungen aus dem Gesamtraum Süddeutschland) etwa 11.000 Arbeitsplätze"* verlorengingen. Dazu kommen *"regionsintern bedingte"* Beschäftigungsverluste aus anderen Bereichen von etwa 9.500.[7] Die strukturbedingten positiven Entwicklungen konnten die Negativentwicklungen nicht kompensieren, es sei daher eine *"integrierte und koordinierte Entwicklungsstrategie anzustreben"*.[8] BÖVENTER/HAMPE/KOLL stellen zwar in ihrer Vergleichsanalyse mit anderen bayerischen Verdichtungsräumen nahezu die gleichen Fakten fest, kommen aber zu völlig anderen Schlußfolgerungen: *"Die Entwicklung erscheint, auch im interregionalen Vergleich, (...) außerordentlich günstig"*. Die Anpassungsprozesse wären durch *"keinerlei Maßnahme der regionalen Strukturpolitik"* zu beeinflussen gewesen,[9] ein Handlungsbedarf wird lediglich im Bereich des Bodenmarktes und der Forschungsinfrastruktur gesehen.[10]

---

[7] vgl. Dorsch-Consult (1988) S.7
[8] vgl. Dorsch-Consult (1988) S.20
[9] vgl. Böventer/Hampe/Koll (1987) S.168
[10] vgl. Böventer/Hampe/Koll (1987) S.169

Die Deindustrialisierungs- und Tertiärisierungsprozesse ergriffen die einzelnen Teile der Region in unterschiedlichem Maße, die negativen Folgen des Strukturwandels trafen dabei besonders die Stadt Nürnberg. Während sich in der "Siemens-Stadt" Erlangen von 1972-1987 sogar die absolute Zahl der im Sekundären Sektor Beschäftigten erhöhte und die Industriebeschäftigungsverluste in den schwächer verdichteten Umlandkreisen gering waren, sank in Nürnberg in diesem Zeitraum die Zahl der Industriebeschäftigten von 106.351 auf 86.617, die Zahl der Betriebe reduzierte sich von 516 auf 373.[11] Während von 1975-1986 in der gesamten Industrieregion einem Verlust von ca. 23.000 Arbeitsplätzen ein Gewinn von ca. 50.000 Arbeitsplätzen (davon etwa 30.000 im Bereich der sonstigen Dienstleistungen, wobei die unternehmensbezogenen privaten Dienste einen starkes Wachstum aufwiesen[12]) gegenüberstand, konnten in der Stadt Nürnberg die 24.500 verlorengegangenen Arbeitsplätze auch durch Zuwächse im Dienstleistungsbereich (ca 19.000) nicht kompensiert werden.[13] Generell war in allen Wirtschaftsbereichen ein Bedeutungsverlust Nürnbergs gegenüber seinem Umland zu verzeichnen.[14] Im Gegensatz beispielsweise zum Handel war im Industriesektor dieser Bedeutungsverlust nicht überwiegend auf direkte Randwanderungen von Betrieben zurückzuführen,[15] die Stadt war auch von überregionalen Abwanderungen und vor allem vom Abbau von Arbeitsplätzen in Großbetrieben stärker betroffen als die anderen Teile der Region.

Direkte überregionale Abwanderungen - Beispiele aus dem letzten Jahrzehnt: Klein-Schanzlin-Becker, Maschinen- und Apparatebau mit 600 Beschäftigten nach Pegnitz; Kabelmetall-Messing mit 400 Beschäftigten nach Berlin; VW-Audi-Vertriebszentrum mit 100 Beschäftigten nach Würzburg - spielten dabei quantitativ eine geringere Rolle,[16] von ihnen profitierten häufig die GRW-Fördergebiete.[17] Bedeutsamer als die kompletten Betriebsverlagerungen waren besonders in der Stadt Nürnberg die Schwerpunktverlagerungen von Mehrbetriebsunternehmen zuungunsten der Stadt, worauf im anschließenden Abschnitt noch gesondert einzugehen sein wird.

Den Betriebs- und Schwerpunktverlusten standen jedoch auch Ansiedlungserfolge gegenüber wie zum Beispiel: Siemens, Produktionsautomatisierung und Automatisierungssysteme, 850 Beschäftigte; Druckerei Belser aus Stuttgart, ca. 400 Beschäftigte, Murata-Elektronik, ca. 300 Beschäftigte; Philips PKI, vor allem auch außerhalb des produzierenden Bereiches die Firma DATEV, die sich bereits in den sechziger Jahren in Nürnberg

---

[11] vgl. Industrie- und Handelskammer Mittelfranken (1988) S.722
[12] vgl. Stadt Nürnberg (1987a) S.21
[13] vgl. Stadt Nürnberg (1987a) S.7
[14] vgl. Stadt Nürnberg (1987a) S.31
[15] vgl. Stadt Nürnberg (1987a) S.31
[16] vgl. Kreuch (1985) S.72
[17] vgl. Stadt Nürnberg (1985) S.34

angesiedelt hatte und seither sehr hohe Beschäftigungszuwächse aufwies[18]. Nach *BRAUN* konnte die Stadt dabei durchaus von der "Nord-Süd-Drift" profitieren.[19]

Verglichen mit den ausgehenden 70er und beginnenden 80er Jahren scheint sich in den allerletzten Jahren das Tempo des Strukturwandels in Nürnberg etwas abgeschwächt zu haben, was an Daten für die Stadt Nürnberg erläutert werden kann. Dort erhöhte sich seit 1984 die Beschäftigtenzahl und erreichte nach dem Tiefpunkt 1983 von 252.941 1987 die Marke von 264.849.[20] Zum Großteil war zwar dieser Beschäftigungsanstieg auf Entwicklungen im Dienstleistungsbereich zurückzuführen, jedoch stabilisierten sich auch einige Bereiche des Industriesektors. Im Verarbeitenden Gewerbe lag die Zahl der Beschäftigten mit 92.233 deutlich höher als 1985 mit 90.825.[21] Die Zuwächse waren vor allem im Bereich der Grundstoff- und Produktionsgüterindustrie und dem Druckereigewerbe entstanden. Damit ist Nürnberg *"mittlerweile zum größten Tiefdruckzentrum der Bundesrepublik, möglicherweise ganz Mitteleuropas avanciert"* [22]. Sogar in Elektrotechnik, Feinmechanik, Optik stiegen die Beschäftigtenzahlen, in der Metallindustrie schritt der Beschäftigtenabbau allerdings weiter voran.

Wie sind nun die generellen wirtschaftlichen Perspektiven des Raumes, insbesondere der Stadt Nürnberg einzuschätzen? Den entscheidenden Engpaßfaktor für eine Ansiedlungspolitik stellt weiterhin das außerordentlich knappe Angebot an Gewerbeflächen dar, zumal innerhalb des Bestandes weiterhin ein erheblicher Bedarf nach Arrondierungs- und Verlagerungsflächen besteht. In den Jahren 1986/87 gingen beim Nürnberger Amt für Wirtschaft und Verkehr rund 160 Anfragen nach Gewerbeflächen ein, etwa 20 Betriebe erhielten Erweiterungsflächen oder wurden innerhalb Nürnbergs verlagert, nur wenige Betriebe wurden neuangesiedelt. Insgesamt konnten dadurch rund 3000 Arbeitsplätze gesichert oder geschaffen werden.[23] Neben den Betrieben, die zu den ohnehin wachstumsträchtigen Bereichen zu rechnen sind, wie etwa: Baumüller, Datev, GfK, Murata, Nixdorf, Sebald und Siemens Nürnberg, scheinen einige Betriebe aus den ehemaligen Problembereichen wieder unter günstigen Vorzeichen zu produzieren (AEG-Hausgeräte, PKI).[24] Andere Betriebe (SEL, AEG-Kanis, TA, MAN) befinden sich aber noch immer in der Umstrukturierungsphase, was zu weiterem Beschäftigungsabbau (1987 bei MAN bereits 400 Arbeitsplätze, bei TA 1.400) führen könnte.[25] Anzeichen sprechen außerdem dafür, daß die positive Beschäftigtenentwicklung der letzten Jahre konjunkturell bedingt war und strukturelle Defizite so überdeckt wurden. Einige Be-

---

[18] vgl. Kreuch (1985) S.72; Stadt Nürnberg (1987a) S.9; Stadt Nürnberg (1988a) S.20

[19] vgl. Braun (1987) S.41

[20] vgl. Stadt Nürnberg (1988d) S.84

[21] vgl. Stadt Nürnberg (1988d) S.84

[22] Stadt Nürnberg (1988a) S.18

[23] vgl. Stadt Nürnberg (1988a) S.66

[24] vgl. Stadt Nürnberg (1988a) S.19f

[25] vgl. Stadt Nürnberg (1988a) S.19f; Lobodda (1988) S.2

triebe produzieren z.B. noch immer für schrumpfende Märkte (Motoren, Kranfahrzeuge, Großanlagen u.ä)[26]. Die besonders konjunkturabhängigen Betriebe der Konsumgüterindustrie wären von der nächsten Konjunkturkrise, etwa 13.000 Beschäftigte von der zumindest nach *LOBODDA* anstehenden Krise der Automobilbranche betroffen.[27] Dazu tritt erschwerend, daß trotz des Beschäftigungsanstiegs und der günstigen Konjunktur der letzten Jahre die Arbeitslosenquote im Raum Nürnberg auf einem hohen Sockel liegt. Sie betrug im August 1988 in der Stadt 8,5%, in der Region 8% und lag damit zwar unter dem Bundesdurchschnitt von 8,6%, aber deutlich über dem bayerischen Wert von 5,8%.[28]

Nicht mehr auf dem neuesten Stand, aber in der Tendenz als dennoch gültig bezeichnet werden kann die Beschäftigungsprognose des *BStMLU*, die bis zum Jahr 2000 einen doppelt so hohen Beschäftigungsabbau im Raum Nürnberg wie im bayerischen Durchschnitt voraussagt.[29] Vermutet auch *DORSCH-Consult* ein *"relatives Zurückbleiben"*[30] der Nürnberger Region gegenüber anderen süddeutschen, so können die Perspektiven des Raumes, verglichen mit den meisten anderen bundesdeutschen und damit auch europäischen Regionen, als günstig eingeschätzt werden. Das Datenmaterial der Untersuchung von *MEYER-KRAHMER* u.a., die der Region eine überdurchschnittliche Innovationsfähigkeit und damit günstige Voraussetzungen zur Bewältigung des Strukturwandels attestiert, dürfte zum Teil überholt sein.[31] Nach einer neuen Untersuchung von *SINZ/STEINLE* scheint der Nürnberger Raum, ebenso wie die anderen süddeutschen Räume, für den nahenden EG-Binnenmarkt gut gerüstet zu sein. Entwicklungsstand und -dynamik lassen vermuten, daß die *"Betroffenheit"* vom Binnenmarkt vor allem im Bereich Elektrotechnik, EDV und Bau erfolgreich in die Sicherung neuer Marktanteile umgesetzt werden kann.[32]

---

[26] *vgl. Stadt Nürnberg (1987a) S.7*
[27] *vgl. Lobodda (1988) S.2*
[28] *Stadt Nürnberg (1988c) S.3f*
[29] *vgl. BSTMLU (1985) S.175*
[30] *Dorsch-Consult (1988) S.1*
[31] *vgl. Meyer-Krahmer (1984).*
[32] *vgl. Sinz/Steinle (1989) S.17ff;*

## 2.1.2 Die Rahmenbedingungen des Strukturwandels im Raum Nürnberg - "Wissen" und "Entscheidungsmacht"

Die eigentliche Untersuchung des Handlungsbedarfs für eine nach außen orientierte Imageplanung setzt in dritten Kapitel an zwei Aspekten an, die in der Vergangenheit die Form des ökonomischen Wandels in Nürnberg mitprägten und die auch die weitere Entwicklung des Raumes mitbestimmen dürften. Diese beiden Aspekte werden weiter vertieft, weil sie gewissermaßen auch die Ansatzpunkte einer Entwicklung "weicher" Standortfaktoren, einer Imageplanung als standort- und strukturpolitischer Maßnahme der Wirtschaftpolitik bilden. Sie lassen sich grob mit den Begriffen "Entscheidungsmacht" und "Wissen" kennzeichnen, die Klammer zwischen beiden Begriffen stellt dabei die qualifizierte menschliche Arbeitskraft dar.

### Die Außenbestimmtheit der Region

Erst in den achtziger Jahren wurden Kontrollstrukturen, Beherrschungs- und Abhängigkeitsverhältnisse von Betrieben und Unternehmen zum Untersuchungsgegenstand der bundesdeutschen Regionalforschung. Bevor auf Kontrollstrukturen der Region Nürnberg eingegangen wird, sind einige allgemeine Forschungsergebnisse kurz darzustellen. Der Begriff "externe Kontrolle" bezeichnet zunächst die Abhängigkeit einer Betriebseinheit von einer anderen oder von einem Unternehmen. Sind die Beherrschungs- und Abhängigkeitsverhältnisse zwischen Unternehmen und Betrieben im Raum ungleich verteilt, so ergibt sich ein Beherrschungs- und Abhängigkeitsungleichgewicht zwischen den Regionen; letztlich werden Regionen von anderen "extern kontrolliert". Diese Kontrollstrukturen besitzen mehrere Dimensionen. *GRÄBER* u.a. stellen die in der amtlichen Statistik erfaßten juristisch fixierten Kontrollbeziehungen innerhalb von Mehrbetriebsunternehmen (zwischen Hauptsitzen und Zweigbetrieben) sowie Abhängigkeiten von Konzernbindungen, Mehrheitsbeteiligungen und einseitige Liefer- und Bezugsbindungen in den Mittelpunkt ihrer Untersuchung.[33]

Für den Zeitraum 1978-1982 läßt sich in der BRD eine deutliche und konstante ungleiche räumliche Verteilung kontrollierter und kontrollierender Betriebsstätten feststellen; Regionen besitzen gegenüber anderen "Kontrollüberschüsse". Während sich die extern abhängigen Betriebe relativ dispers im Raum verteilen, konzentrieren sich die beherrschenden Unternehmen auf wenige Räume, in erster Linie Regionen mit *"günstiger Struktur"*. Diese üben vor allem auf ihr näheres und weiteres Umland externe Kontrolle

---

[33] *vgl. Gräber u.a. (1987) S.34, S.44*

aus. Es zeigt sich aber auch eine deutliche Hierarchie zwischen diesen Zentren, an deren Spitze die Städte München, Frankfurt und Stuttgart stehen.[34]

Das hohe Ausmaß der Ungleichverteilung von ökonomischer Entscheidungsmacht ist deutlich, weniger eindeutig zu klären sind aber die Folgen dieser unausgewogenen Kontrollstrukturen. Die negative Bewertung der externen Abhängigkeit, so resumieren *GRÄBER* u.a., muß ebenso *"stark relativiert"* werden wie die positive Bewertung der selbständigen Betriebe und Regionen.[35] Die Beschäftigungsentwicklung verlief im Betrachtungszeitraum in den Räumen, die in hohem Maße extern kontrolliert, also von Zweigstellen geprägt waren, vergleichsweise günstig - zumindest soweit es sich um Nichtfördergebiete handelte. Umgekehrt war in den Räumen, die durch einen hohen Anteil von Stammbetrieben gekennzeichnet waren, die also eher andere Regionen kontrollierten als von ihnen kontrolliert wurden, zwar eine relativ hohe Investitionstätigkeit zu beobachten, ihre Beschäftigungs- und Produktivitätsenwicklung verlief aber vergleichsweise ungünstig.[36] Die Wirkung der Einbetriebsunternehmen auf die regionale Beschäftigungsentwicklung war aufgrund der Heterogenität dieser Gruppe nicht eindeutig zu klären.[37] Auf einer hochaggregierten Ebene lassen sich also offenbar keine direkten Zusammenhänge zwischen einem regionalen "Machtvakuum" und einer ungünstigen ökonomischen Entwicklung erkennen. Von außen kontrollierte Regionen entwickelten sich insgesamt zumindest von 1978-1982 nicht schlechter als Regionen mit "Machtüberschüssen". Zum Problem wird die externe Kontrolle für eine Region zumindest im Einzelfall dennoch. Dieses Problem besteht nicht nur in fehlender ökonomischer Potenz, sondern auch im Verlust von politischer Macht. Werden die Entscheidungen über Ausbau und Abbau von Produktionskapazitäten in anderen Regionen getroffen, so wird das ökonomische Machtvakuum einer Region zum politischen. Die lokalen Akteure verfügen schlichtweg über keine direkten Ansprechpartner in den Großbetrieben mehr, ihr wirtschaftspolitischer und sozialpolitischer Gestaltungsspielraum ist extern eingeschränkt.

Wie ist nun der Nürnberger Raum in die Kontrollhierarchie der bundesdeutschen Städte und Regionen einzuordnen? Die offene Form externer Kontrolle in Form von Kapital- und juristischen Bindungen trifft eher Großbetriebe, während Kleinbetriebe eher von verdeckten Abhängigkeiten, wie z.B. einseitigen Absatzverflechtungen betroffen sind. Abbildung 20 zeigt die Betriebsgrößenstruktur des Nürnberger Raumes im Vergleich zu den anderen Agglomerationen.

---

[34] *vgl. Gräber u.a. (1987) S.35*
[35] *vgl. Gräber u.a. (1987) S.44, S.46*
[36] *vgl. Gräber u.a. (1987) S.43*
[37] *vgl. Gräber u.a. (1987) S.46*

**Abb. 20: Betriebsgrößenstruktur im 2.Sektor des Nürnberger Agglomerationsraumes und ausgewählter Vergleichsräume 1984**

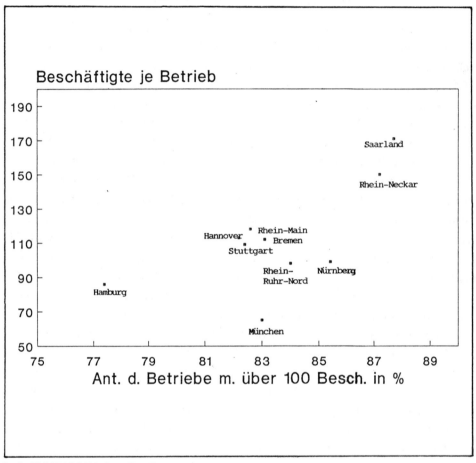

Quelle: BfLR (1986) S.969; eigene Darstellung

Betrachtet man den Indikator "durchschnittliche Betriebsgröße", so kann die Struktur Nürnbergs durchaus als "ausgewogen" bezeichnet werden. Der andere Größenindikator weist jedoch auf einen zwar nicht auffallend, aber doch sichtbaren hohen Anteil von Betrieben mit mehr als 100 Beschäftigten hin. Tatsächlich zeigten sich in der Vergangenheit die negativen Folgen des Strukturwandels in Nürnberg besonders an der Entwicklung einiger Großbetriebe.[38] Bei vielen dieser Großbetriebe handelte es sich um extern kontrollierte Zweigstellen. Von 22 Betrieben mit mehr als 1000 Beschäftigten waren zu Beginn der achtziger Jahre *"mit Sicherheit 16 von außen ferngesteuert".*[39] Nur zehn der 500

---

[38] *vgl. Stadt Nürnberg (1988a) S.14*
[39] *Ritter (1985) S.16*

größten Unternehmen der BRD hatten ihren Sitz in Nürnberg, davon waren nur zwei nicht in Konzerne eingebunden und gleichzeitig von überregionaler Bedeutung.[40]

Diese Aussagen lassen sich innerhalb eines bundesweiten Vergleichs noch weiter erhärten. Tabelle 23 zeigt, von welchen Regionen aus die einzelnen Raumtypen vor allem kontrolliert werden.

**Tab. 23: Die Konzentration der Beherrschung auf ausgewählte hochverdichtete Arbeitsmarktregionen**

| Zentren der Beherrschung nach Raumtypen | | Anteil an der Beherrschung nach der Kontrollbilanz für | | | |
|---|---|---|---|---|---|
| | | Beschäftigte 1982 | | Investitionssumme 1978-1982 | |
| | | % | Rang | % | Rang |
| A | Stuttgart | 42,55 | (1) | 49,57 | (1) |
| | München | 33,30 | (2) | 19,09 | (2) |
| | Frankfurt | 4,43 | (4) | 12,07 | (3) |
| | Köln-Leverkusen | 3,70 | (5) | 2,57 | (6) |
| | Hamburg | 1,59 | (8) | 10,51 | (4) |
| | Bonn | 1,32 | (10) | 3,79 | (5) |
| B | Frankfurt | 19,00 | (1) | 36,43 | (1) |
| | Düsseldorf-Neuß | 15,60 | (2) | 15,86 | (2) |
| | Köln-Leverkusen | 7,27 | (4) | 12,77 | (3) |
| | München | 9,16 | (3) | 1,81 | (11) |
| | Stuttgart | 5,96 | (6) | 3,30 | (6) |
| | Hamburg | 3,89 | (8) | 5,55 | (4) |
| C | München | 27,86 | (1) | 31,77 | (1) |
| | Stuttgart | 8,88 | (3) | 6,68 | (3) |
| | Nürnberg-Fürth | 6,54 | (4) | 3,67 | (6) |
| | Hamburg | 2,76 | (9) | 4,91 | (4) |
| | Frankfurt | 3,80 | (5) | 3,41 | (8) |
| | Köln-Leverkusen | 2,21 | (12) | 3,85 | (5) |
| D | Stuttgart | 20,22 | (1) | 19,67 | (2) |
| | Frankfurt | 11,75 | (2) | 20,68 | (1) |
| | München | 9,65 | (3) | 8,41 | (3) |
| | Berlin | 9,58 | (4) | 8,29 | (4) |
| | Rhein-Neckar | 4,37 | (6) | 6,67 | (5) |
| | Hamburg | 2,99 | (9) | 4,85 | (6) |

Quelle: Gräber u.a (1987) S.160

Deutlich wird, daß Nürnberg überhaupt nur gegenüber seinem engeren und weiteren Umland (Typ C) erwähnenswerte Kontrollüberschüsse aufzuweisen hat. An der externen Kontrolle, die auf hochverdichtete Regionen oder Regionen mit Verdichtungsansätzen (Typen A, B und D) ausgeübt wird, ist Nürnberg praktisch nicht beteiligt. Es rangiert eindeutig hinter süddeutschen Zentren wie München, Stuttgart, Frankfurt aber auch nord- und westdeutschen Städten wie Köln, Düsseldorf und Hamburg, um es prägnant zu formulieren: *"Nürnberg ist somit nur ein Relais zweiter Ordnung im industriellen System der Bundesrepublik"*[41].

In Nürnberg waren die negativen Beschäftigungseffekte dieses hohen Maßes an externer Abhängigkeit deutlich spürbar; die Stadt war von Umstrukturierungen, Konzentrationen in Mehrbetriebsunternehmen meist negativ betroffen. Die Zweigbetriebe wurden zwar

[40] vgl. Ritter (1985) S.16
[41] Ritter (1985) S.16

nicht komplett stillgelegt, ihre Kapazitäten jedoch drastisch reduziert. Die spektakulär-
sten Fälle waren dabei in den letzten Jahren sicherlich die Übernahmen der Nürnberger
Traditionsbetriebe Grundig durch Philips Eindhoven und Triumph-Adler durch Olivetti
Mailand in den Jahren 1985 bzw. 1987. Allein bei TA gingen der Region etwa 1400 Arbeitsplätze verloren.[42] Dabei wurde offenbar ebenso wie im Falle der Produktionsstätte
AEG-Hausgeräte eine betriebswirtschaftlich begründetete Standortentscheidung zugunsten Nürnbergs aufgrund *"politischer Interventionen"* zu Lasten der Stadt revidiert.[43]

Umgekehrt aber erhielt die Stadt den Zuschlag beispielsweise im Falle MAN, wo ein
dritter Unternehmenszweig errichtet wurde. Auch Philips verlegte den Bereich Kommu-
nikationsindustrie nach Nürnberg, vor allem wurde der Siemens-Bereich Produktionsau-
tomatisierung/ Automatisierungssysteme auf dem Moorenbrunnfeld angesiedelt.[44] Dennoch besteht das Problem der externen Abhängigkeit für Nürnberg unvermindert fort.
Die Nürnberger Standorte von MAN, Faun und SEL könnten zukünftig von Umstrukturierungen, über die andernorts entschieden wird, negativ betroffen sein. Generell dürfte
sich ungünstig bemerkbar machen, daß Repräsentanten von Konzernen in regionalen Interessenverbänden wie der IHK offenbar nicht mehr vertreten sind.[45]

## Berufs-, Qualifikations- und Tätigkeitsstrukturen

Tabelle 16 verdeutlichte bereits, daß der vorab beschriebene wirtschaftliche Strukturwandel auch im Raum Nürnberg mit einer starken Veränderung der Qualifikationsstrukturen verbunden war. Innerhalb von fünf Jahren, von 1980-1985, sank einerseits der Anteil der Beschäftigten ohne Berufausbildung von 39,6% auf 34,5% und stieg andererseits
der Anteil der Beschäftigten mit Hochschul- oder Fachhochschulabschluß von 4,8% auf
6,3%. Das Sinken des Arbeiteranteils im Produzierenden Gewerbe der Stadt Nürnberg
von 66,9% im Jahr 1980 auf 63,8% im Jahr 1987[46] läßt bereits vermuten, welche Berufsgruppen von den Anpassungsprozessen an den Strukturwandel besonders negativ betroffen waren und aus welchen Bereichen sich die wachsende Zahl von Arbeitslosen zu-
sammensetzte. Im einzelnen sank z.B. bei den Metallerzeugern und -bearbeitern die Beschäftigtenzahl von 1978-1987 um ca. 14%, bei Monteuren sowie sonstigen Metallbe-
rufen gar um ca. 23%.[47] Von den mit Nürnberg verglichenen Agglomerationen hatte nur
das Saarland im Betrachtungszeitraum einen größeren Rückgang des Anteils unqualifi-
ziert Beschäftigter zu verzeichnen.

---

[42] vgl. Lobodda (1988) S.12
[43] vgl. Stadt Nürnberg (1985) S.33
[44] vgl. Stadt Nürnberg (1987a) S.9; Stadt Nürnberg (1988a) S.87
[45] vgl. Lobodda (1988) S.12
[46] vgl. Stadt Nürnberg (1988d) S.92
[47] vgl. Stadt Nürnberg (1988c) S.15; eigene Umrechnungen

Umgekehrt waren die Anteilsgewinne für die Hochqualifizierten nur in München höher als im Nürnberger Raum. Von 1980-1987 erhöhte sich im Gebiet des Arbeitsamtsbezirkes Nürnberg die Anzahl der Ingenieure, Chemiker, Physiker und Mathematiker um 44% auf absolut 17.667, bei Verwaltungskaufleuten war immerhin ein Anstieg von 24% auf etwa 19.000 zu registrieren.[48] Stärker noch als in anderen Verdichtungsräumen ging also in Nürnberg der Strukturwandel vor allem zu Lasten von unqualifizierten Beschäftigten im Metall- und Elektrobereich. Umgekehrt können auch und besonders im Nürnberger Raum die "neuen Professionellen" als die "Hauptgewinner des Strukturwandels" bezeichnet werden.

1986 zeigte der Nürnberger Raum eine polarisierte Qualifikationsstruktur, wie sie in dieser Form nur noch in der Stuttgarter Region vorzufinden war. Dem Anteil der Beschäftigten ohne Berufsabschluß nach war Nürnberg eher mit den Montanregionen vergleichbar, im Hinblick auf den Anteil der Hochqualifizierten eher mit den südlichen prosperierenden Räumen, wobei allerdings hier der Vorsprung Münchens groß war. Trotz des beschriebenen forcierten Beschäftigungsabbaus in bestimmten Tätigkeitsbereichen ist, *"bedingt durch Fertigungsstrukturen und Arbeitsplatzanforderungen in den vorherrschenden Wirtschaftszweigen"*, weiterhin das Nürnberger *"Arbeitskräftepotential durch einen relativ hohen Anteil Un- und Angelernter ohne abgeschlossene Berufsausbildung gekennzeichnet"*.[49] Hauptsächlich aus Arbeiterinnen und Arbeitern in Metall- und Monteursberufen, aus Warenprüfern, Versandfertigmachern, Chemie- und Kunstoffwarenarbeitern, Textil-, Leder und Verkehrsberufen setzt sich die Gruppe von etwa 94.000 Beschäftigten mit *"gesunkenen Berufschancen und erhöhtem Arbeitsmarktrisiko"* zusammen.[50] Unter den bereits Arbeitslosen ist der Anteil der Unqualifizierten besonders hoch. Mit einem Anteil von 30% bei den Beschäftigten und sogar 37% bei den Arbeitslosen stellt die Gruppe der Unqualifizierten *"damit arbeitsmarktpolitisch ein herausragendes Problem dar"*.[51] Wohl weniger wird diese Gruppe *"sich hemmend auf den Strukturwandel"* [52] auswirken, als daß sie dessen negative Folgen auch zukünftig zu tragen hat, zumal demographisch bedingte Entlastungen des Arbeitsmarktes mittelfristig nicht zu erwarten sind.

Wie oben schon angedeutet wurde, ist der Anteil der hochqualifizierten Beschäftigten im Raum Nürnberg auch verglichen mit anderen Regionen recht hoch. Er lag in der Industrieregion Mittelfranken 1987 bei 6,5% und erreichte damit genau den Durchschnittswert des Raumtyps mit der günstigsten Struktur, den hochverdichteten, nicht altindustrialisierten Regionen (weitere Vergleichszahlen: München 9,9%, Mittlerer Neckar

---

[48] vgl. Stadt Nürnberg (1988c) S.15
[49] vgl. Stadt Nürnberg (1988c) S.15
[50] vgl. Stadt Nürnberg (1988c) S.18
[51] vgl. Stadt Nürnberg (1988c) S.19
[52] Dorsch (1988) S.15

7.0%, Bremen 5,2%, Hannover 4,8%).[53] Dabei zeichnet sich der Nürnberger Raum offenbar durch einen hohen Anteil Hochqualifizierter sowohl im Bereich der Unternehmensleitung als auch bei den Ingenieuren und Naturwissenschaftlern aus. Zudem sind diese "neuen Professionellen" in der Nürnberger Region vergleichsweise jung und damit als besonders "dynamisch" einzuschätzen.[54]

Dieser günstigen Struktur in den Unternehmensbereichen "Leitung" und "Produktion" stehen allerdings Defizite im Bereich der Forschung gegenüber, was auch mit der Vergabe von Forschungsmitteln im Zusammenhang stehen dürfte. *"Es ist empirisch mehrfach nachgewiesen, daß der Agglomerationsraum Nürnberg als ein innovatives Zentrum für den räumlichen Strukturwandel in Bayern nicht ausreichend ausgestattet ist mit Einrichtungen der Wissenschaft und Grundlagenforschung."*[55] Liegt der Raum bei der Projektmittelvergabe immerhin im Mittelfeld, so waren die Personalkostenzuschüsse je Beschäftigten im 2.Sektor 1984 nur noch im Saarland niedriger.[56] Ein weiterer entsprechender Nachweis findet sich bei *DORSCH-Consult*,[57] auch *BÖVENTER/HAMPE/KOLL* bemerken *"ein Zurückbleiben des großen Verdichtungsraumes Nürnberg im Sektor Wissenschaft und Forschung vor allem gegenüber dem Großraum München"* und fordern entsprechende landespolitische Korrekturen.[58] Der Region, wie auch dem gesamten nordbayerischen Raum, fehlten[59] beispielsweise "Max-Planck -" und "Fraunhofer-Institute".[60]

In den letzten Jahren zeigten sich allerdings Ansätze des Ausgleichs dieser Defizite in Forschung und Technologieförderung, die *IHK* schrieb 1988 sogar optimistisch von einer *"leistungsfähigen, wissenschaftlich-technischen Infrastruktur"*[61]. Als Beispiele seien hier nur kurz der "Förderkreis Mikroelektronik" an der Erlanger Universität, an deren technischer Fakultät nun auch zwei neue Lehrstühle eingerichtet wurden, das "Zentrum für angewandte Mikroelektronik" an der bayerischen FH, die "Arbeitsgruppe integrierte Schaltungen" der "Fraunhofer-Gesellschaft" und das "Innovations-Gründerzentrum Erlangen-Tennenlohe" genannt. Aus dem Bereich der arbeitnehmerorientierten Technologieförderung sei das "Zentrum für Arbeit, Technik und Umwelt"("ZATU") hervorgehoben.[62]

Der trotz der Defizite in Forschung und Entwicklung insgesamt recht große Anteil von Hochqualifizierten ist zu einem wesentlichen Teil auf die Struktur der "Siemens-Stadt"

[53] vgl. BfLR (1988) S.770ff
[54] vgl. Eltges (1988) S.170ff
[55] Stadt Nürnberg (1989a) S.8
[56] vgl. BfLR (1986) S.1001
[57] vgl. Dorsch (1988) S.9
[58] vgl. Böventer/Hampe/Koll (1987) S.169
[59] Stand 1985
[60] vgl. Kreuch (1985) S.78f
[61] Industrie- und Handelskammer Mittelfranken (1988) S.716
[62] vgl. Stadt Nürnberg (1988a) S.38ff

Erlangen zurückzuführen. Sie erreichte hierbei 1986 den bundesdeutschen Spitzenwert und kann geradezu als die "Akademikerstadt" bezeichnet werden, während die Stadt Nürnberg im Bundesvergleich auf einen Mittelplatz abrutscht.[63] Nach *BÖVEN-TER/HAMPE/KOLL* ist aber diese innere Polarisierung der Region (Erlangen mit einem großen Anteil Hoch-, Nürnberg und Fürth mit einem hohen Anteil Unqualifizierter) im Hinblick auf die zukünftige ökonomische Entwicklung auch der Stadt Nürnberg nicht gravierend, denn in den zukunftsträchtigen Bereichen der Industrie scheinen sich auch in der Stadt Nürnberg vergleichsweise viele Hochqualifizierte zu befinden. Für die gesamte Region werden hohe Anteile von Ingenieuren, Chemikern, Physikern und Mathematikern festgestellt, bei den Elektroingenieuren wird sogar München überholt. *"Entscheidend ist, daß Nürnberg auch ohne Berücksichtigung von Erlangen seinen hohen relativen Anteil behält"*[64]. Abschließend wird bemerkt, *"daß sich der Raum Nürnberg, und das gilt ebenso allein für die Stadt Nürnberg, durchaus mit den anderen großen Verdichtungsräumen Bayerns hinsichtlich des Anteils höchstqualifizierten Personals an den Gesamtbeschäftigten, insbesondere von Ingenieuren, messen kann."*[65]

## 2.2 Der Einfluß der "weichen" Standortfaktoren auf die ökonomische Entwicklung der Region

Nachdem der jüngere wirtschaftliche Strukturwandel der Region mit seinen Rahmenbedingungen skizziert wurde, wird nunmehr untersucht, inwieweit ökonomische Entwicklung und Rahmenbedingungen - genauer gefaßt mit den Begriffen "Wissen" und "Entscheidungsmacht" - durch die "weichen" Standortfaktoren der Region beeinflußt sind. Im Blickpunkt stehen abermals zwei Gruppen von Akteuren: Beschäftigte und Betriebe.

### 2.2.1 Image und Attraktivität Nürnbergs im Urteil von Beschäftigten und die Auswirkungen auf Arbeitsmarkt und Wanderungsbewegungen

Ein großer Teil der politisch Verantwortlichen in Nürnberg sieht einen hohen Handlungsbedarf hinsichtlich der beschäftigtenbezogenen "weichen" Standortfaktoren offenbar vor allem für das Image der Stadt. Deshalb steht dieses auch im Blickpunkt dieses Kapitels. Es wird zunächst untersucht, wie sich das Image Nürnbergs im Urteil von Per-

---

[63] *vgl. Ehlers/Friedrichs (1986) S.901*
[64] *Böventer/Hampe/Koll (1987) S.100*
[65] *Böventer/Hampe/Koll (1987) S.170*

sonen, insbesondere von hochqualifizierten Beschäftigten darstellt, und wie groß generell die Wohnattraktivität der Stadt eingeschätzt wird. Daran anschließend wird versucht, einige Anhaltspunkte dafür zu gewinnen, welche Auswirkungen dieses Image, die Beliebtheit der Stadt auf den Arbeitsmarkt und das Wanderungsverhalten speziell von Hochqualifizierten hat.

Gewissermaßen "zur Einstimmung" seien hier die Ergebnisse für Nürnberg aus zwei der in Kapitel 1.2 des ersten Teils der Arbeit bereits vorgestellten Städtetests kurz skizziert: Beim *IMPULSE*-Städtetest schnitt Nürnberg, was seinen "Wohnwert" betrifft, recht gut ab: es erhielt, je nach Indikator, unter 42 einbezogenen Städten den 9-11 Rang.[66] Wesentlich schlechter war das Ergebnis für Nürnberg beim Test der Zeitschrift *CAPITAL*, die die Wohnattraktivität von 15 Großstädten für Führungskräfte "ermittelte". Hier landete Nürnberg insgesamt auf dem letzten Platz, sogar hinter Städten wie Saarbrücken und Dortmund. Zum "Verhängnis" wurde der Stadt dabei ihre fehlende *"Urbanität"* und ihre schlechte Luftqualität.[67]

### Image und Wohnattraktivität Nürnbergs im Urteil von auswärtigen Personen

Interessanter ist nun aber, wie die Stadt von Beschäftigten gesehen wird. Eine, wenn nicht die zentrale Argumentationsgrundlage der "Überlegungen zum Nürnberg-Image" bildete eine 1980 im Auftrag der Stadt Köln vom Institut für Datenerhebung und Marktbeobachtung in Remagen bundesweit durchgeführte Befragung zu Image und Beliebtheit von 13 bundesdeutschen Städten.[68] Die 2882 befragten Personen im Alter von über 18 Jahren können als repräsentativer bundesdeutscher Querschnitt gelten, die Ergebnisse der Befragung scheinen das Image der Städte zumindest für den damaligen Zeitpunkt recht gut widerzuspiegeln. Deutlich wird, daß das Außenimage der Stadt Nürnberg sehr stark von traditionellen Elementen geprägt ist. Am häufigsten werden mit Nürnberg der *"Christkindlesmarkt"* und das *"historische Stadtbild"* assoziiert. Mit deutlichem Abstand folgen *"Sportveranstaltungen"*, *"Einkaufsmöglichkeiten"*, *"Nationalsozialismus"*, *"Großbetriebe"*, *"Messe und Verkehreinrichtungen"*.[69] Dabei wird die nationalsozialistische Vergangenheit der Stadt eher von älteren und von Personen mit höherer Bildung genannt.[70] Weiterhin werden Nürnberg vor allem Adjektive wie *"gastlich"*, *"gepflegt"* und *"traditionell"* zugesprochen, während Kennzeichnungen wie *"modern"*, *"fortschrittlich"* und *"weltoffen"* als weniger zutreffend eingeschätzt werden.[71] Diese Diskrepanz ist bei Bevöl-

[66] vgl. Impulse-Spezial (1989) S. 27ff
[67] vgl. Capital (6/1989) S.229ff
[68] vgl. Stadt Nürnberg (1983)
[69] vgl. Stadt Nürnberg (1983) S.5
[70] vgl. Stadt Nürnberg (1983) S.6
[71] vgl. Stadt Nürnberg (1983) S.7

kerungsgruppen mit höherer Bildung noch deutlicher. Die Gruppe der leitenden Beamten und Angestellten (eine Teilgruppe der "neuen Professionellen" also) weist der Stadt auf einer sechsstufigen Skala (1: trifft überhaupt nicht zu - 6: trifft vor allem zu) bei den modernen Komponenten Werte von 2,9 - 3,2, bei den traditionellen Elementen aber Werte von 3,8 - 4,2 zu. Ebenso heben Befragte aus dem norddeutschen Raum die "bayerischen" Elemente der Stadt wesentlich stärker hervor.[72]

Erstaunlich ist, daß die Differenzen zwischen diesem Fremdimage und dem Selbstbild der Einheimischen gering sind: auch die Nürnberger betonen eher die traditionellen als die modernen Komponenten ihrer Stadt.[73] Noch interessanter sind die Antworten der Bundesbürger auf die ebenfalls in dieser Untersuchung gestellte Frage: "Wie gerne möchten Sie in Nürnberg wohnen?". Sie sind, aufgeschlüsselt nach verschiedenen Merkmalen, in Abbildung 21 dargestellt. Insgesamt antworteten 14% der Befragten mit "sehr gern", 23% mit "gern", 12% mit "weniger gern", 28% mit "auf keinen Fall".

Eindeutig ist zu erkennen, daß die Attraktivität der Stadt für junge Leute, für leitende Angestellte, generell für Befragte mit höherem Einkommen größer ist als für andere Bevölkerungs- und Berufsgruppen. Vergleichsweise gering ist die Attraktivität der Stadt für Facharbeiter und Rentner, sowie für Befragte aus Nordrhein-Westfalen und Baden-Württemberg. Bei dieser repräsentativen Umfrage war Nürnberg von den bewerteten bundesdeutschen Städten hinter den Millionenstädten München, Berlin und Hamburg die beliebteste Stadt. Es lag beispielsweise vor Frankfurt, Stuttgart und Düsseldorf.[74] Es erstaunt somit, daß gerade diese Untersuchung zur Begründung einer Imageplanung dient. Sie zeigt zwar, daß bestimmte "moderne" Komponenten der Stadt nicht gesehen werden. Sie zeigt aber ebenso, daß trotzdem (vielleicht auch deswegen) die "Beliebtheit" der Stadt als Wohnort auch von Hochqualifizierten vergleichsweise sehr groß ist.

[72] vgl. Stadt Nürnberg (1983) S.9ff
[73] vgl. Stadt Nürnberg (1983) S.11
[74] vgl. Stadt Nürnberg (1983) S.35

**Abb. 21: Wie gerne möchten Sie in Nürnberg wohnen ? (in v.H. der Befragten)**

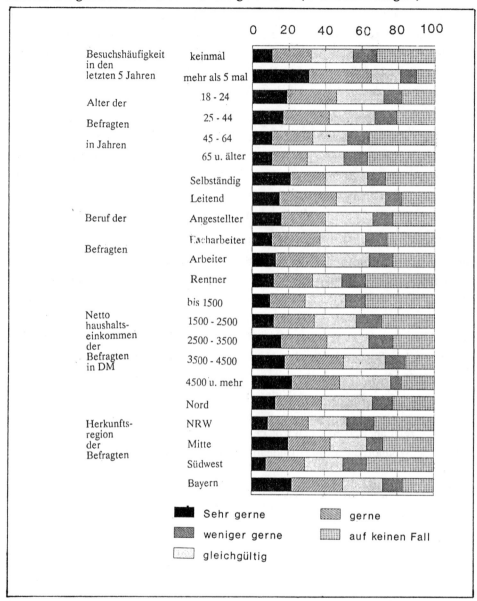

Quelle: Stadt Nürnberg (1983) S.19

Andere Befragungen kamen allerdings zu anderslautenden Ergebnissen: Nach der schon mehrfach erwähnten Untersuchung von *MONHEIM* hatte Nürnberg Anfang der siebziger Jahre als Wohn- und Ruhesitz, sowie als allgemeiner "Sympathieort" nur geringen Zuspruch von den befragten betrieblichen Entscheidungsträgern zu verzeichnen und landete deutlich hinter den meisten Großstädten.[75] Auch nach einer neueren Umfrage von *AL-LENSBACH* ist Nürnberg in der Beliebtheit gerade von Führungskräften der Wirtschaft nicht hoch angesiedelt. Nur 0,8% der Manager aus dem "Führungskräfte-Panel" (aus der Politik 1,9%, aus dem Verwaltungsbereich 1,1%) erkoren die Stadt zu ihrem bevorzugten Wohnort. Allerdings wiesen nur wenige andere Städte deutlich höhere Nennungen auf.[76]

Eindeutig ist damit die Beliebtheit Nürnbergs als Wohnort letztlich nicht zu ermitteln, die Ergebnisse der einzelnen Untersuchungen weichen voneinander ab. Vermutlich vereinigt Nürnberg in etwa die seiner Größe entsprechenden Präferenzen auf sich.[77] Diese latenten Präferenzen sind aber, wie schon mehrfach ausgeführt, nur als ein erster Hinweis zu werten. Interessanter ist, ob und wie sich derartige Präferenzen auf die Einwohner- und Beschäftigtenentwicklung einer Stadt tatsächlich auswirken.

### Auswirkungen des Image Nürnbergs auf Wanderungen und Arbeitsmarkt von "neuen Professionellen"

Wie bereits aus Tabelle 17 hervorging, hatte der Nürnberger Raum verglichen mit anderen Agglomerationen 1986 hohe Wanderungsgewinne aufzuweisen, die Industrieregion Mittelfranken 1987 einen positiven Wanderungssaldo zu verzeichnen: von 7,8 je 1000 Einwohner gegenüber 5,1 im Durchschnitt aller hochverdichteten nicht-altindustrialisierten Räume.[78]

In der Gruppe der 18-25-jährigen erzielte 1986 nur noch München höhere Wanderungsgewinne, in der Gruppe der 25- bis unter 30-jährigen lag die Region dagegen im hinteren Mittelfeld der verglichenen Räume. Auch 1987 hatte der Nürnberger Raum in der Gruppe der 18-25-jährigen noch einen Überschuß von 1,51% zu verzeichnen, München dagegen 1,91% und die hochverdichteten nicht-altindustrialisierten Räume insgesamt 0,73%. Für die Gruppe der 25- bis unter 30-jährigen lagen die Werte für Mittelfranken bei 0,37%, für München bei 1,36%; für alle entsprechenden hochverdichteten Regionen bei 0,6%.[79]

Die insgesamt sehr günstige Bilanz der Region bei den "dynamischen" Binnenwanderern könnte zum großen Teil auf den "Siemens-Effekt" zurückzuführen sein und damit haupt-

---

[75] *vgl. Monheim (1972) S.51, S.58, S.66*

[76] *vgl. Allensbach (1987); vgl. S.16 dieser Arbeit*

[77] *Dieser Effekt der größenbedingten Beliebtheit tritt immer dann auf, wenn ein bundesweit repräsentativer Querschnitt nach seiner beliebtesten Stadt gefragt wird. Meist geben die Befragten dann ihren eigenen derzeitigen Wohnort an. Nur selten geraten Städte unter 500.000 EW daher bei dieser Art von Befragung in die Liste der beliebtesten Orte, wie z.B. Freiburg in der Untersuchung von Allensbach (1987).*

[78] *vgl. BfLR (1988) S.770ff*

[79] *vgl. BfLR (1988) S.770ff*

sächlich der Stadt Erlangen zugute kommen. Daher sind die Werte für die Stadt Nürnberg gesondert zu betrachten. Die Gesamtwanderungsbilanzen der Stadt Nürnberg sind sehr stark auch durch den Bevölkerungsaustausch mit dem Ausland beeinflußt.[80] Betrachtet man nur die Wanderungsbilanzen Nürnbergs gegenüber dem übrigen Bundesgebiet, so fällt auf, daß die negative Bilanz der Stadt gegenüber Mittelfranken, ihrem Umland also, im Grunde als ihr einziges quantitativ bedeutendes Binnenwanderungsproblem bezeichnet werden kann. Sieht man von Berlin und Hamburg 1985 ab, so hatte Nürnberg in den letzten Jahren gegenüber allen Bundesländern Wanderungsgewinne aufzuweisen. Dabei sind Positivsalden gegenüber dem prosperierenden Baden-Württemberg besonders bemerkenswert.[81] *"Subjektiv"*[82] scheint es gerade auch auf der Ebene hochqualifizierter Führungskräfte in den Bereichen Elektrotechnik und Maschinenbau einen auffallenden Zustrom aus dem baden-württembergischen Raum nach Nürnberg zu geben. Auch gegenüber den meisten bayerischen Kreisen war die Wanderungsbilanz Nürnbergs positiv. Kontinuierliche Verluste hatte die Stadt, abgesehen von ihrem Umland, nur gegenüber Oberbayern. Diese Verluste erstaunen nicht, eher schon ihre geringe Höhe. Gegenüber dieser entwicklungsstärksten bundesdeutschen Region verlor Nürnberg von 1985-1987 zwar insgesamt 3752 Einwohner, es gewann aus dieser aber auch 3551 Einwohner hinzu, im Saldo verlor Nürnberg an Oberbayern in drei Jahren also gerade 201 Einwohner.[83]

Interessanter zur Beantwortung der Frage nach dem Handlungsbedarf einer Imageplanung ist die Betrachtung der Wanderungsbilanzen Nürnbergs gegenüber anderen bundesdeutschen Großstädten. Zwischen ihnen und Nürnberg spielt sich die Konkurrenz um Attraktivität im Grunde ab. Problematisch ist bei einem solchen Vergleich auf Grundlage der amtlichen Statistik, daß die Aufgliederung der Wanderungsströme nur nach wenigen Merkmalen erfolgt. Die hier interessanten Differenzierungskriterien Qualifikation und Einkommen, die die eine Zielgruppe der Imageplanung charakterisieren, sind nicht erfaßt. Die "Selektivität der Mobilität" kann hier also nur sehr grob ermittelt werden. In Kapitel 2.2 des ersten Teils der Arbeit wurde ausgeführt, daß überregional wandernde Personen in der Regel überdurchschnittlich qualifiziert sind. Unter den in Tabelle 24 für die Jahre 1985-1987 nachgezeichneten Wanderungsströmen dürfte sich also ein nicht geringer Anteil "neuer Professioneller" befinden. Genauer kann diese Gruppe aber nur durch das Merkmal Alter eingegrenzt werden. Die bereits beschäftigten und angehenden "neuen Professionellen" dürften vor allem in den jungen "dynamischen" Altersgruppen zu finden sein.

---

[80] *vgl. Stadt Nürnberg (1988d) S.55*
[81] *vgl. Stadt Nürnberg (1988d) S.55*
[82] *vgl. Stadt Nürnberg (1986) S.40f*
[83] *vgl. Stadt Nürnberg (1988d) S.55*

**Tab. 24: Wanderungsbilanzen der Stadt Nürnberg gegenüber ausgewählten Großstädten 1985-1987 (absolute Stromgrößen und Salden)**

| VERGLEICHSSTADT | Insgesamt | | | 18 -< 25 Jahre | | | 25-< 30 Jahre | | |
|---|---|---|---|---|---|---|---|---|---|
| | Zu-züge aus | Fort-züge nach | Saldo Nürn-berg | Zu-züge aus | Fort-züge nach | Saldo Nürn-berg | Zu-züge aus | Fort-züge nach | Saldo Nürn-berg |
| Hamburg | 375 | 350 | 25 | 110 | 84 | 26 | 74 | 77 | - 3 |
| Bremen | 179 | 81 | 98 | 63 | 19 | 44 | 33 | 23 | 10 |
| Hannover | 182 | 116 | 66 | 42 | 26 | 16 | 40 | 21 | 19 |
| Düsseldorf | 146 | 125 | 21 | 28 | 30 | - 2 | 30 | 25 | 5 |
| Köln | 231 | 217 | 14 | 45 | 53 | - 8 | 53 | 50 | 3 |
| Stuttgart | 399 | 298 | 101 | 112 | 82 | 30 | 66 | 87 | - 24 |
| Frankfurt | 271 | 285 | - 14 | 40 | 58 | - 18 ' | 51 | 67 | - 16 |
| München | 1566 | 1625 | - 59 | 354 | 442 | - 88 | 405 | 393 | 12 |
| Alle Ver-gleichsstädte | 3349 | 3097 | 252 | 794 | 794 | 0 | 752 | 743 | 9 |

Quelle: Eigene Umrechnung auf Basis einer Sonderaufbereitung des Nürnberger Amt für Stadtforschung und Statistik

Zunächst fällt auf, daß die Wanderungsbewegungen zwischen Nürnberg und den acht bedeutendsten bundesdeutschen Großstädten (läßt man Berlin und die Ruhrgebiets-städte außen vor) quantitativ zu vernachlässigen sind. Pro Jahr wanderten etwa 2000 Personen aus allen diesen Städten nach Nürnberg zu bzw. aus Nürnberg in diese ab. In Abbildung 22 sind die Quotienten aus Zu-/bzw. Abwanderungen dargestellt. Sie geben, da sie stadtgrößenbedingte Stromgrößenunterschiede nivellieren, ein besseres Bild über die tatsächliche Stellung Nürnbergs im "Großstadtwanderungssystem".

Es wird deutlich, daß Nürnberg im Grunde nur gegenüber München und, etwas überra-schend, in noch größerem Maße gegenüber Frankfurt, also den beiden nächstliegenden größeren Städten Wanderungsverluste aufzuweisen hat. Aber auch diese sind quantitativ nicht gravierend, den Abwanderungen aus Nürnberg stehen auch Zuwanderungsströme gegenüber. Erstaunlich sind vor allem die positiven Wanderungsbilanzen gegenüber Hamburg und Stuttgart. Insgesamt hat Nürnberg gegenüber diesen Städten in keiner Al-tersgruppe negative Bilanzen zu verzeichnen. Würde man Berlin miteinbeziehen, so ver-schlechterte sich das Bild zuungunsten Nürnbergs, ebenso wie es sich aber bei der Mit-betrachtung der Ruhrgebietsstädte wohl verbessern würde. Im Jahr 1987 fiel die Ge-samtwanderungsbilanz Nürnbergs besser aus als die fast aller vergleichbaren Städte. Mit einem Positivsaldo von 11,7 je 1000 Einwohner lag die Stadt nur hinter Berlin (14,6), aber deutlich vor z.B. Hamburg (3,5), Köln (8,0) Düsseldorf, Stuttgart (je 7,3), Bremen (3,1) und sogar vor München (3,3) und Frankfurt (6,6).[84]

---

[84] vgl. Stadt Nürnberg (1988d) S.193

**Abb. 22: Wanderungsbilanzen der Stadt Nürnberg gegenüber ausgewählten Großstädten 1985-1987 (Quotient aus Zu-/und Abwanderungen \*)**

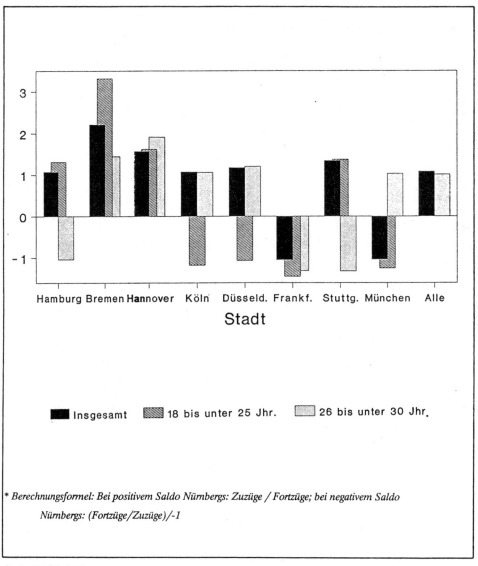

*\* Berechnungsformel: Bei positivem Saldo Nürnbergs: Zuzüge / Fortzüge; bei negativem Saldo*
   *Nürnbergs: (Fortzüge/Zuzüge)/-1*

Quelle: Vgl. Tabelle 24

Die nachgeordnete Stellung Nürnbergs im Städtesystem "externer Kontrolle", wie sie vorab belegt wurde, spiegelt sich also - zumindestens in den letzten Jahren - weder im allgemeinen Wanderungsverhalten, noch in dem von "dynamischen" Altersgruppen gegenüber der Stadt wider. Freilich wäre es denkbar, daß sich Zu- und Abwanderungsströme Nürnbergs qualitativ unterschieden, mehr Hochqualifizierte ab- als zuwanderten. Genaues läßt sich aufgrund der vorliegenden Daten aber nicht aussagen; damit wäre eine Aufgabe an den Bereich "Grundlagen der Imageplanung" formuliert, ein entsprechender Handlungsbedarf wird im übrigen auch von zuständiger Seite gesehen.[85]

Nach den hier vorliegenden Informationen kann eine sich auch im räumlichen Verhalten gerade von "neuen Professionellen" niederschlagende mangelnde Attraktivität der Stadt nicht festgestellt werden. Die Stadt liegt vielmehr eindeutig auf der Positivseite des "Sogs nach dem Süden". Der Anteil der Beschäftigten mit Hochschul/Fachhochschulabschluß liegt im Nürnberger Raum vergleichsweise hoch. Vor allem im Bereich der Ingenieure und Führungskräfte hat die Region günstige Werte aufzuweisen, was nur zum Teil durch den "Siemens-Effekt" zu erklären ist. Dennoch besteht auch im Nürnberger Raum ein hoher Bedarf nicht nur an Facharbeitern, sondern auch an noch höher qualifizierten Arbeitskräften. Wie aus der Betriebsbefragung im folgenden Abschnitt deutlich wird, ist dies einer der zentralen Engpaßfaktoren für die örtlichen Betriebe. Dementsprechend waren in Nürnberg die Arbeitslosenquoten der "neuen Professionellen" in den letzten Jahren deutlich geringer als die anderer Berufsgruppen. Für Ingenieure, Chemiker, Physiker und Mathematiker lag die Arbeitslosenquote 1987 bei 3,3%, für Kaufleute bei 2,9%.[86] Im Jahr 1988 ging allerdings besonders für Elektroingenieure die Zahl der angebotenen Stellen deutlich zurück. Die für den gesamten nordbayerischen Raum zuständige Fachvermittlungsstelle für Hochqualifizierte in Nürnberg konnte in diesem Jahr bei einem Angebot von etwa 900 Stellen ca. 600 Ingenieure und Naturwissenschaftler erfolgreich vermitteln - bei etwa 4000 als stellensuchend gemeldeten "Neuen Professionellen".[87] Nach Auskunft der Fachvermittlungsstelle können einerseits Hochschulabgänger und andererseits ältere arbeitslos gewordene Hochqualifizierte, die eine Fachlaufbahn eingeschlagen hatten, verglichen mit anderen "neuen Professionellen", als "Problemgruppen" angesehen werden. Bei den Hochschulabgängern seien - sofern sie nicht während des Studiums von den Betrieben eingestellt wurden - "Wartezeiten" von 3-6 Monaten keine Seltenheit. Die Betriebe bevorzugten Beschäftigte mit Berufserfahrung; besondere Nachfrage besteht offenbar nach Hochqualifizierten "kurz vor hohen Führungspositionen".

Das Image, generell die "weichen" Standortfaktoren der Region, scheinen für die "neuen Professionellen" zumindest nach den Erfahrungen der Fachvermittlungsstelle keinen Hinderungsgrund für den Zuzug nach Nürnberg darzustellen. Relevant würden solche Faktoren, wenn überhaupt, dann nur auf der obersten Führungsebene, wo der Personalengpaß in Nürnberg aber nicht stark sei. Auch sei das höhere Gehaltsniveau Münchens kein ausschlaggebender Faktor, da es durch die dort höheren Lebenshaltungskosten überkompensiert werde. Eine deutliche Tendenz nach München bei den "neuen

---

[85] vgl. Stadt Nürnberg (1987c) S.4
[86] vgl. Stadt Nürnberg (1988c) S.15
[87] vgl. Arbeitsamt Nürnberg (1989) S.1

Professionellen" scheint nicht feststellbar. Umgekehrt sind sogar Fälle bekannt, wo ein arbeitsbedingter zeitlich begrenzter Umzug nach München eher "in Kauf" genommen wurde. Allerdings ist der Geltungsbereich der Aussagen der Fachvermittlungsstelle von vornherein eingeschränkt. Ihre Beobachtungen treffen in der Regel nur auf jene Hochqualifizierten zu, die auf den "freien Arbeitsmarkt" drängen. Das "Imageproblem" wird jedoch, wie im ersten Teil der Arbeit ausgeführt wurde, auch dann relevant, wenn sich Hochqualifizierte einer Versetzung in eine andere Stadt an einen Standort des gleichen Unternehmens widersetzen. Es fällt insofern durch das Raster der Arbeitsvermittlung.

## 2.2.2 Die "weichen" Standortfaktoren in der Bewertung der Betriebe im Nürnberger Raum

Bevor die genauere quantitative und qualitative Auswertung der Einschätzungen der "weichen" Standortfaktoren im Nürnberger Raum durch die dort ansässigen Betriebe dargestellt wird, sei der Wirtschaftsstandort Nürnberg aus der Sicht Auswärtiger kurz beschrieben: Im nun schon mehrfach angeführten *IMPULSE*-Test der besten bundesdeutschen Wirtschaftsstandorte erreichte Nürnberg unter 42 einbezogenen Städten den 23. Rang. Dabei konnten Stärken in den "weichen" Standortfaktoren Nachteile bei Faktoren wie kommunale Kosten und Flächen offenbar nicht kompensieren.[88] Diesem durchschnittlichen Ergebnis steht der 5. Rang in der Umfrage des *BJU*, die 31 Städte einbezog gegenüber. Innerhalb des sehr umfangreichen Katalogs, der den Befragten vorgelegt wurde,[89] schnitt Nürnberg nur bei den Faktoren "Freizeit/Umwelt", "Kulturangebot", "Kaufkraft der Bevölkerung", "Einstellung der Bevölkerung zur Wirtschaft", "Kurze Entscheidungswege der Behörden", "Qualität der Arbeitsämter" schlechter, bei allen "harten" Standortfaktoren jedoch besser als der Bundesdurchschnitt ab. Allerdings waren die Abweichungen durchweg gering.[90]

Auch von den Verantwortlichen in Nürnberg scheint allerdings die Aussagekraft dieser Umfragen und Tests recht skeptisch eingeschätzt zu werden.[91] Wesentlich interessanter ist die Frage, inwieweit die "weichen" Standortfaktoren tatsächlich bei Investitionsentscheidungen von Unternehmen eine Rolle spielten. Nach Auskunft des Nürnberger Amt für Wirtschaft und Verkehr spielten die "weichen" Standortfaktoren der Stadt weder bei vergangenen Abwanderungen noch bei den vorab beschriebenen spektakulären Kapazitätsverlagerungen von großen Mehrbetriebsunternehmen eine Rolle. Dennoch sei das Image bei Mehrbetriebsunternehmen "vermutlich" entscheidend. Der Einfluß könne

---

[88] vgl. *Impulse (4/1989) S.244*
[89] vgl. *S.39 dieser Arbeit*
[90] vgl. *Stadt Nürnberg (1989c) Anhang*
[91] vgl. *Stadt Nürnberg (1989c)"Überlegungen", S.1*

aber nur schwer ermittelt werden, er sei eher intuitiv, atmosphärisch zu "spüren". Der Vertreter des Verkehrsvereins konkretisierte dies näher. Bei den seinerzeit fünf Jahre andauernden Verhandlungen um den Siemens-Standort Produktionsautomatisierung/Automatisierungssysteme mußten die Entscheidungsträger in München und Berlin erst in zäher Kleinarbeit auf die "weichen" Vorzüge des Raumes aufmerksam gemacht werden.

War die Einschätzung des Handlungsbedarfs nach der Entwicklung "weicher" Standortfaktoren, der "Korrektur" des Images der Stadt Nürnberg bisher auf die Auswertung mehr oder minder differenzierter regional- und kommunalstatistischer Daten und auf die Bewertungen von Experten angewiesen, so liegen mit den vom DIfU im Frühjahr 1989 unter Nürnberger, Fürther und Erlanger Betrieben durchgeführten Befragungen Quellen vor, die zumindest deutlich machen, in welchem Ausmaß welche ansässigen Betriebe Mängel im Angebot an "weichen" Standortfaktoren sehen, wie sie das Image der Stadt bewerten. Damit sind natürlich nicht jene betrieblichen Entscheidungsträger außerhalb der Region erfaßt, die in Nürnberg überhaupt keinen Standort besitzen. Nach Auskunft des Amt für Wirtschaft und Verkehr richtet sich die Imageplanung, angesichts des geringen Ansiedlungspotentials und der Nürnberger Gewerbeflächenengpässe aber ohnehin eher an jene Mehrbetriebsunternehmen, die in Nürnberg bereits einen Standort besitzen. Besonders interessant wird also sein, wie die Vertreter der großen Nürnberger Zweigbetriebe das Image der Stadt einschätzen. Ihr Urteil dürfte von den Entscheidern der Unternehmen außerhalb der Region bei Kapazitätserweiterungen oder -verringerungen ja mitberücksichtigt werden.

Einige "weiche" Standortfaktoren waren von etwa 2000 Nürnberger Betrieben bereits 1977 im Rahmen der Arbeits- und Berufsstättenzählung bewertet worden. Dabei war der Anteil der Betriebe, die diese Faktoren als wichtig und gleichzeitig in der Region mangelhaft bewerteten sehr gering, es überwogen deutlich die Defizite für die Faktoren "Flächen" und "Arbeitskräfte".[92]

Neben der in Kapitel 2.2 des ersten Teils der Arbeit ausgewerteten "allgemeinen Bedeutung"[93] sollten die Betriebe auch eine lokale und regionale Bewertung, eine Qualitätseinschätzung von 19 Standortfaktoren mittels fünfstufiger Bewertungsskalen (sehr gut-gut-durchschnittlich-schlecht-sehr schlecht) vornehmen. In Tabelle 26 sind die einzelnen Standortfaktoren nach der ihnen zugesprochenen Qualität differenziert nach Städten angeordnet.

---

[92] *vgl. Stadt Nürnberg (1978); Stadt Nürnberg (1985)*
[93] *vgl. S.45ff dieser Arbeit*

**Tab. 25: Bewertung der Standortfaktoren der Städte/Region insgesamt**

| STANDORT-FAKTOR | %-Anteil der "Sehr-schlecht"- und "Schlecht" Nennungen | %-Anteil der "Sehr-schlecht"- Nennungen | Arithmetisches Skalenmittel (1 = sehr gut 5 = sehr schlecht) | Korrel.mit Bedeutung des Faktors (Tau-B-Koef f.) |
|---|---|---|---|---|
| Flächenverfügbarkeit | 30,7 | 7,3 | 2,98 | -.07 |
| Kooperationsbereitschaft der Verwaltung | 23,8 | 4,1 | 2,77 | .18 |
| Verfügbarkeit qualifiziertes Personal | 21,5 | 2,1 | 2,88 | -.01 |
| Bearbeitungstempo der Verwaltung | 21,4 | 5,8 | 2,84 | .05 |
| Innerörtliche Verkehrsanbindung | 16,2 | 5,9 | 2,52 | .12 |
| Vorhandensein v.Forschungseinrichtungen | 13,5 | 1,0 | 2,57 | .21 |
| Innerregionale Verkehrsanbindung | 12,5 | 3,1 | 2,38 | .07 |
| Image der Region | 12,3 | 1,4 | 2,70 | .03 |
| Internationale Verkehrsanbindung | 11,4 | 3,5 | 2,50 | .15 |
| Kooperation mit Forschungseinrichtungen | 11,0 | 1,2 | 2,52 | .27 |
| Wirtschaftsklima | 9,8 | 1,5 | 2,66 | .10 |
| Messe- und Kongreßwesen | 9,6 | 0,8 | 2,36 | .25 |
| Finanzierungsangebote | 8,0 | 0,9 | 2,39 | .21 |
| Kulturangebote | 8,0 | 0,0 | 2,56 | .12 |
| Fühlungsvorteile | 7,0 | 1,3 | 2,71 | .29 |
| Kooperation mit Unternehmen | 5,4 | 0,9 | 2,63 | .38 |
| Bildungseinrichtungen | 4,6 | 1,5 | 2,35 | .28 |
| Überregionale Verkehrsanbindung | 3,2 | 0,8 | 2,15 | .18 |
| Wohn- und Freizeitwert | 1,4 | 0,0 | 2,33 | .28 |

Quelle: Eigene Berechnungen; Datengrundlage DIfU (1989)

Die Rangfolge der Standortfaktoren hinsichtlich der Qualitätseinschätzung unterscheidet sich zum Teil von der ihnen beigemessenen allgemeinen Bedeutung.[94] Am schlechtesten wird das Flächenangebot bewertet, nahezu jeder dritte Betrieb schätzt es als "schlecht" oder "sehr schlecht" ein. "Kooperationsbereitschaft" und "Bearbeitungstempo der Verwaltung" sowie die "Verfügbarkeit qualifizierten Personals" werden von etwa jedem fünften Betrieb als nicht ausreichend eingeschätzt. Deutlich seltener werden Mängel der anderen "weichen" Standortfaktoren festgestellt: "Image", "Wirtschaftsklima" und "Kulturangebot" werden von etwa jedem zehnten Betrieb, "Wohn- und Freizeitwert" und "Bildungseinrichtungen" von noch weniger Betrieben als "schlecht" oder "sehr schlecht" bewertet.

Aus Tabelle 27 geht hervor, daß die Standortfaktorenbewertung für die kleineren Städte Fürth und Erlangen sich von der für Nürnberg unterscheidet. Die "Mängelbeanstandungen" sind in Fürth geringer und betreffen eher "weiche" Standortfaktoren, das Image wird sogar schlechter bewertet als die Flächenverfügbarkeit. Umgekehrt scheinen in Erlangen nach Einschätzung der Betriebe eher die "harten" Verkehrsfaktoren defizitär, die deutliche Kritik am "Bearbeitungstempo" der Verwaltung könnte damit im Zusammenhang stehen. Aufgrund des hohen Anteils von Nürnberger Betrieben in der Grundgesamtheit weichen ihre stadtspezifischen Nennungen kaum von den Gesamtnennungen ab.

---

[94] vgl. S.45 dieser Arbeit

**Tab. 26: Bewertung der Standortfaktoren in Nürnberg, Fürth, Erlangen**

| STANDORT-FAKTOR | %- Anteil der "Sehr schlecht" und "Schlecht"-Nennungen | | | |
|---|---|---|---|---|
| | Insgesamt | Nürnberg | Fürth | Erlangen |
| Flächenverfügbarkeit | 30,7 | 36,8 | 13,6 | 18,8 |
| Kooperationsbereitschaft der Verwaltung | 23,8 | 24,7 | 20,8 | 22,2 |
| Verfügbarkeit qualifiziertes Personal | 21,5 | 26,5 | 13,0 | 13,0 |
| Bearbeitungstempo der Verwaltung | 21,4 | 23,2 | 8,3 | 31,3 |
| Innerörtliche Verkehrsanbindung | 16,2 | 14,1 | 8,3 | 33,3 |
| Vorhandensein v.Forschungseinrichtungen | 13,5 | 20,3 | 6,7 | 0,0 |
| Innerregionale Verkehrsanbindung | 12,5 | 9,8 | 8,7 | 35,0 |
| Image der Region | 12,3 | 10,4 | 16,7 | 15,8 |
| Internationale Verkehrsanbindung | 11,4 | 16,5 | 4,5 | 10,0 |
| Kooperation mit Forschungseinrichtungen | 11,0 | 14,8 | 15,4 | 0,0 |
| Wirtschaftsklima | 9,8 | 11,0 | 4,2 | 10,5 |
| Messe- und Kongreßwesen | 9,6 | 7,1 | 9,1 | 21,1 |
| Finanzierungsangebote | 8,0 | 8,1 | 4,8 | 16,7 |
| Kulturangebote | 8,0 | 8,2 | 13,0 | 0,0 |
| Fühlungsvorteile | 7,0 | 6,1 | 7,7 | 9,1 |
| Kooperation mit Unternehmen | 5,4 | 6,9 | 0,0 | 5,9 |
| Bildungseinrichtungen | 4,6 | 4,5 | 4,3 | 4,8 |
| Überregionale Verkehrsanbindung | 3,2 | 3,4 | 0,0 | 4,8 |
| Wohn- und Freizeitwert | 1,4 | 1,0 | 4,2 | 0,0 |

Quelle: Eigene Berechnungen; Datengrundlage DIfU (1989)

Wie Tabelle 25 verdeutlicht, korrelieren "Bedeutung" und "Bewertung" für die meisten Faktoren positiv miteinander. Die Korrelationen sind jedoch nicht sehr hoch, nur zum Teil sind die Variablenpaare daher redundant. Auch statistisch gesehen verbessert also die Information über die "Bedeutung" eines Faktors die Information "Bewertung".

In Tabelle 27 sind die "geläuterten"[95] Bewertungen der Faktoren, die auch die Grundlage der weiteren differenzierteren Auswertungen bilden, dargestellt. Auch am stadtspezifischen Problembild ändert sich wenig, nur sinkt die Zahl der Defizitnennungen um die Betriebe, für die der jeweilige Faktor keine besondere Bedeutung hat.

Etwa jeder fünfte Betrieb artikuliert einen Handlungsbedarf für die Faktoren "Arbeitskräfte" und "Flächen", etwa jeder siebente stellt eine mangelnde "Kooperationsbereitschaft" und ein geringes "Bearbeitungstempo der Verwaltung" fest. Für alle anderen Faktoren wird jeweils nur noch von weniger als 10% der Betriebe ein "Handlungsbedarf" artikuliert. Auffallend ist, daß der "Wohn- und Freizeitwert" der Region nur von einem einzigen Betrieb als "schlecht" und "wichtig" bewertet wird.

---

[95] vgl. Anhang

**Tab. 27: Handlungsbedarf für die Standortfaktoren in Nürnberg, Fürth, Erlangen**

| STANDORT-FAKTOR | %- Anteil der Nennungen: Bedeutung "Sehr-wichtig" und "Wichtig" <u>und</u> Bewertung "Sehr Schlecht" und "Schlecht" | | | |
| | Insgesamt | Nürnberg | Fürth | Erlangen |
|---|---|---|---|---|
| Flächenverfügbarkeit | 22,9 | 27,8 | 8,3 | 15,8 |
| Verfügbarkeit qualifiziertes Personal | 21,1 | 25,0 | 12,5 | 13,0 |
| Kooperationsbereitschaft der Verwaltung | 17,4 | 18,5 | 12,5 | 18,2 |
| Bearbeitungstempo der Verwaltung | 16,9 | 17,4 | 8,3 | 25,0 |
| Innerörtliche Verkehrsanbindung | 13,5 | 11,6 | 8,0 | 28,6 |
| Image der Region | 9,8 | 9,1 | 12,0 | 10,5 |
| Innerregionale Verkehrsanbindung | 9,5 | 4,3 | 8,3 | 33,3 |
| Wirtschaftsklima | 9,4 | 10,6 | 4,0 | 10,5 |
| Messe- und Kongreßwesen | 4,9 | 3,1 | 8,0 | 9,1 |
| Internationale Verkehrsanbindung | 4,7 | 4,8 | 4,2 | 5,0 |
| Finanzierungsangebote | 4,4 | 3,4 | 4,2 | 8,7 |
| Kulturangebote | 4,1 | 2,9 | 12,0 | 0,0 |
| Bildungseinrichtungen | 3,5 | 3,2 | 4,2 | 4,3 |
| Vorhandensein v.Forschungseinrichtungen | 2,9 | 4,3 | 0,0 | 0,0 |
| Kooperation mit Forschungseinrichtungen | 2,3 | 2,2 | 4,3 | 0,0 |
| Überregionale Verkehrsanbindung | 2,2 | 2,2 | 0,0 | 4,8 |
| Wohn- und Freizeitwert | 0,7 | 1,0 | 0,0 | 0,0 |

Quelle: Eigene Berechnungen; Datengrundlage DIfU (1989)

Zu ermitteln ist nun, wie groß der Handlungsbedarf hinsichtlich der "weichen" Standortfaktoren für bestimmte Betriebstypen ist. Läßt sich gar eine Klientel der Entwicklung "weicher" Standortfaktoren, der Imageplanung finden? Die Darstellung ist nach Gruppen "weicher" Standortfaktoren gegliedert.

### Beschäftigtenbezogene "weiche" Standortfaktoren: "Wohn- und Freizeitwert", "Bildungseinrichtungen", "Kulturangebote"

Unterstellt man, daß in den Augen der betrieblichen Entscheidungsträger ein Mangel an qualifizierten Arbeitsplätzen auf Defizite bei den beschäftigtenbezogenen Standortfaktoren "Wohn- und Freizeitwert", "Bildungs- und Kulturangebot" zurückzuführen wäre, so müßten Arbeitskräftemangel und Infrastrukturdefizite etwa in gleichem Maße artikuliert werden. Dies ist bei weitem nicht der Fall. Während über 20% der Betriebe einen für sie auch bedeutenden Mangel an qualifizierten Arbeitskräften beklagten, wurden Defizite bei den beschäftigtenbezogenen "weichen" Standortfaktoren kaum festgestellt: ein Handlungsbedarf wird für das "Kulturangebot" von 4,2%, für die "Bildungseinrichtungen" von 3,6% der Betriebe formuliert, der "Wohn- und Freizeitwert" wird gar nur von einem Betrieb als relevant defizitär eingeschätzt.

Die Werte sinken noch weiter ab, wenn man nicht die Anzahl der Betriebe, sondern den Anteil der von diesen Bewertungen repräsentierten Beschäftigten heranzieht. Für 2% der Beschäftigten wird ein Bedarf an "Bildungseinrichtungen", für 1,7% an "Kulturangeboten" und für absolut 14 (!) Beschäftigte eine Verbesserung des "Wohn- und Freizeitwertes" "gefordert". Außerdem ist bemerkenswert, daß im Falle der "Bildungsangebote" und des "Wohn- und Freizeitwerts" alle, im Falle des "Kulturangebotes" über 4/5 der Betriebe, die für diese Faktoren einen Handlungsbedarf sehen, keine gravierenden Mängel an qualifizierten Arbeitskräften nennen. Die "Beanstandungen" scheinen also meist auf "persönlichen Präferenzen" der Befragten zu beruhen, mit anderen Worten: Einen Mangel hinsichtlich der beschäftigtenbezogenen "weichen" Standortfaktoren, der zu einem Arbeitskräfteproblem führt, gibt es nach der Einschätzung der befragten Betriebe praktisch nicht! Die geringe Zahl der Betriebe, die einen Handlungsbedarf für diese Faktoren feststellen, läßt es nicht als sinnvoll erscheinen, im einzelnen Differenzierungen vorzunehmen. In der Vergangenheit im Raum Nürnberg gewachsene Branchen[96] schätzen den Handlungsbedarf gleichermaßen niedrig ein. wie in der Vergangenheit rezessive Branchen[97].

Im Rahmen der mündlichen Intensivinterviews wurden detailliertere Aussagen zu diesen Standortfaktoren gemacht: Besonders herausgehoben wurde dabei der Freizeitwert des Umlandes der Region, insbesondere der Fränkischen Schweiz, der Seenplatte und des Fichtelgebirges. Vereinzelt wurde auch die relative Nähe zu den Alpen und Südeuropa angeführt. Auch das Breitensportangebot wurde als gut angesehen, ebenso wie die Einrichtungen für den täglichen Bedarf. Besonders günstig erschienen vielen Befragten auch die geringen Lebenshaltungskosten, vor allem im Vergleich zu München. Nicht ganz so einhellig wurde das Kulturangebot bewertet, es galt manchem als zu "provinziell". Andere, besonders Erlanger Befragte hoben das Angebot positiv heraus, weitergehende Ansätze in der Region wurden positiv bewertet. Angedeutet wurde aber auch, daß das bestehende Kulturangebot von den Beschäftigten faktisch gar nicht genutzt werde.

### Direkt betriebsbezogene "weiche" Standortfaktoren: "Kooperationsbereitschaft" und "Bearbeitungstempo der Verwaltung", "Wirtschaftsklima"

Quantitativ wesentlich bedeutsamer scheinen die von den Betrieben bemerkten Defizite in "Kooperationsbereitschaft" und "Bearbeitungstempo" der Verwaltung zu sein. Mit 17,4% und 16,9% gehören sie in die Gruppe der Faktoren mit dem größten Handlungsbedarf, auch das Wirtschaftsklima wird von einer Reihe von Betrieben (9,4%) "bemängelt". Auch hier sinken die Werte deutlich, zieht man die "betroffenen" Beschäftigten als Gewichtungskriterium heran: auf 8,4% für die "Kooperationsbereitschaft", 7,6% für das "Wirtschaftsklima" und 3,7% für das "Bearbeitungstempo".

Die Palette der negativen Erfahrungen mit der Verwaltung ist offenbar breit. In Nürnberg scheint für die Betriebe das Amt für Wirtschaft und Verkehr die "löbliche Ausnahme" zu sein. Verzögerungen von Genehmigungen für Ausbauten und die Erlanger

---

[96] *Energie, Wasser, Bergbau; vor allem sonstige Dienstleistungen*
[97] *Chemie, Bau, Holz, Großhandel, Elektrotechnik, Metallverarbeitung*

Verkehrspolitik werden bemängelt. Generell wirkten die Restriktionen "demotivierend", die Verwaltung müsse bei den erforderlichen Marktanpassungen eher "mitziehen", flexibler sein. Häufig wird aber weniger die Verwaltung, sondern eher die politische Ebene für die Defizite verantwortlich gemacht. Wegen politischer Querelen könne die Stadt Nürnberg "nicht investieren", generell brauche sie mehr Persönlichkeiten, um nicht im Zuge der weiteren Internationalisierung "zum Spielball" zu werden.

**Abb. 23: Handlungsbedarf bei "direkt betriebsbezogenen" "weichen" Standortfaktoren in Branchen des Produzierenden Gewerbes**

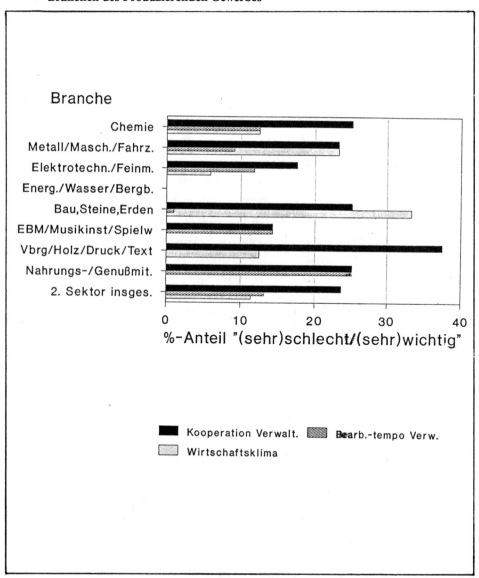

Quelle: Eigene Berechnungen; Datengrundlage DIfU (1989)

Bei der "Kooperationsbereitschaft der Verwaltung" melden in der Vergangenheit in Nürnberg geschrumpfte Branchen weitaus eher einen Handlungsbedarf an als gewachsene Branchen, der Anteil ist mehr als dreimal so hoch. Beim "Bearbeitungstempo" sind dagegen keine solchen Unterschiede vorhanden, z.B. artikulieren sowohl das Baugewerbe als auch die "sonstigen Dienstleistungen" einen Handlungsbedarf. Beim Faktor "Wirtschaftsklima" sind die Unterschiede zwischen gewachsenen und geschrumpften Branchen insgesamt auch sehr gering. Im einzelnen fällt das metallverarbeitende Gewerbe auf. Immerhin ein Viertel der Betriebe dieser rezessiven Branche sieht relevante Defizite im "Wirtschaftsklima". Da dieser in der Region bedeutende Industriezweig auch durch die Befragung vergleichsweise gut repräsentiert ist, ist dieses Ergebnis beachtenswert. Die noch immer wichtigste Industriebranche der Region, die Elektrotechnik, bemängelt zu 17% die "Kooperationsbereitschaft der Verwaltung", zu 11,8% das "Tempo der Verwaltung" und zu 5,9% das "Wirtschaftsklima". Bei den "produktionsorientierten Dienstleistungen", dem wachstumsstärksten Bereich der Region, fällt auf, daß relativ wenige Betriebe (10%) die "Kooperationsbereitschaft der Verwaltung", 17,6% das "Wirtschaftsklima", jedoch 31,6% das "Bearbeitungstempo der Verwaltung" kritisieren.

In den Tabellen 28 und 29 sind die Ergebnisse für die hier interessanten Zweige des Produzierenden Gewerbes und die Produktionsorientierten Dienstleistungen weiter differenziert.

**Tab. 28: Zusammenhänge zwischen dem Handlungsbedarf für "direkt betriebsbezogene" "weiche" Standortfaktoren und betrieblichen Merkmalen im Produzierenden Gewerbe**

| (Tau-B-Korrelationskoeffizienten bzw. * %-Anteil der Betriebe mit Handlungsbedarf) | | | |
|---|---|---|---|
| MERKMAL | Kooperations-bereitschaft der Verwaltung | Bearbeitungs-tempo der Verwaltung | Wirtschafts-klima |
| Betriebsstatus | | | |
| Hauptsitz* | 27,5 | 14,0 | 11,5 |
| Zweigbetrieb* | 11,8 | 11,1 | 11,1 |
| Regionale Absatzorientierung | .10 | .00 | .05 |
| Anzahl der Beschäftigten | -.25 | -.19 | -.10 |
| Anteil Hochqualifizierter | .02 | -.09 | -.08 |

Quelle: Eigene Berechnungen; Datengrundlage DIfU (1989)

Für das Produzierende Gewerbe gilt dabei:

- Ein Handlungsbedarf bei der "Kooperation mit der Verwaltung" wird eher von kleineren, regional orientierten Hauptbetrieben mit vergleichsweise geringem Technikeinsatz artikuliert.

- Auch scheint für kleinere, "technikschwache", regional orientierte Betriebe eher das Problem des geringen "Bearbeitungstempos der Verwaltung" zu bestehen.

- Beim "Wirtschaftsklima" sind die Differenzen geringer und nicht signifikant, entsprechen jedoch in der Tendenz den für die obigen Faktoren beobachteten.

Die Betrachtung der Ergebnisse für die clusteranalytisch gewonnenen Betriebstypen [98] des Produzierenden Gewerbes bestätigt das Bild; der Handlungsbedarf wird von den als ökonomisch stärker einzuschätzenden größeren Betrieben als geringer veranschlagt:

**Abb. 24: Handlungsbedarf für "direkt betriebsbezogene" "weiche" Standortfaktoren in Betriebstypen des Produzierenden Gewerbes**

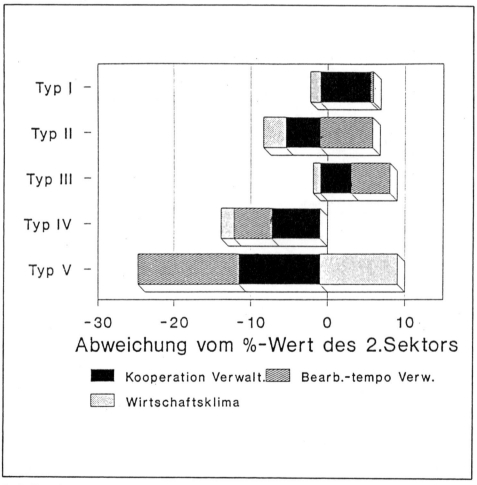

Quelle: Eigene Berechnungen; Datengrundlage DIfU (1989)

---

[98] vgl. S. 63ff dieser Arbeit, insbesondere Tabelle 12.

Bei der wachstumsstarken Gruppe der "neuen produktionsorientierten Dienstleistungen"[99] ergibt sich folgendes Bild.

**Tab. 29: Zusammenhänge zwischen dem Handlungsbedarf für "direkt betriebsbezogene" "weiche" Standortfaktoren und betrieblichen Merkmalen bei "neuen produktionsorientierten Dienstleistungen"**

*(Tau-B-Korrelationskoeffizienten bzw. * %-Anteil der Betriebe mit Handlungsbedarf)*

| MERKMAL | Kooperations-bereitschaft der Verwaltung | Bearbeitungs-tempo der Verwaltung | Wirtschafts-klima |
|---|---|---|---|
| **Betriebsstatus** | | | |
| Hauptsitz* | 12,5 | 40,0 | 21,4 |
| Zweigbetrieb* | 0,0 | 0,0 | 0,0 |
| Regionale Absatzorientierung | .19 | .41 | .28 |
| Anzahl der Beschäftigten | .13 | -.34 | -.02 |
| Anteil Hochqualifizierter | -.33 | -.05 | -.34 |

Quelle: Eigene Berechnungen; Datengrundlage DIfU (1989)

- Die "Kooperationsbereitschaft der Verwaltung" scheint für größere, aber dennoch regional orientierte Hauptbetriebe mit einem vergleichsweise geringen Anteil an Hochqualifizierten ein etwas größeres Problem darzustellen.

- Deutlicher sind die Ergebnisse für das "Tempo der Verwaltung". Kleine, stark regional orientierte Hauptbetriebe sind mit diesem Faktor, der generell in diesem Wirtschaftszweig kritisch bewertet wird, besonders unzufrieden.

- In der Tendenz gilt dies auch für den Faktor "Wirtschaftsklima".

Zusammengefaßt lassen sich deutliche betriebstypische Charakteristika in der Bewertung der "politisch-wirtschaftlich-klimatischen" Faktoren benennen. Generell stellen kleinere, regional orientierte, "technikschwache" Betriebe bei diesen Faktoren einen größeren Handlungsbedarf fest. Während in den Branchen, die in der Vergangenheit Beschäftigungsverluste zu verzeichnen hatten, eher die "Kooperationsbereitschaft der Verwaltung" bemängelt wird, scheint in den wachsenden Produktionsorientierten Dienstleistungen eher das "Bearbeitungstempo" ein Hemmnisfaktor zu sein, besonders gilt dies auch hier für die kleineren, "endogen" orientierten Unternehmen, die allerdings eine günstige Qualifikationsstruktur aufweisen.

---

[99] vgl S.70 dieser Arbeit

## Das Image der Region

Das Image der Region wird von immerhin 9,1% der Betriebe als "wichtig" oder "sehr wichtig" und gleichzeitig als "schlecht" oder "sehr schlecht" eingeschätzt. Hier sinkt der Handlungsbedarf nur wenig, wenn der Anteil der "betroffenen" Beschäftigten zugrundegelegt wird, auf 7.9%. Nur 2,8% aller Betriebe artikulieren einen Handlungsbedarf für das Image und gleichzeitig für eine Verbesserung des Angebotes an qualifizierten Arbeitskräften. Deutlicher formuliert: Nur vier der 159 befragten Betriebe sehen einen Zusammenhang zwischen dem Image der Region und einem für sie bedeutenden Defizit an qualifizierten Arbeitskräften. In den anderen Fällen dürfte der Handlungsbedarf für das Image aufgrund der "Persönlichen Präferenzen" des Befragten oder der Kontakte zu anderen Betrieben und aus Absatzgründen formuliert worden sein.

Hinsichtlich des überregionalen Image sind die Einschätzungen der Befragten recht verschieden. Gegenüber München besitze Nürnberg eine "unverdiente" Imagelücke. Das "Bratwurst- und Lebkuchen-Image" sei "besonders schlimm". Andererseits sei das Image der Stadt nicht so schlecht, wie Einheimische denken würden. Wiederum umgekehrt vermutet ein anderer Befragter, daß seine Kunden das Nürnberger Image schlechter bewerteten als seine Beschäftigten. "Auf dem Weg nach München zu liegen" , so eine weitere Äußerung, sei auch ein positiver Imagefaktor. Auch wenn ein Erlanger Betrieb betont, daß das Image der Stadt Nürnberg das der ganzen Region präge, werden doch deutliche innerregionale Imageunterschiede festgestellt. Eindeutig gilt Erlangen als die Stadt mit dem besten Image. Der "Siemens-" und "Radfahrerstadt" werden Substantive wie "High-tech", "Intellektualität" und "Weltoffenheit" zugesprochen. Am anderen Ende der Imageskala steht eindeutig die Stadt Fürth. Sie sei "am ärmsten dran", ein "kümmerliches Anhängsel Nürnbergs" mit dem "katastrophalen" Image einer "Arbeiterstadt". Kein Nürnberger könne es sich "leisten, ein Auto mit einer Fürther Nummer" zu fahren. Es werden jedoch auch Ansätze einer Öffnung der "provinziellen" Stadt beobachtet. Nürnbergs Image im Vergleich zu den anderen mittelfränkischen Oberzentren wird unterschiedlich eingeschätzt. Vereinzelten Vergleichen mit dem Arbeiterstadtcharakter Fürths stehen Bewertungen wie "bürgerlich" gegenüber. Die Stadt sei "ein bißchen international" und eher ein "Gemischtwarenladen", lauten andere Äußerungen. Generell gelten die oben genannten überregional wirkenden Image-Komponenten natürlich besonders für die Stadt Nürnberg.

**Abb. 25: Handlungsbedarf für das "Image der Region" in Branchen des Produzierenden Gewerbes**

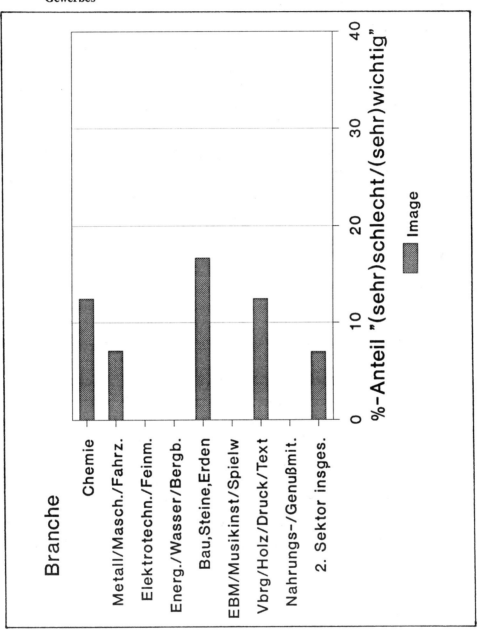

Quelle: Eigene Berechnungen; Datengrundlage DIfU (1989)

Wie aus Abbildung 25 hervorgeht, differieren in der Region in der Vergangenheit gewachsene und geschrumpfte Branchen insgesamt nicht bei der Einschätzung des Image-Problems. Innerhalb des Produzierenden Gewerbes wird besonders von den Betrieben aus den Bereichen Bau, Chemie und Verbrauchsgüter, Holz, Druck ein Handlungsbedarf artikuliert. Die bedeutendsten Branchen, die gleichzeitig im Datensatz am besten repräsentiert sind, sehen diesen Bedarf kaum, in der Elektrotechnik ist das Imageproblem scheinbar völlig irrelevant.

Tabelle 30 macht deutlich, daß es innerhalb des Produzierenden Gewerbes kleinere, tendenziell qualifikationsschwächere und regional orientierte Betriebe sind, die Imagedefizite sehen. Auffallend ist, daß auch Zweigstellen - erklärtermaßen eine Hauptklientel der Imageplanung - keine besonders hohen Imagedefizite nennen:

**Tab. 30: Zusammenhänge zwischen dem Handlungsbedarf für das Image der Region und betrieblichen Merkmalen im Produzierenden Gewerbe und bei "neuen produktionsorientierten Dienstleistungen"**

*(Tau-B-Korrelationskoeffizienten bzw.\* %-Anteil der Betriebe mit Handlungsbedarf)*

| MERKMAL | Produzierendes Gewerbe | Neue Produktionsorientierte Dienstleistungen |
|---|---|---|
| Betriebsstatus | | |
| Hauptsitz* | 5,7 | 13,3 |
| Zweigbetrieb* | 11,1 | 0,0 |
| Regionale Absatzorientierung | .10 | .21 |
| Anzahl der Beschäftigten | -.04 | -.44 |
| Hochqualifiziertenanteil | .04 | .44 |

Quelle: Eigene Berechnungen; Datengrundlage DIfU (1989)

Eine Klientel einer Imagekorrektur zeigt sich eher innerhalb der produktionsorientierten Dienstleistungen. Die Absatzverflechtung dieser Hauptbetriebe ist diffus, deutlich wird jedoch, daß sie eher klein sind und einen hohen Anteil an hochqualifizierten Beschäftigten aufweisen, Zeichen also, die auf "Existenzgründer" hindeuten könnten.

In der standardisierten schriftlichen Befragung nicht abgefragt, wurde in den Gesprächen häufig die "fränkische Mentalität" als ein für die Region entwicklungshemmendes Moment angeführt. Sie versperre sich Neuerungen, neige zum Klagen, zu Pessimismus und Understatement. Statt eines Selbstbewußtseins herrsche ein "Underdog-Bewußtsein" vor. In Fürth seien diese Züge besonders stark ausgeprägt, was sogar im ortsspezifischen Dialekt hörbar werde.

## 2.3 Bewertung der exogen orientierten Imageplanung und daraus abgeleitete Forderungen

Als Ergebnis der Untersuchung lassen sich folgende Hauptfolgerungen und -forderungen gegenüber einer Imageplanung formulieren, die auch für jede "außenorientierte" Entwicklung "weicher" Standortfaktoren gelten können:

- **Ein Handlungsbedarf nach einer außenorientierten Imageplanung ist nicht auszumachen. Es ist weder quantitativ noch qualitativ befriedigend belegt, daß für Nürnberg ein anderes Image *"lebensnotwendig"*[100] ist. Ebensowenig ist abzusehen, ob, ja zu bezweifeln, daß die Imageplanung zum Erreichen der Ziele der Nürnberger Wirtschaftspolitik und Stadtentwicklungsplanung beitragen kann.**

- **Da darüber hinaus der unmittelbare Gebrauchswert einer Imageplanung, der Nutzen, den sie über den eventuellen Attrahierungseffekt hinaus hat, unbedeutend ist, ist sie abzulehnen.**

- **Entweder: Der Handlungsbedarf für eine Imageplanung wäre nachzuweisen, was eine Verschiebung der Aktivitäten und Finanzmittel in Richtung der "Grundlagen der Imageplanung" bedeuten würde.**

- **Oder: Die Aktivitäten und Mittel wären in die Entwicklung anderer "weicher" Standortfaktoren zu lenken und/oder in direkt betriebsbezogene bzw. arbeitsmarktbezogene Maßnahmen umzuleiten.**

Diese Forderungen seien nun noch eingehender diskutiert: Die eine Zielgruppe der Imageplanung, die hochqualifizierten Beschäftigten, sind in der Stadt Nürnberg, erst recht in der Region, nicht "knapper" als in anderen Verdichtungsräumen, im Gegenteil: Bundesweit ist nur im Münchner Raum eine auffallend größere Ballung "neuer Professioneller" zu beobachten. Die Äußerungen der in Nürnberg ansässigen Betriebe, die Einschätzungen der Fachvermittlungsstelle für Hochqualifizierte und die Wanderungsbilanzen der Stadt gegenüber anderen Großstädten deuten auf keine "weichen" Hemmnisfaktoren eines Zuzugs von "Neuen Professionellen" in die Region hin. Der Mangel an hochqualifizierten Arbeitskräften im Raum Nürnberg ist eher auf die normalen Lücken zwischen Arbeitskraftangebot und -nachfrage in diesem Segment zurückzuführen. Sicherlich ist die Stadt nicht die beliebteste in der BRD und besitzt eine Imagelücke, es fehlen die "modernen" Komponenten im Vorstellungsbild von der Stadt. Dies bleibt aber ohne erkennbare Folgen für das reale Verhalten von Hochqualifizierten ihr gegenüber. Ein Zusammenhang zwischen den massiven Beschäftigungsverlusten in Nürnberger Großbetrieben der Vergangenheit und dem Image der Region oder anderen "weichen" Standort-

---

[100] *vgl. Stadt Nürnberg (1988b)*

faktoren ist nicht auszumachen. Wie die überwiegende Zahl der in den Städten Nürnberg, Fürth und Erlangen ansässigen Betriebe, sehen auch große Zweigbetriebe, die vermutlich die Hauptbetroffenen zukünftiger Schließungen wären, keinen besonderen Handlungsbedarf hinsichtlich des Image der Region.

Zwei Argumente gibt es, die zunächst dennoch für eine Imageplanung zu sprechen scheinen, aber auch sie lassen sich widerlegen. Zum einen äußerte sich eine bestimmte Gruppe ansässiger Betriebe auffallend häufig negativ über das Image der Region: Aus jenem Zweig, der gerade auch im Raum Nürnberg in den letzten Jahren stark expandierte, den "neuen produktionsorientierten Dienstleistungen". Ein nennenswerter Zusammenhang mit Anwerbungsschwierigkeiten von Arbeitskräften war aber auch für diese Gruppe nicht auszumachen. Die negative Einschätzung des für diese Betriebe wichtigen Image könnte sich aus Erfahrungen mit Kunden außerhalb der Region ergeben haben. Dagegen spricht aber, daß unter ihnen besonders die regional orientierten das Image bemängeln. Wie sich das Image tatsächlich entwicklungshemmend auf diese Betriebe ausgewirkt haben sollte, bleibt unklar. Denkbar wäre, daß das Image der Region einer weiteren Außenorientierung entgegenstünde. Entscheidend ist aber: Auch mit einem "schlechten" Stadtimage wuchs dieser Bereich in den letzten Jahren im Nürnberger Raum überdurchschnittlich stark.

Zum andern scheint das Image der Stadt Ansiedlungen zumindest großer Betriebe zu erschweren. Für einen Fall, den Siemens-Standort Moorenbrunnfeld, wurde dies von den Gesprächspartnern konkretisiert. Abgesehen davon, daß der Einfluß der Imagelücke innerhalb der Verhandlungen eher "intuitiv gespürt" worden war, als daß er konkreter festgemacht werden konnte (was aber nun einmal im Charakter des Images begründet liegt)[101], führten die Verhandlungen in diesem Fall ja zum Erfolg. Ein Fall, wo Nürnberg in die engere Wahl kam, aber wegen seiner "weichen" Standortfaktoren nicht gewählt wurde, konnte nicht ausgemacht werden.

Die Imagekampagne richtet sich also im Grunde doch nur an auswärtige Betriebe, die Nürnberg a priori wegen seines Image nicht miteinbeziehen. Es gibt nun mehrere Gründe, die gerade auch für Nürnberg gegen eine Orientierung an dieser "unbekannten Größe" sprechen. Quantitativ gesehen ist eine Ansiedlungsstrategie für Nürnberg nicht sinnvoll, dies wird auch von verantwortlicher Seite so gesehen. Das mobile Potential in der BRD ist, wie im ersten Kapitel der Arbeit belegt wurde, bundesweit rückläufig und, was überregionale Verlagerungen angeht, mengenmäßig unbedeutend. Darüber hinaus ist gerade auch in der Stadt Nürnberg das Angebot an Gewerbeflächen außerordentlich knapp. Auch die Ergebnisse der Betriebsbefragung machten deutlich, daß offenbar längst nicht alle Flächenansprüche der örtlichen Betriebe befriedigt werden können, die-

---

[101] *vgl. S.100ff dieser Arbeit.*

ser Bedarf aus dem Bestand wird auch in den nächsten Jahren noch steigen. Es bliebe also eine qualitativ orientierte Ansiedlungsstrategie, was de facto derzeit bedeutete: Die Ausrichtung auf High-Tech-Betriebe und Betriebe mit Entscheidungsmacht. Beide Orientierungen sind für Nürnberg nicht oder nur zum Teil erfolgversprechend. Wie schon ausgeführt wurde,[102] sind die Zentren der Hochtechnologie in der BRD bereits ebenso räumlich fixiert wie die Hochburgen ökonomischer Entscheidungsmacht. Nürnberg weist Defizite im Bereich der Forschungseinrichtungen auf, vor allem ist es in hohem Maße "extern kontrolliert". Angesichts der - im Grunde normalen - Orientierung der bayerischen Landespolitik auf die Landeshauptstadt, die auch zukünftig anhalten wird, ist nicht abzusehen, wie diese sich selbstverstärkenden Strukturen durchbrochen werden sollen. Durch einen "Attraktivitätsmangel" für Hochqualifizierte sind diese Strukturen sicherlich nicht entstanden. Selbst wenn das Nürnberger Image ein "abstoßender Faktor" sein sollte - die Indizien sprechen für das Gegenteil - und wenn eine Imageplanung das Außenbild der Stadt ändern würde: Entscheidungszentralen wird Nürnberg dadurch, gerade auch angesichts anstehender europaweiter Konzentrationen, nicht erhalten. Auch dürfte es nicht sinnvoll sein, auf "Überschwappeffekte" aus dem Münchner Raum zu spekulieren. Der "Hightech-Express" wird von München ausgehend eher westwärts, denn in nordöstliche Richtung rollen.

Es scheint, daß sich der von den Verantwortlichen formulierte Handlungsbedarf nach einer "Imagekorrektur" weniger aus der vergangenen und derzeitigen ökonomischen Situation und Entwicklung der Stadt ergibt, sondern daß hier eher ein "Zugzwang" empfunden wird, dem auch die meisten anderen bundesdeutschen Städte unterliegen. Nach einer Befragung von *HEUER* verteilten 99 von 120 Städten "Informations- und Werbematerial"[103]. Auch aufwendiger angelegte Imagekampagnen dürften inzwischen in den meisten bundesdeutschen Großstädten angelaufen oder geplant sein. Aus einer übergeordneten Perspektive ist die Teilnahme Nürnbergs an diesem "Nullsummenspiel", das nicht einmal - quasi als Nebenprodukt - Gebrauchswerte schafft, abzulehnen. Zum allgemeinen *"überörtlichen Wohl"*[104] wird auch eine Nürnberger Imagekampagne nichts beitragen.

Dieses überörtliche Wohl ist freilich nicht die primäre Perspektive einer Kommune. Aber auch aus kommunaler Sicht sprechen Argumente gegen eine Imageplanung, generell gegen eine "exogen" orientierte Entwicklung "weicher" Standortfaktoren, selbst wenn sie in dem Sinne "erfolgreich" wäre, daß sie den Zuzug von hochqualifizierten Arbeitskräften und die Ansiedlung von Betrieben steigerte. Auch wenn Nürnberg nicht an der Spitze der ökonomischen Prosperität stehen wird, wird seine weitere wirtschaftliche

---

[102] *vgl. S.114 dieser Arbeit*

[103] *vgl. Heuer (1985) S.82*

[104] *Singer (1988) S.279*

Entwicklung insgesamt eher günstig verlaufen. Entscheidend wird aber sein, wie sich diese Entwicklung nach innen verteilt und wie dort die eingehend beschriebenen negativen Folgen des Strukturwandels abgefedert werden können. Von 1975-1987 verdreifachte sich in der Stadt Nürnberg die Zahl der Empfänger von Sozialhilfe. Dabei ging der Anteil der über 65-jährigen stark zurück.[105] Arbeitsfähige, aber dauerhaft arbeitslos Gewordene bilden damit einen zunehmenden Anteil der "Neuen Armut". Für diese unqualifizierten ehemaligen Beschäftigten stellt die Ansiedlung von Hightech-Arbeitsplätzen (die an Bedeutung ohnehin kaum zunehmen wird) ebensowenig eine Lösung dar, wie für die zahlreichen gefährdeten unqualifizierten "Noch- Beschäftigten". Schon in der ersten Diskussion wurde dargelegt, daß eine erfolgreiche Orientierung auf einkommensstarke Gruppen die finanziellen Spielräume der Gemeinde erweitern und theoretisch damit auch sozial Deklassierten zugute kommen könnte.[106] Nürnbergs derzeitige Einkommensteuereinnahmen spiegeln recht gut auch die ökonomische Stellung der Stadt wider, sie ist auch hier eine "Süd-Nord-Drehscheibe mit Tendenz nach Süden".[107] Es wurde aber auch ausgeführt, daß die vor allem auf dem Wohnungsmarkt induzierten Effekte einer solchen "sozialen Aufwertung" objektiv und subjektiv die Lage der Unterprivilegierten verschlechtern können. Auch in Nürnberg könnte eine solche Aufwertung zum Anstieg beispielsweise des noch vergleichsweise geringen Mietniveaus führen.

Für die kommunale Wirtschaftspolitik kann daher die generelle Forderung nach einer verstärkten Umorientierung von standortpolitischen Maßnahmen, wofür die Imageplanung ein Beispiel darstellt, hin zu den Strukturwandel "abfedernden" beschäftigten- und arbeitsmarktbezogenen Maßnahmen, bzw. einer Erweiterung vorliegender Ansätze, erhoben werden.

## 2.3.1 Verbesserungen der Grundlagen einer Imageplanung

Vermutliche Erfolglosigkeit und eventuelle negative Folgen einer Imageplanung und der diese bedingenden Strategie der Attraktivitätssteigerung der Stadt für Hochqualifizierte werden freilich nicht die Hoffnung aufwiegen, ein anderes Außenimage Nürnbergs werde letztlich "allen" zugute kommen. Die außenorientierte Imageplanung wird so wohl die "Hürden" der politischen Instanzen und der öffentlichen Diskussion meistern und in den nächsten Jahren in breitere Werbemaßnahmen münden.[108] Von daher ist zu fordern, zumindest durch eine Verbesserung der Grundlagen der Imageplanung den Handlungsbedarf besser auszuweisen, besser auch, als es im Rahmen dieser Untersuchung gesche-

---

[105] vgl. Stadt Nürnberg (1988d) S.134
[106] vgl. S.114 dieser Arbeit
[107] vgl. Stadt Nürnberg (1988d) S.150ff
[108] vgl. dazu die im "Nachtrag" auf S. 182ff beschriebenen neueren Entwicklungen.

hen konnte. Sollte eine Imageplanung dann noch für erforderlich gehalten werden, so könnte sie auf dieser Basis zielgerichteter erfolgen, als es derzeit der Fall zu sein scheint. Folgende mögliche Grundlagenverbesserungen wären zu nennen:

**Die "ex-post"-Analyse vergangener Wanderungsentscheidungen.** Aus der Untersuchung wurde deutlich, daß quantitativ gesehen der Bevölkerungsaustausch zwischen Nürnberg und anderen bundesdeutschen Metropolen gering ist. Die amtliche Statistik ermöglicht aber keine Differenzierung der Wanderungsbewegungen nach den Qualifikationsstrukturen der Wanderungsströme. Eine mögliche "selektive Wirkung der Mobilität" konnte so, über die Betrachtung der Altersgruppen hinaus, nicht ermittelt werden.

Durchaus denkbar wäre es nun, daß Nürnberg in Kooperation z.B. mit den 15 größten bundesdeutschen Städten eine genauere Untersuchung dieser Wanderungsströme initiierte. Die geringe Größenordnung (gegenüber den acht hier verglichenen Städten hatte Nürnberg insgesamt pro Jahr etwa 2000 Zu- und Abwanderungsbewegungen zu verzeichnen) würde sogar die Totalerhebung unter den Wanderungsfällen etwa der Jahre 1986 bis 1989 ermöglichen. Zum einen ginge es darum, quantitativ exakt die qualitative Zusammensetzung der Wanderungsströme zu ermitteln, z.B. durch eine Postkartenerhebung mit den wichtigsten Personen/Haushaltsdaten.

Darauf aufbauend, könnten dann schichtenspezifisch repräsentative Intensivinterviews erfolgen. Dort wäre der tatsächliche Einfluß der jeweiligen "weichen" Standortfaktoren der Orte auf real erfolgte Wanderungen zu ermitteln, wobei sich natürlich besonders für die Erfassung des Einflusses des Images die vorab ausgeführten methodischen Probleme ergeben würden. Die Erhebung dürfte sich nicht im bloßen Abfragen von dann statisch erscheinenden Motiven erschöpfen. Sie müßte auch versuchen, Prozesse und Verlaufstypen zu charakterisieren, dabei aber auch deren Gewicht zu bestimmen. Eine solche detaillierte Analyse wäre ein "Großstadttest", der sich nicht, wie alle bisherigen, nur auf "latente Präferenzen", sondern auf tatsächliches Verhalten bezöge. Prinzipiell müßten alle "konkurrierenden" Großstädte (Nürnberg wäre da schon fast die kleinste) an einer solchen Erhebung, die turnusmäßig wiederholt werden könnte, interessiert sein. Insofern wäre der Kostenaufwand für Nürnberg gering; er würde - zumal im Gegensatz zur Imagekampagne eigene Verwaltungskapazitäten genutzt werden könnten - wohl nur einen Bruchteil der Kosten der Imagekampagne betragen. Das Ergebnis wäre die realistischere Einschätzung des Phantoms "weiche" Standortfaktoren, seiner Auswirkungen auf die Wanderungsentscheidungen auch von Hochqualifizierten. Es ließe sich ermitteln, ob *"die oft gehörte Aussage (...) 'Anfangs habe ich mich gegen eine Versetzung nach Nürnberg gesträubt, weil da doch nichts los ist'"*[109] tatsächlich ein nennenswertes Gewicht besitzt. Falls darauf aufbauend eine Imagekampagne noch für nötig gehalten würde, so

---

[109] *Stadt Nürnberg (1988b) S.5*

könnte sie nunmehr gezielter auf bestimmte Orte gerichtet werden, somit würden insgesamt Kosten gespart.

Auch was **betriebliche Investitions- und Desinvestitionsentscheidungen** angeht, wäre ein solches "interkommunales Beobachtungssystem" denkbar. Die hier noch geringere Fallzahl würde die genauere Ermittlung der Investitionsmotive ermöglichen, eventuell könnte sogar ermittelt werden, warum die jeweils anderen Städte nicht gewählt wurden.

Kooperative Ansätze sind hier, wo es um Betriebe geht, allerdings kaum zu erwarten. Die Stadt Nürnberg könnte aber, vielleicht in Zusammenarbeit mit den anderen Orten der Region, zumindest versuchen, durch Nacherhebungen, Gespräche und Dokumentenanalysen systematischer zu ermitteln, welche Faktoren bei der Verlagerung von Kapazitäten aus Nürnberg eine Rolle gespielt hatten. Zu vermuten ist aber, daß auch solche Analysen dieser beschäftigungsrelevanten Entscheidungen zum Ergebnis eines Nichteinflusses "weicher" Standortfaktoren kämen. Ebenso könnte bei den wenigen neuangesiedelten Betrieben versucht werden, systematisch nachzuvollziehen, inwieweit Nürnberg trotz seines Images dennoch gewählt wurde; herauszufinden, ob der "Fall Siemens-Moorenbrunnfeld" eher die Regel denn - so wie es bislang erscheint - nur die Ausnahme darstellt.

## 2.3.2 Offensivere Auseinandersetzung mit dem "Nazi-Image"

Innerhalb dieser Untersuchung wurden die Inhalte der Imageplanung, die Komponenten des für Nürnberg zu schaffenden Image nicht weiter problematisiert, im Mittelpunkt stand die Beantwortung der Frage, ob eine Imageplanung für Nürnberg überhaupt notwendig ist. Das für Nürnberg zu schaffende Stadtleitbild einer "Großstadt mit mittelalterlichem Flair", die Kombination traditioneller und moderner Elemente läßt viel Gestaltungsspielraum offen - vielleicht zuviel. Eine ganze Reihe von Großstädten setzt auf eine solche Mischung aus Tradition und Moderne. Auch die in den "Überlegungen zum Nürnberg-Image" aufgeführten Komponenten des zu entwickelnden Stadtimage können zum größten Teil auch für andere Großstädte gelten. Sie scheinen zwar auch am realen Angebot, in erster Linie aber an einer vermuteten Nachfrage ausgerichtet zu sein.

Imagekampagnen wie die der Ruhrgebietsstädte sind auch gegen "abstoßende" Komponenten des Bildes von der Region gerichtet. In Nürnberg gilt es dagegen nur, das Image zu "ergänzen", man will "nichts loswerden". Die vielleicht erstaunlichste Tatsache ist dabei, daß die Imagekomponente, die am stärksten negativ wertbesetzt ist, die Assoziation mit dem Nationalsozialismus, in den "Überlegungen zum Nürnberg-Image" überhaupt nicht als nennenswertes Problem erkannt ist und auch in den entsprechenden strategischen Überlegungen nur eher beiläufig, fast zufällig aufgenommen wird.

*BEBBER* zählte im Jahr 1988 104 Artikel in britischen Zeitungen, in denen die Stadt erwähnt wurde, sein Fazit lautet:*"Von Nuremberg kaum Gutes"*[110]. Politische Massenspektakel, Giftgaseinsätze im Persischen Golf, die Vermarktung aggressiver Punks; in solchen Zusammenhängen taucht der Name der Stadt häufig auf.[111]

Der Europäische Binnenmarkt ist sicherlich ein Auslöser und Begründungsfaktor der Nürnberger Imageplanung. Diese richtet sich inhaltlich aber nur in Ansätzen gegen das im Ausland vorherrschende "Nazi-Image" Nürnbergs. Nur die Komponente "politisch ausgewogen" läßt sich als gegen diese Assoziation mit dem Nationalsozialismus gerichtet interpretieren. Diese fast vollständige Ignorierung der am negativsten wertbesetzten Imagekomponente scheint weniger Folge notwendiger finanzieller Beschränkungen zu sein, wie der Vertreter des Verkehrsvereins angab, sondern es zeigt sich eher auch eine gewisse Hilflosigkeit im Umgang mit dieser wohl schlechtesten Imagekomponente, die eine europäische Stadt aufweisen kann. Äußerungen wie "man könne nichts dafür, zum Schatzkästlein des nationalsozialistischen Deutschland ausgewählt worden zu sein" dokumentieren diese Ratlosigkeit. Eine weniger ökonomisch orientierte Imageplanung, mit der Zielrichtung einer politischen "Klimaverbesserung", müßte aber gerade am "Nazi-Image" der Stadt ansetzen. "Demokratie" und "Multikulturalität" wären Komponenten, die die Stadt dann in ihrem realen Handeln und in ihrem Stadtleitbild weiter zu entwickeln hätte.

## 2.3.3 Endogen orientierte Entwicklung "weicher" Standortfaktoren für Nürnberg

Am Beispiel der Imageplanung wurde verdeutlicht, daß eine nach außen gerichtete Entwicklung "weicher" Standortfaktoren für Nürnberg keine erfolgversprechende Strategie darstellt. Das Handlungsfeld "weiche Standortfaktoren" ist aber damit für die Stadt und die Region noch nicht aus dem Spiel. Programmatisch gefordert werden kann eine Umorientierung auf eine "endogene" Entwicklung "weicher" Standortfaktoren und damit auf das immobile Bevölkerungs- und Betriebspotential von Stadt und Region. Dabei scheint jedoch der Begriff "weiche Standortfaktoren" nicht mehr adäquat. Die Kennzeichnung einer Qualität als "Standortfaktor" bezeichnet in erster Linie das Moment ihrer Außenwirkung. Die Standortfaktoren einer Stadt zu bewerten heißt, über Standortalternativen zu verfügen.

[110] *Nürnberger Nachrichten vom 2.2.1989, S.3*
[111] *vgl. Nürnberger Nachrichten vom 2.2.1989, S.3*

## Das Nürnberger "Wir-Gefühl"

Auch die vorab kritisierte Nürnberger Imageplanung enthält eine endogene Komponente, die Entwicklung eines regionalen und lokalen "Wir-Gefühls". Was über diese allgemeine Appellformel hinaus mit diesem Begriff gemeint sein könnte, wird im Papier "Überlegungen zum Nürnberg-Image" nur diffus klar. Es wird *"ein Wir-Gefühl, das von allen Kreisen getragen wird"*,[112] *"guter Wille"*,[113] ein *"Grundkonsens"*,[114] ein *"einheitliches Selbstverständnis"*,[115] die Überwindung des unterentwickelten Selbstbewußtseins,[116] der *"größtmögliche gemeinsame Nenner"*[117] gefordert. *"Porzellan muß gespült, nicht zerschlagen werden"*.[118] Adressiert sind diese Appelle grundsätzlich an jeden Stadtbewohner, vor allem wohl aber an Vertreter aus Teilen der Verwaltung, Wirtschaft und Politik. Die Entwicklung eines "Wir-Gefühls" meint auch - gerade gegenüber dem südbayerischen Raum - die Entwicklung eines "mittelfränkischen Selbstbewußtseins".

Deutlich wird, daß dieses zu entwickelnde "Wir-Gefühl" im engen Zusammenhang mit der Außenwirkung der Stadt gesehen wird. Eher zwischen den Zeilen zu lesen ist, daß dieses "Wir-Gefühl" kein Selbstzweck ist, sondern wohl eher auch als Instrument, als erster Schritt der Steigerung der Außenattraktivität der Stadt gefaßt wird: *"daß die Maßnahmen sich zunächst nach innen richten müssen, um das Image innerhalb Nürnbergs zu verbessern"*.[119] *"Am Ende einer solchen Entwicklung, die erst eingeleitet werden muß, steht auch der Bürger als Botschafter seiner Stadt."* [120] Diese "Parallelität" von Außen- und Innenimagepflege ist keine nur für Nürnberg typische Strategie. Bereits bei *ZIMMERMANN* ist die Innenimagepflege - hier aber offen - instrumentalisiert: Sie übernimmt eine *"Sicherungsfunktion"*[121] für die Planung des Außenimages.

Eine endogen orientierte Imagepflege erhält ihre Berechtigung zunächst aus den ähnlichen Funktionen und Wirkungsweisen von "Image" und "Identität". Beide ermöglichen dem Subjekt Handlungen gegenüber der Umwelt. Geht man einerseits davon aus, daß technologische und ökonomische Veränderungen Identitätsbeziehungen zwischen Städten und ihren Bewohnern auflösen und hält andererseits die kommunale für die einer demokratischen Persönlichkeitsentfaltung angemessene Handlungsebene, so erscheint es legitim, die verlorene Identität von Kommune und Bewohnern durch ein Stadtleitbild

---

[112] *Stadt Nürnberg (1988b) S.2*
[113] *Stadt Nürnberg (1988b) S.2*
[114] *Stadt Nürnberg (1988b) S.13*
[115] *Stadt Nürnberg (1988b) S.6*
[116] *vgl. Stadt Nürnberg (1988b) S.7*
[117] *Stadt Nürnberg (1988b) S.9*
[118] *Stadt Nürnberg (1988b) S.13*
[119] *Stadt Nürnberg (1988b) S.13*
[120] *Stadt Nürnberg (1988b) S.6*
[121] *Zimmermann (1974) S.4*

herzustellen und so die anders nicht mehr wahrnehmbare Totalität der Stadt für den einzelnen mental zu rekonstruieren.[122]

Die Grenze einer solchen Planung von Innenimages ist aber wiederum durch die Ungleichheit von "Image" und "Identität" markiert. Sie liegt - nicht unbedingt grundsätzlich, wie *SINGER* vermutet [123] -, auf jeden Fall aber graduell - in dem Ausmaß des Eigenanteils, den das einzelne Subjekt bei der Entstehung von "Images" und von "Identität" beisteuert. Zwar werden Images auch handlungsaktiv entworfen und sind nicht objektiv. "Identität" reicht aber weiter und tiefer, sie ist letztlich nicht zwischen Subjekten übertragbar; "lokale Identität" läßt sich nicht einfach als Kommunikationsgehalt verwenden.[124]

"Identität" und "Wir-Gefühl" können dort ideologische Funktionen erhalten, wo sie als bloßer Kitt für real divergierende, auch materielle Interessen fungieren. Im Laufe der in Nürnberg geführten Gespräche wurde, pointiert formuliert, deutlich, daß im Grunde jede politische Äußerung seitens eines öffentlichen Handlungsträgers und jede planerische Maßnahme als "schädigend" für das "Wir-Gefühl" angesehen werden kann. Damit wird das "Wir-Gefühl" aber selbst zu einem Instrument der politischen Auseinandersetzung und wirkt als Transportmittel für gegenüber ihm nahezu indifferente Inhalte. Es dient damit auch der Reproduktion von lokalen Machtstrukturen, kann aber auch gegen diese gerichtet werden. Wenn auch die "Nürnberger Identität" der politischen Diskussion vor Ort überlassen werden muß, so kann aber aufgrund der gewonnenen Erkenntnisse zumindest gefordert werden, die Entwicklung des "Wir-Gefühls" vom Ballast des Außenimages zu befreien.


## Beschäftigtenbezogene "weiche Standortfaktoren"

In Anknüpfung an die Ergebnisse der Untersuchung ist festzustellen, daß der Handlungsbedarf hinsichtlich der beschäftigtenbezogenen "weichen Standortfaktoren", soweit er von den befragten Betrieben gesehen wird, gering ist. Wo genau Defizite in den endogen wirkenden "weichen Standortfaktoren" bestehen, wurde aber hier nicht systematisch untersucht. Es konnten auch keine Erkenntnisse über den Handlungsbedarf, wie er für diese Faktoren von Bewohnern der Stadt selbst gesehen wird, gesammelt werden. Die Nürnberger Stadtentwicklungsplanung verfügt allerdings zumindest über ein entsprechendes Beobachtungsinstrument, die "Umfragen zur Stadtentwicklung"[125]. Nach Auskunft von *AGN*-Stab bestehen, bedingt unter anderem durch den starken Zustrom

---

[122] vgl. Singer (1988) S.271
[123] vgl. Singer (1988) S. 272
[124] vgl. Singer (1988) S. 273
[125] Stadt Nürnberg (1980)

von Aussiedlern nach Nürnberg, durchaus noch Handlungsbedarfe im Bereich der klassischen "weichen Standortfaktoren", wie zum Beispiel Kindertagesstätten.

Die Übergänge zwischen überregional ausstrahlender Hoch- und kleinräumig wirkender Soziokultur sind fließend, beides schließt sich nicht a priori aus. Sollten sich - etwa bei der Kulturmeile - Zielkonflikte ergeben, hätten Voten für das Ziel Stärkung der überregionalen Attraktivität, das zeigte diese Untersuchung, nur eine schmale Basis. Zu berücksichtigen sein wird ein Ergebnis des ersten Teils dieser Arbeit: Gerade hochqualifizierte, einkommensstarke Bevölkerungsgruppen weisen aufgrund ihrer Zeitstruktur und ihrer finanziellen Möglichkeiten eine deutlich weiträumigere Freizeitorientierung auf. Auch für die Nürnberger "neuen Professionellen" sind Alpen und Toscana Ziele nicht nur eines Jahresurlaubs. Regionale und lokale Freizeit- und Kulturinfrastrukturpolitik hat sich eher an Anforderungen immobiler einkommensschwacher Gruppen zu orientieren.

Der Handlungsbedarf für Verbesserungen der Umweltsituation muß wohl für keine Stadt eigens nachgewiesen zu werden. Gerade in diesem Bereich zeigt sich in Nürnberg aber eine weitere Zweischneidigkeit der Imagepflege. Wie aus den geführten Gesprächen deutlich wurde, heißt Imagepflege für viele Verantwortliche auch, "nicht nur das Negative zu betonen". Konkret bedeutet dies z.B., die "strenge" Smog-Verordnung Nürnbergs wird nicht etwa als imagefördernd angesehen (etwa: "Nürnberg tut was für seine Umwelt"), sondern als imageschädigend, da sie zu häufigerem Smogalarm führe. Die exogen orientierte Entwicklung der "weichen" Standortfaktoren kann also durchaus im Zielkonflikt zur endogen orientierten liegen.

## Betriebsbezogene "weiche Standortfaktoren"

Das im Grunde deutlichste Ergebnis der Betriebsbefragung in Nürnberg, Fürth und Erlangen waren, neben der besonders in Nürnberg großen Knappheit von Gewerbeflächen und den Beanstandungen der Erlanger Verkehrsverhältnisse, die geäußerten Defizite hinsichtlich des "Wirtschaftsklimas", vor allem aber der "Kooperationsbereitschaft" und des "Bearbeitungstempos" der Verwaltung. Es handelt sich dabei gewissermaßen um Teilaspekte des "Wir-Gefühls": die Atmosphäre, das Klima zu den öffentlichen Institutionen, wie es von den Betrieben des Nürnberger Raumes gesehen wird. Da die Vertreter der Nürnberger Wirtschaftspolitik als Hauptinitiatoren der "Überlegungen zum Nürnberg-Image" gelten können, darf vermutet werden, daß sie hier selbst Defizite sehen.

Plausibel ist, daß das "Bearbeitungstempo" der Verwaltung eher von Betrieben aus expandierenden Bereichen, die "Kooperationsbereitschaft" aber eher von Betrieben aus geschrumpften Branchen als defizitär eingeschätzt wurden. Welche Faktoren sich im einzelnen hinter diesen Einschätzungen verbergen, konnte durch die Betriebsbefragung nur ansatzweise und unsystematisch ermittelt werden. Die Erlanger Verkehrspolitik und die Nürnberger politischen Verhältnisse wurden besonders angeprangert. Wenn eine Verwaltungstelle weniger kritisiert wurde, dann die Wirtschaftsförderung. Daß expandierende Betriebe das "Bearbeitungstempo" der Verwaltung bemängeln, ist grundsätzlich nicht überraschend: behördliche Genehmigungen werden von Betrieben eher in ihrer Anfangszeit, in Expansionsphasen angefordert. Es ist nicht auszumachen, ob sich hinter diesen Klagen tatsächlich eine "Faulheit" der Verwaltung verbirgt, oder, was wahrscheinlicher ist, ob politische und planerische Zielkonflikte die Bearbeitung "verzögerten".

Grundsätzlich stimmt es bedenklich, daß die "Kooperationsbereitschaft" der Verwaltungen weitaus eher von kleinen Betrieben aus in der Vergangenheit geschrumpften Branchen bemängelt wird, als von anderen. Dies läßt den Schluß zu, daß die kommunale "Bestandspflege" in den Städten sich in der Vergangenheit eher an Großbetrieben und - obwohl diese Defizite im "Bearbeitungstempo" sehen - eher an Betrieben aus expandierenden Bereichen ausrichtete. Eine solche Bevorzugung großer und/oder expandierender Betriebe wäre insofern verständlich, als sie die Masse der Arbeitsplätze besitzen und/oder auf ihnen die Zukunftshoffnungen ruhen. Vor allem aus arbeitsmarkt- und sozialpolitischen Gründen erscheint es jedoch geboten, die Folgen des Strukturwandels auch für die kleinen davon negativ betroffene Betriebe und deren Beschäftigte abzufedern - und dies nicht nur durch "klimatische Verbesserungen".

# 3 Nachtrag

Seit der Konzeption dieser Arbeit und den einschlägigen Recherchen ist über ein Jahr vergangen. Inzwischen scheint das Thema "weiche" Standortfaktoren für Nürnberg etwas an Brisanz verloren zu haben - zumindest soweit es die hier ausführlich behandelte Imageplanung anbetrifft.

Einen Grund dafür bildet sicherlich eine weitere 1989 in Auftrag gegebene und in Methoden und Fragestellung mit der bereits erwähnten Erhebung [126] vergleichbare Befragung unter 1034 Bundesbürgern zu den Assoziationen zu Nürnberg und der Beliebtheit der Stadt. Darin waren allerdings die primären Zielgruppen der Imageplanung kaum vertreten.[127]

An den grundlegenden Imagekomponenten der Stadt hat sich in den achtziger Jahren wenig geändert, zwischen diesen gab es jedoch Verschiebungen. "Spezialitäten" und "Weihnachtsmarkt" verdrängten das historische Stadtbild als wichtigste Imagekomponente. Die nationalsozialistische Vergangenheit Nürnbergs wurde von Bundesbürgern etwas seltener als 1980 genannt.

Auch bei den der Stadt von den Bundesbürgern zugesprochenen Attributen kam es im Verlauf des Jahrzehnts nur zu geringfügigen Veränderungen, wie das Polaritätsprofil in Abbildung 26 verdeutlicht.

---

[126] vgl. S.150 ff dieser Arbeit
[127] vgl. Stadt Nürnberg (1990) S.8

**Abb. 26: Beurteilung der Stadt Nürnberg 1980 und 1989**

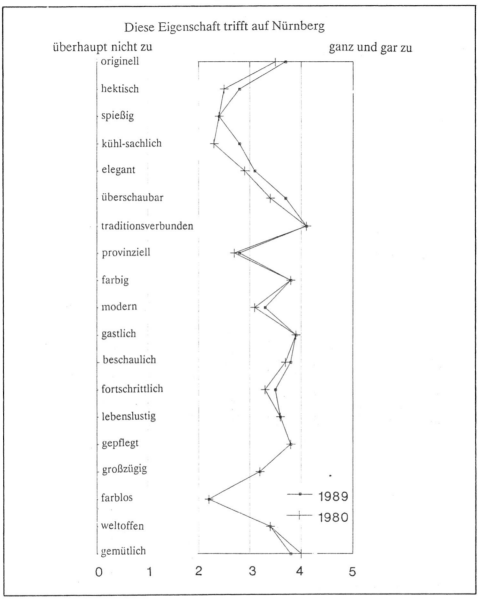

Quelle: Stadt Nürnberg (1990)

Werden mit Nürnberg also weiterhin "undynamische, nicht großstädtische" Komponenten assoziiert, so ist die Beliebtheit der Stadt als Wohnort deutlich gestiegen: Wollte
1980 etwa die Hälfte der Befragten gern in Nürnberg wohnen, so waren es 1989 schon

zwei Drittel, *"die Sympathie für Nürnberg als wünschenswerter Wohnort hat deutlich zugenommen"*[128].

**Abb. 27: Beliebtheit Nürnbergs als Wohnort 1980 und 1989**

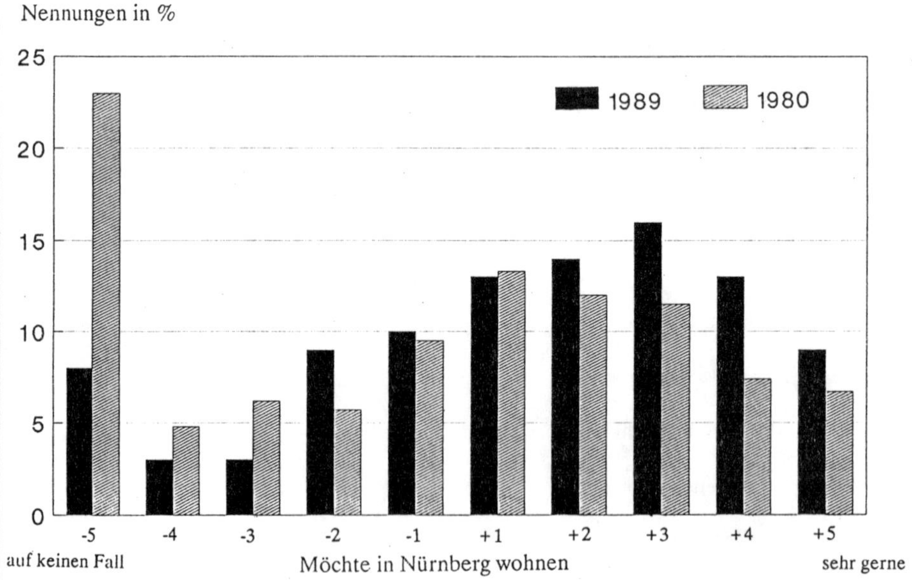

Nennungen in %

Quelle: Stadt Nürnberg (1990) S.4

Nur spekuliert werden kann darüber, ob diese gestiegene Beliebtheit Nürnbergs bereits ein Ergebnis der beschriebenen städtebaulich-kulturellen Initiativen der Stadt - der Wettbewerb zur "Kulturmeile" ist inzwischen abgeschlossen - ist. Es verwundert aber angesichts dieser Veränderungen wenig, daß die Initiative der Image-Kampagne inzwischen zumindest vorübergehend "im Sande verlaufen" zu sein scheint. Schon für die Voruntersuchungen wurden keine finanziellen Mittel zur Verfügung gestellt.

---

[128] *Stadt Nürnberg (1990) S. 4*

# LITERATUR

ALBRECHT, Günther (1972): Soziologie der geographischen Mobilität. Zugleich ein Beitrag zur Soziologie des sozialen Wandels. Stuttgart.

ALLENSBACH (1987): Führungskräfte-Panel: Wo Manager am liebsten wohnen.

ARBEITSAMT NÜRNBERG (1989): Presse-Information: "Auch eine gute Ausbildung schützt nicht vor Arbeitslosigkeit." Nürnberg.

BADE, Franz-Joseph (1978): Die Mobilität von Industriebetrieben. Theoretische und empirische Befunde zu den sektoralen und räumlichen Besonderheiten der Neuansiedlungen. Berlin.

BADE, Franz-Joseph (1985): Die wachstumspolitische Bedeutung kleiner und mittlerer Unternehmen. Berlin.

BADE, Franz-Joseph (1987): Regionale Beschäftigungsentwicklung und produktions-orientierte Dienstleistungen. Berlin.

BÄHR, Jürgen (1983): Bevölkerungsgeographie. Verteilung und Dynamik der Bevölkerung in globaler, nationaler und regionaler Sicht. Stuttgart.

BÄßLER, Robert u.a. (1987): Informatiker im Beruf. Daten zur Berufssituation von Informatikern und anderen Hochqualifizierten im Datenverarbeitungsbereich. Hrsg.: Institut für Arbeitsmarkt- und Berufsforschung. Nürnberg.

BAETHGE, Martin / OBERBECK, Herbert (1986): Zukunft der Angestellten. Neue Technologien und berufliche Perspektiven in Büro und Verwaltung. Frankfurt/New York.

BALLESTREM, Ferdinand Graf von (1974): Standortwahl von Unternehmen und Industriestandortpolitik. Ein empirischer Beitrag zur Beurteilung regionalpolitischer Instrumente. Berlin.

BAYERISCHES STAATSMINISTERIUM FÜR LANDESENTWICKLUNG UND UMWELTFRAGEN (BSTMLU) (1986): Bayern Regional 2000. Bayreuth.

BENKERT, Wolfgang (1987): Standortfaktoren und Standortwahl der Umweltschutzindustrie, in: Raumforschung und Raumordnung, Heft 5-6 1987, S. 237-241.

BEBBER, Hendrik (1989): Von Nuremberg kaum Gutes, in: Nürnberger Nachrichten 2.2.1989, S.3

BENNINGHAUS, Hans (1985): Deskriptive Statistik. Stuttgart.

BERGMANN, Eckhardt u.a. (1979): Regionale Mobilitätsprozesse in der Bundesrepublik Deutschland. Berlin.

BIRG, *Herwig (1986): Regionales Humankapital und räumliche Mobilität, in: Akademie für Raumforschung und Landesplanung (Hrsg.): Bevölkerungsentwicklung und Humankapital. Hannover 1986. S. 64-76.*

BLASCHKE, *Dieter (1982): Berufliche Qualifikation und arbeitsbedingte Mobilität, in: Linke, Wilfried / Schwarz, Karl (Hrsg.): Aspekte der räumlichen Bevölkerungsbewegung in der Bundesrepublik Deutschland. Wiesbaden 1982. S.241-266.*

BÖLTING, *H.M. (1976): Wirkungsanalyse der Instrumente der regionalen Wirtschaftspolitik. Münster.*

BOEVENTER, *Edwin von (1987): Stadtentwicklung und Strukturwandel. Berlin.*

BOEVENTER, *Edwin von / HAMPE, Johannes / KOLL, Robert (1987): Analyse struktureller Defizite in ausgewählten Industriegebieten Bayerns. Im Auftrag des Bayerischen Staatsministeriums für Wirtschaft und Verkehr. München.*

BORTZ, *Jürgen (1985): Lehrbuch der Statistik für Sozialwissenschaftler. Berlin, Heidelberg, New York, Tokyo.*

BRAUN, *Walter (1987): Auswirkungen neuer Techniken auf Arbeitsmarkt und Raumstruktur. Beispiele aus dem Wirtschaftsraum Mittelfranken, in: Akademie für Raumforschung und Landesplanung (Hrsg.): Technikentwicklung und Raumstruktur. Hannover, 1987.*

BRECKNER, *Ingrid / SCHMALS, Klaus M. / (1986): Armut in einer Luxusmetropole: Erscheinungsformen, räumliche Verteilungsmuster, Verursachungszusammenhänge, Betroffenheitsdimensionen und Armutpolitik in München, in: Friedrichs, Juergen / Häußermann, Hartmut / Siebel, Walter (Hrsg.): Süd-Nord-Gefälle in der Bundesrepublik? Opladen, 1986. S.235-261.*

BREDE, *Helmut (1971): Bestimmungsfaktoren industrieller Standorte. Eine empirische Untersuchung. Berlin.*

BULWIEN, *Hartmut (1988): Das Flair ist zu einem wichtigen Kriterium der Standortentscheidung geworden, in: Handelsblatt, 11/12.3.1988, S.34.*

BUNDESANSTALT FÜR ARBEIT *(1989): Amtliche Nachrichten 5/1989. Nürnberg.*

BUNDESFORSCHUNGSANSTALT FÜR LANDESKUNDE UND RAUMORDNUNG (BFLR) *(1986): Informationen zur Raumentwicklung, Heft 11/12 1986: Aktuelle Daten und Prognosen zur räumlichen Entwicklung, Nord-Süd-Kontraste in der regionalwirtschaftlichen Entwicklung. Bonn.*

BUNDESFORSCHUNGSANSTALT FÜR LANDESKUNDE UND RAUMORDNUNG (BFLR) *(1987): Informationen zur Raumentwicklung, Heft 11/12 1987: Aktuelle Daten und Prognosen zur räumlichen Entwicklung, Entwicklungstendenzen von Städten und Stadtregionen. Bonn.*

BUNDESFORSCHUNGSANSTALT FÜR LANDESKUNDE UND RAUMORDNUNG (BFLR) *(1988): Informationen zur Raumentwicklung, Heft 11/12 1988: Aktuelle Daten und Prognosen zur räumlichen Entwicklung, Regionale Infrastruktur I. Bonn.*

BUNDESMINISTER FÜR ARBEIT UND SOZIALORDNUNG (1982): *Die Standortwahl der Betriebe in der Bundesrepublik Deutschland und Berlin (West). Neuerrichtete, verlagerte und stillgelegte Betriebe in den Jahren 1980 und 1981. Bonn.*

BUNDESVERBAND JUNGER UNTERNEHMER (BJU) *(1988): Umfrage Stadtprofile, in: Wirtschaftswoche Nr. 42, 14.10.1988, S.58.*

BUNTE *(1988): Städtetest 1987. Durchführung: Jürgen Friedrichs. München.*


CASTELLS, *Manuel (1977): Die kapitalistische Stadt. Ökonomie und Politik der Stadtentwicklung. Hamburg*

CLEMENS, *Reinhard (1983): Standortprobleme von Industrieunternehmen in Ballungsräumen. Eine empirische Untersuchung im IHK-Bezirk Dortmund unter besonderer Berücksichtigung der Unternehmensgröße. Göttingen.*


DEUTSCHES INSTITUT FÜR URBANISTIK (DIFU) *(1988): Berichte 3/88. Berlin.*

DIFU-PROJEKTGRUPPE *(1988): Veränderungen von Arbeitszeit und Freizeit, in: Henckel, Dietrich (Hrsg.): Arbeitszeit, Betriebszeit, Freizeit. Auswirkungen auf die Raumentwicklung. Berlin 1988. S.67-92.*

DORSCH-CONSULT *(Ingenieursgesellschaft mbH) (1988): Sozioökonomische Entwicklung des großen Verdichtungsraumes Nürnberg, Fürth, Erlangen und seines Verflechtungsbereichs im Vergleich zu anderen ausgewählten großen Verdichtungsräumen. - Rahmenbedingungen, Problemfelder, Entwicklungskonzepte - Rohbericht. Im Auftrag des Bayerischen Staatsministeriums für Landesentwicklung und Umweltfragen. München.*

DRÖGE, *Gertrud / HOFFMANN, Uwe (1986): Zukünftige Standortfaktoren innovativer Betriebe, in: Informationsdienst und Mitteilungsblatt des Deutschen Volksheimstättenwerks, 24/1986.*

DUSS, *Rainer u.a. (1977): Arbeitshilfe für Image-Untersuchungen. Deutscher Städtetag, Beiträge: Reihe H, Heft 10. Köln.*


ECKEY, *Hans-Friedrich / HARNEY, Klaus (1982): Zur theoretischen und empirischen Erfassung von Zusammenhängen zwischen Bildungsniveau, regionalen Einkommen und interregionalen Wanderungen, in: Akademie für Raumforschung und Landesplanung: Forschungs- und Sitzungberichte, Band 43: Qualität von Arbeitsmärkten und regionale Entwicklung. Hannover, 1982.*

EHLERS, Kay E. / FRIEDRICHS, Jürgen (1986): Qualifikationsstrukturen - Schlüssel zum regionalwirtschaftlichen Erfolg oder Beginn sozialer Segregation, in: Bundesforschungsanstalt für Landeskunde und Raumordnung: Informationen zur Raumentwicklung. Heft 11/12 1986, S.897-906.

EICK, Christian (1976): Zur Problematik interregionaler Wanderungen. Bremen.

ELLIS, George H. (1949): Why new manufacturing establishments located in New England, in: Monthly review of the federal reserve bank of Boston, Vol. 31, 1949, S. 1-12.

ELTGES, M. (1984): Innovationsrelevante Unternehmensaktivitäten im regionalen Vergleich. Eine Untersuchung für das Verarbeitende Gewerbe, in: Raumplanung 42/1988, S.170ff.

EMNID (1986): Freizeituntersuchung, Bd. IV/2. Bielefeld.

ENGFER, Uwe u.a. (1983): Arbeitszeitsituation und Arbeitszeitverkürzungen in der Sicht der Beschäftigten, in: Mitteilungen zur Arbeitsmarkt und Berufsforschung, 2/1983, S.91-105.

ERFELD, Wolfgang (1980): Determinanten der regionalen Investitionstätigkeit in der Bundesrepublik Deutschland. München.

EWERS, Hans-Jürgen / FRITSCH, Michael (1985): Zur Bedeutung kleiner und mittlerer Unternehmen für eine beschäftigungsorientierte Strukturpolitik. Berlin.

EWERS, Hans-Jürgen / FRITSCH, Michael (1987): Die räumliche Verteilung von computergestützten Techniken. Berlin.

FÖRTSCH, Hans-Jürgen (1973): Industriestandorttheorie als Verhaltenstheorie. Ein Beitrag zur positiven Theorie des Industriestandorts aus der Sicht der sozialökonomischen Verhaltensforschung. Köln.

FRANZ, Peter (1984): Soziologie der räumlichen Mobilität. Eine Einführung. Frankfurt/New York.

FRIEDRICH, Jürgen (1988): Entwicklungslinien in der Informatik und die Rolle der Informatiker, in: WSI-Mitteilungen, Heft 12/1988, S.678-685.

FRIEDRICH, Werner (1985): Arbeitsmarktwirkungen neuer Technologien.

FRIEDRICHS, Jürgen (1986): Komponenten der ökonomischen Entwicklung von Großstädten 1970-1984. Ergebnisse einer Shift-Share-Analyse, in: Friedrichs, Jürgen / Häußermann, Hartmut / Siebel, Walter (Hrsg.): Süd-Nord-Gefälle in der Bundesrepublik? Opladen, 1986. S. 117-141.

FRIEDRICHS, Jürgen / HÄUßERMANN, Hartmut / SIEBEL, Walter (1986): Zum Problem des Süd-Nord-Gefälles in der Bundesrepublik, in: Friedrichs, Jürgen / Häußermann, Hartmut / Siebel, Walter (Hrsg.): Süd-Nord-Gefälle in der Bundesrepublik? Opladen, 1986. S. 2-11.

FÜRST, Dietrich (1971): Die Standortwahl industrieller Unternehmen. Ein Überblick über empirische Erhebungen, in: Jahrbuch für Sozialwissenschaft, 22/1971, S. 189-220.

FÜRST, *Dietrich* / ZIMMERMANN, *Klaus (1973): Standortwahl industrieller Unternehmen. Ergebnisse einer Unternehmensbefragung. Leitung: Hansmeyer, Karl-Dietrich. Hrsg.: Gesellschaft für regionale Strukturentwicklung. Bonn.*

GALBRAITH. *J.K. (1978) in: Neue Züricher Zeitung vom 26.5.1978*

GANSER, *Karl (1970): Image als entwicklungbestimmendes Steuerungsinstrument, in: Bauwelt 61 (1970) 25/16; Stadtbauwelt 26, S.104ff.*

GANSER, *Karl (1984): Determinanten der Standortwahl von Unternehmen, in: Deutsches Institut für Wirtschaftsforschung - Symposion: Strategien für mehr Arbeitsplätze in Berlin. Berlin, 1984. S.91-104.*

GATZWEILER, *Hans-Peter (1982): Neuere Binnenwanderungstendenzen im Bundesgebiet, in: Deutsche Gesellschaft für Bevölkerungswissenschaft, e.V.: Aspekte der räumlichen Bevölkerungsbewegung in der Bundesrepublik Deutschland. Wiesbaden, 1982. S. 15-58.*

GEE, *Colin* / KELLER, *Ulrike* / TREUNER, *Peter (1980): Infrastrukturelle und wirtschaftsstrukturelle Bestimmungsgründe der industriellen Standortwahl. Stuttgart.*

GENOSKO, *Joachim (1980): Zur Selektivität räumlicher Mobilität, in: Kölner Zeitschrift für Soziologie und Sozialpsychologie, 1980, S. 726-745.*

GESELLSCHAFT FÜR REGIONALE STRUKTURENTWICKLUNG (GFRS) *(1974): Standortentscheidung und Wohnortwahl. Folgerungen für die regionalpolitische Praxis aus zwei empirischen Untersuchungen. Bonn.*

GIEGLER, *Helmut (1982): Dimensionen und Determinanten der Freizeit. Dissertation. Hamburg.*

GRABOW, *Busso* / HENCKEL, *Dietrich (1986a): Die kleinräumige Verteilung von Unternehmen der Informationstechnik in der Bundesrepublik Deutschland. DIfU-Aktuelle Informationen 3/1986. Berlin.*

GRABOW, *Busso* / HENCKEL, *Dietrich (1986b): Großräumige Disparitäten bei den Einsatzbedingungen und Einsatzformen neuer Produktionstechnologien, in: Bundesforschungsanstalt für Landeskunde und Raumordnung: Informationen zur Raumentwicklung. Heft 11/12 1986, S. 873-884.*

GRÄBER, *Heinrich u.a. (1987): Externe Kontrolle und regionale Wirtschaftspolitik. Berlin.*

HÄUßERMANN, *Hartmut* / SIEBEL, *Walter (1986): Die Polarisierung der Großstadtentwicklung im Süd-Nord-Gefälle, in: Friedrichs, Jürgen / Häußermann, Hartmut / Siebel, Walter (Hrsg.): Süd-Nord-Gefälle in der Bundesrepublik? Opladen, 1986. S. 70-96.*

HÄUßERMANN, *Hartmut* / SIEBEL, *Walter (1987a): Neue Urbanität. Frankfurt.*

HÄUßERMANN, Hartmut / SIEBEL, Walter (1987b): Polarisierte Stadtentwicklung. Ökonomische Restrukturierung und industrielle Lebensweisen, in: Prigge, Walter (Hrsg.): Die Materialität des Städtischen. Stadtentwicklung und Urbanität im gesellschaftlichen Umbruch. Basel 1987. S.79-90.

HALL, P. / MARKUSEN, A. /GLASMEYER, A (1986): High-Tech America. London.

HARVEY, David (1987): Flexible Akkumulation durch Urbanisierung: Reflexionen über "Postmodernismus" in amerikanischen Städten, in: ProKla 69, S. 109-131.

HANSMEYER, Karl-Dietrich / FÜRST, Dietrich / ZIMMERMANN, Klaus (1975): Infrastruktur und unternehmerische Standortentscheidungen, in: Akademie für Raumordnung und Landesplanung: Veröffentlichungen, Bd. 94: Ausgeglichene Funktionsräume, Grundlagen für eine Regionalpolitik des mittleren Wegs. Hannover, 1975. S. 117-156.

HEILEMANN, Ulrich (1985): Industrielle Renaissance durch High-Tech, in: Archiv für Kommunalwissenschaften 24/1985, S. 208-224.

HENCKEL, Dietrich u.a. (1986): Produktionstechnologien und Raumentwicklung. Stuttgart, Berlin, Köln, Mainz.

HEUER, Hans (1977): Soziökonomische Bestimmungsfaktoren der Stadtentwicklung. Stuttgart, Berlin, Köln, Mainz.

HEUER, Hans (1985): Instrumente kommunaler Gewerbepolitik. Stuttgart, Berlin, Köln, Mainz.

HIPPMANN, Hans-Dieter (1982): Binnenfernwanderungen und Arbeitskräftenachfrage. Eine empirische Analyse für die Bundesrepublik Deutschland. Mainz.

HIRSCH, Joachim / ROTH, Roland (1986): Das neue Gesicht des Kapitalismus. Vom Fordismus zum Postfordismus. Hamburg.

IMPULSE-SPEZIAL (1989): Die Wirtschaftskraft der Städte. Die besten Standorte in Deutschland. 42 Großstädte im Vergleich. Eine wissenschaftliche Untersuchung 1988/89. Ergebnisheft mit Ökonogrammen. Hamburg.

INDUSTRIE- UND HANDELKAMMER NÜRNBERG (Hrsg.) (1988): Mittelfränkische Wirtschaft 1988. Mitteilungen der Industrie- und Handelskammer Nürnberg. Nürnberg.

INFRATEST (o.J.): Stadt-Marketing. Ein Untersuchungs- und Beratungsinstrument zur Wirtschaftsförderung und Unternehmensansiedlung in Städten. München.

INSTITUT FÜR LANDES- UND STADTENTWICKLUNGSFORSCHUNG DES LANDES NORDRHEIN-WESTFALEN (ILS) (1988): Erwerbsgebundene und erwerbsfreie Zeit. Dortmund.

IPSEN, Detlev (1986a): Neue urbane Zonen - Raumentwicklung und Raumbild, in: Friedrichs, Jürgen / Häußermann, Hartmut/ Siebel, Walter (Hrsg.): Süd-Nord-Gefälle in der Bundesrepublik? Opladen, 1986. S. 142-152.

IPSEN, *Detlev (1986b): Raumbilder. Zum Verhältnis des ökonomischen und kulturellen Raumes, in: Bundesforschungsanstalt für Landeskunde und Raumordnung: Informationen zur Raumentwicklung. Heft 11/12 1986, S. 921-932.*

JOHANNSEN, *Uwe (1971): Das Marken- und Firmen-Image. Theorie, Methodik, Praxis. Berlin.*

JUNG, *Hans-Ulrich (1986): Branchenstrukturen als Erklärungsfaktoren für regional-wirtschaftliche Entwicklungsdisparitäten, in: Bundesforschungsanstalt für Landeskunde und Raumordnung: Informationen zur Raumentwicklung. Heft 11/12 1986, S. 859-872.*

KAISER, *Karl-Heinz (1979): Industrielle Standortfaktoren und Betriebstypenbildung. Ein Beitrag zur empirischen Standortforschung. Berlin.*

KAISER, *Karl-Heinz / HOERNER, Ludwig (1980): Zum Standort der Industriebetriebe, in: Szyperski, Norbert u.a.: Wirtschaft und kommunale Wirtschaftspolitik in der Stadtregion. Stuttgart, 1980. S. 115-135.*

KAISER, *Karl-Heinz / GROHNERT, Max (1980): Der Standort der Büro- und Verwaltungsstätten von Unternehmen mit überregionalem Aufgabenbereich, in: Szyperski, Norbert u.a.: Wirtschaft und kommunale Wirtschaftspolitik in der Stadtregion. Stuttgart, 1980. S. 136-170.*

KARR, *Werner u.a. (1987): Regionale Mobilität am Arbeitsmarkt, in: Mitteilungen aus der Arbeitsmarkt- und Berufsforschung, 20.Jhg., Heft 2/1987, S. 197-212.*

KERN, *Horst / SCHUMANN, Michael (1984): Das Ende der Arbeitsteilung. Rationalisierung in der industriellen Produktion. Bestandsaufnahme, Trendbestimmung. München.*

KLAAßEN, *Leonardus Hendrik (1968): Social amenities in area economic growth. An analysis of methods of defining needs for local social amenities. Paris.*

KLAAßEN, *Leonardus Hendrik (1989): Entwicklung des europäischen Raumes durch regionale Zusammenarbeit, in: Raumforschung und Raumordnung, Heft 1/1989, S. 6-10.*

KLAGES, *Helmut (1984): Wertorientierungen im Wandel. Frankfurt, New York.*

KOMMUNALVERBAND RUHRGEBIET (KVR) *(1985): Skript zur Pressekonferenz am 15.8.85. Essen.*

KOMMUNALVERBAND RUHRGEBIET (KVR) *(1987): Skript zur Pressekonferenz am 23.11.87. Essen.*

KOSSBIEL, *Hugo (1987): Ingenieure und Naturwissenschaftler in der industriellen Forschung und Entwicklung. Frankfurt.*

KRÄMER-BADONI, *Thomas (1987): Postfordismus und Postmoderne. Ansätze zur Kritik eines kritischen Topos, in: Prigge, Walter (Hrsg.): Die Materialität des Städtischen. Stadtentwicklung und Urbanität im gesellschaftlichen Umbruch. Basel 1987. S.167-175.*

KREUCH, *Günther (1985): Neuere Entwicklung der Standortsituation in Nürnberg aus Sicht der kommunalen Wirtschaftpolitik, in: Stadt Nürnberg, Pädagogisches Institut; Mittmann, Eckehard (Hrsg.): Industriestandort Nürnberg - Strukturen und Prozesse. Tagungsbericht der Fortbildungsveranstaltung für mittelfränkische Erdkundelehrer vom 5./6. 7. 1985 in Nürnberg. Nürnberg. S. 66-93.*

KREUTER, *Hansheinz (1974): Industrielle Standortaffinität und regionalpolitische Standortlenkung. Berlin.*

KRIZ, *Jürgen (1980): Statistik in den Sozialwissenschaften. Opladen.*

KUNZ, *Dieter (1986): Anfänge und Ursachen der Nord-Süd-Drift, in: Bundesforschungsanstalt für Landeskunde und Raumordnung: Informationen zur Raumentwicklung. Heft 11/12 1986, S. 825-838.*


LAATZ, *Wilfried (1979): Ingenieure in der Bundesrepublik Deutschland. Frankfurt.*

LÄPPLE, *Dieter (1986): Trendbruch in der Raumentwicklung. Auf dem Weg zu einem neuen industriellen Entwicklungstyp? In: Bundesforschungsanstalt für Landeskunde und Raumordnung: Informationen zur Raumentwicklung. Heft 11/12 1986, S. 909-920.*

LANGENDORF, *Ursula (1986): Methoden der Sozialindikatorenforschung zur Darstellung und Bewertung von Lebensverhältnissen in unterschiedlichen Raumkategorien. Braunschweig.*

LOBODDA, *Gerd (1988): Referat: Nürnberg braucht einen geplanten Strukturwandel. Die Nürnberger Metallindustrie muß leben, damit Nürnberg eine Zukunft hat. Im Rahmen des Regional- und strukturpolitischen Diskussionsforums der IG-Metall Nürnberg am 8.Juli 1988. Nürnberg.*

LÖLHÖFFEL, *Dieter von (1983): Ansätze einer kooperativen Stadtentwicklungsplanung, in: Lölhöffel, Dieter von/ Schimanke, Dieter (Hrsg.): Kommunalpolitik vor neuen Herausforderungen. Bausteine für die Verwaltungspraxis der 80er Jahre. Basel, Boston, Stuttgart. 1983. S.30-42.*

LÜDER, *Klaus / KÜPPER, Willi (1982): Standortplanung industrieller Großunternehmen. Speyer.*

LÜDER, *Klaus / KÜPPER, Willi (1983): Unternehmerische Standortplanung und regionale Wirtschaftsförderung. Eine empirische Analyse des Standortwahlverhaltens industrieller Großunternehmen. Göttingen.*

LÜDTKE, *H., in: Technologische Entwicklung und Wertewandel der Arbeit. Evangelische Akademie Mülheim Ruhr (Hrsg.).*

LÜTKE-BORNEFELD, *Peter / WILLENBERG, Reinhard (1978): Das Image der Stadt Essen in der Sicht ihrer Bewohner. Band I, Pilot-Studie. Münster und Essen.*

MAC-GREGOR, B. u.a. (1986): The development of high-technology-industry in the newbury district, in: Regional Studies, Nr. 5 /1986, S.433-448.

MACKENSEN, Rainer / VANBERG, Monika / KRÄMER, Klaus (1975): Probleme regionaler Mobilität. Göttingen.

MAREL, Klaus (1980): Inter- und intraregionale Mobilität. Eine empirische Untersuchung zur Typologie der Wanderer am Beispiel der Wanderungsbewegungen der Städte Mainz - Wiesbaden 1973-1974. Wiesbaden.

MC LAUGHLIN, Glenn E. / ROBOCK, Stephen (1949): Why industry moves south. A study of factors influencing the recent location of manufacturing plants in the south. Kingsport, Tennessee.

METZ, Wolfgang / KÖNING, Cord-Friedrich (1980): Zur Standortpolitik von Großunternehmungen, in: Szyperski, Norbert u.a.: Wirtschaft und kommunale Wirtschaftspolitik in der Stadtregion. Stuttgart, 1980. S. 171-194.

MEYER-KRAHMER, Frieder u.a. (1984): Erfassung regionaler Innovationsdefizite. Bonn-Bad Godesberg.

MIETH, Wolfgang / GENOSKO, Joachim (1982): Qualitative Polarisierung der Region als Folge der räumlichen Selektion der Wanderung und der Arbeitsplätze, in: Akademie für Raumforschung und Landesplanung: Forschungs- und Sitzungsberichte, Bd. 143: Qualität von Arbeitsmärkten und regionale Entwicklung. Hannover.

MONHEIM, Heiner (1972): Zur Attraktivität deutscher Städte. WGI-Berichte zur Regionalforschung, Heft 8. München.

MÜLLER-WICHMANN, Christiane (1989): Weniger Arbeit heißt noch lange nicht mehr Freizeit, in: Engholm, Björn (u.a.): Die Zukunft der Freizeit. Thema Politik und Psyche. Weinheim und Basel. S.18-32.

NEEF, Wolfgang (1982): Ingenieure. Entwicklung und Funktion einer Berufsgruppe. Köln.

NÜRNBERGER NACHRICHTEN

- 5.10.1988: "Butzenscheiben-Image genügt nicht mehr"

- 8./9. 10.1988: "Aufgespießt"

- 17/18.12.1988: "Abschied von einer Idee"

- 14./15.1.1989: "Die ersten Schritte auf der Kulturmeile"

- 4./5.2.1989: "Städte rücken im Kulturbereich näher zusammen".

- 1.3.1989: "Neues Image"

- 7.3.1989: "Ein grüner Flughafen mit Weltstadt-Flair".

- 25.3.1989:"Zweistöckige Bahnhofspassage"

- 13.7.1989: "Werbeagentur soll das Image aufpolieren"

OAKEY, R. (1984): High-technology small firms: Regional development in Britain and the United States. London.

OPASCHOWSKY, Horst W. (1982): Die neue Freizeitarbeitsethik, in: Altvater, Elmar (Hrsg.): Arbeit 2000. Hamburg 1985. S.143-158.

PIORE, Michael J. / SABEL, Charles F. (1985): Das Ende der Massenproduktion. Studie über die Requalifizierung der Arbeit und die Rückkehr der Ökonomie in die Gesellschaft. Berlin.

PLÄRRER NR. 7 1989: Nürnberg - mieses Image. Nürnberg.

REDING, Kurt (1973): Wanderungsdistanz und Wanderungsrichtung. Regionalpolitische Folgerungen aus der Analyse von Wanderungsprozessen in der Bundesrepublik Deutschland seit 1960. Bonn.

RITTER, Wigand (1985): Nürnberg und seine Industrie im Rahmen der wirtschaftlichen Entwicklung deutscher Städte, in: Stadt Nürnberg, Pädagogisches Institut; Mittmann, Eckehard (Hrsg.): Industriestandort Nürnberg - Strukturen und Prozesse. Tagungsbericht der Fortbildungsveranstaltung für mittelfränkische Erdkundelehrer vom 5./6. 7. 1985 in Nürnberg. Nürnberg. S. 14-24.

ROTHKIRCH, C.v. / WEIDIG, I. (1985): Die Zukunft der Arbeitslandschaft. Zum Arbeitskräftebedarf nach Umfang und Tätigkeiten bis zum Jahr 2000. Nürnberg.

RUHL, Gernot (1971): Das Image Münchens als Faktor für den Zuzug. Kallmünz/Regensburg: Laßleben.

SALIN, Edgar (1928): Standortverschiebungen der deutschen Wirtschaft, in: Harms, B. (Hrsg.): Strukturwandlungen der deutschen Volkswirtschaft. Berlin 1928.

SCHÄFERS, Bernhard (1988): Stadt und Kultur, in: Friedrichs, Jürgen (Hrsg.): Soziologische Stadtforschung. Opladen 1988. S. 95-110.

SCHLIEBE, Klaus (1982): Industrieansiedlungen. Das Standortwahlverhalten der Industriebetriebe in den Jahren von 1955 bis 1979. Hrsg.: Bundesforschungsanstalt für Landeskunde und Raumordnung. Forschung zur Raumentwicklung, 11. Bonn.

SCHMENNER, Roger W. (1987): Geographic differences and the location of new manufacturing facilities, in: Journal of Urban Economics 21/1987, S. 83-104.

SCHROEDER, Dieter (1968): Strukturwandel, Standortwahl und regionales Wachstum. Bestimmungsgründe der regionalen Wachstumsunterschiede der Beschäftigten und der Bevölkerung in der Bundesrepublik Deutschland von 1950-1980. Stuttgart.

SCHUCHARD-FICHER, Christiane u.a (1982): Multivariate Analysemethoden. Eine anwendungsorientierte Einführung. Berlin, Heidelberg, New York.

SCHUMANN, Michael / WITTEMANN, Klaus-Peter (1985): Entwicklungstendenzen der Arbeit im Produktionsbereich, in Altvater, Elmar (Hrsg.): Arbeit 2000. Hamburg 1985. S. 32-50.

SCHWEITZER, Walter / MÜLLER, Günther (1979): Interregionale Wanderungen in der Bundesrepublik Deutschland. Eine empirische Untersuchung gravitationstheoretischer Wanderungsmodelle, in: Zeitschrift für Bevölkerungswissenschaften 5/1979, S. 439-453.

SIEDLUNGSVERBAND RUHRKOHLENBEZIRK (SVR), Abt. Öffentlichkeitsarbeit (Hrsg.) (1973): Zielgruppe: Multiplikatoren. Das Ruhrgebiet: Meinungen, Mutmaßungen. Bochum.

SIMON, Karl-Heinz / HAMM, Bernd (1986): Messung städtischer Lebensbedingungen im internationalen Vergleich. Vorklärungen. Trier.

SINGER, Christian (1988): Kommunale Imageplanung, in: Archiv für Kommunalwissenschaften II/1988, S. 271-279.

SINZ, Manfred / STRUBELT, Wendelin (1986): Zur Diskussion über das wirtschaftliche Süd-Nord-Gefälle unter Berücksichtigung entwicklungsgeschichtlicher Aspekte, in: Friedrichs, Jürgen / Häußermann, Hartmut / Siebel, Walter (Hrsg.): Süd-Nord-Gefälle in der Bundesrepublik? Opladen, 1986. S. 12-50.

SINZ, Manfred / STEINLE, Wolfgang J. (1989): Regionale Wettbewerbsfähigkeit und europäischer Binnenmarkt, in: Raumforschung und Raumordnung Heft 1/1989, S. 10-21.

SMITH, David M. (1971): Industrial location. New York.

SPIEGEL-Verlag (Hrsg.) (1980): Akademiker in Deutschland. Hamburg.

STADT NÜRNBERG (1978): Arbeitsgruppe Nürnberg-Plan: Arbeitsstättenbefragung 1977. Nürnberg.

STADT NÜRNBERG (1980): Arbeitsgruppe Nürnberg-Plan: Umfrage 1980 zur Stadtentwicklung, Abschlußbericht. Nürnberg.

STADT NÜRNBERG (1983): Arbeitsgruppe Nürnberg-Plan: Das Image Nürnbergs im Urteil der Bundesbürger. Nürnberg.

STADT NÜRNBERG (1985): Referat für Stadtentwicklung, Wohnen und Wirtschaft; Amt für Wirtschaft und Verkehr; Arbeitsgruppe Nürnberg-Plan/Stab: Zwischenbericht über die Arbeiten an dem Rahmenplan Arbeiten und Wirtschaft. Nürnberg.

STADT NÜRNBERG (1986): Arbeitsgruppe Nürnberg-Plan: Hearing "Arbeit in Nürnberg". Dokumentation einer öffentlichen Veranstaltung des Nürnberger Stadtrates am 7/8. März 1986. Nürnberg.

STADT NÜRNBERG (1987a): Arbeitsgruppe Nürnberg-Plan: Rahmenplan Arbeit und Wirtschaft. Kapitel 1: Strukturen und Rahmenbedingungen. Nürnberg.

STADT NÜRNBERG (1987b): Arbeitsgruppe Nürnberg-Plan: Bericht über Entwicklungen am Arbeitsmarkt Nürnberg 1986. Materialien zum Rahmenplan Arbeit und Wirtschaft. Nürnberg.

STADT NÜRNBERG (1987c): Amt für Stadtforschung und Statistik: Statistischer Monatsbericht für September 1987. Nürnberg.

STADT NÜRNBERG (1988a): Amt für Wirtschaft und Verkehr: Wirtschaftsbericht 1986-1987. Nürnberg.

STADT NÜRNBERG (1988b): Referat für Stadtentwicklung, Wohnen und Wirtschaft: Überlegungen zum Nürnberg-Image. Plädoyer für eine gemeinsame Image-Pflege. Nürnberg.

STADT NÜRNBERG (1988c): Arbeitsgruppe Nürnberg-Plan: Arbeitsmarkt und Berufsbildungsbericht 1988. Entwurf September 1988. Nürnberg.

STADT NÜRNBERG (1988d): Amt für Stadtforschung und Statistik: Statistisches Jahrbuch 1988. Nürnberg.

STADT NÜRNBERG (1989a): Arbeitsgruppe Nürnberg-Plan: Rahmenplan Arbeit und Wirtschaft. Kapitel 2: Standort- und Strukturpolitik. Entwurf. Nürnberg.

STADT NÜRNBERG (1989b): Referat für Stadtentwicklung, Wohnen und Wirtschaft, Stadtplanungsamt: Städtebaulicher Ideenwettbewerb Nürnberger Kulturmeile. Der Nürnberger Weg. Wettbewerbsunterlagen. Nürnberg.

STADT NÜRNBERG (1989c): Tischvorlage zu TOP 4a der Sitzung des Stadtrats am 12.7.1989, Öffentlicher Teil.

STADT NÜRNBERG (1990): Informationen zum Nürnberg-Plan 1/1990.

STATISTISCHES BUNDESAMT (1989): Fachserie 1: Bevölkerung und Erwerbstätigkeit; Reihe 1: Gebiet und Bevölkerung. Wiesbaden.

STRUBELT, Wendelin (1986): Die Raumstruktur in der Bundesrepublik Deutschland zwischen Wandel und Konstanz, zwischen Hoffnung und Resignation. Ein "räumlicher" Essay, in: Bundesforschungsanstalt für Landeskunde und Raumordnung: Informationen zur Raumentwicklung. Heft 11/12 1986, S. 821-828.

TÖPFER, Klaus (1969): Überlegungen zur Quantifizierung qualitativer Standortfaktoren, in: Zentralinstitut für Raumplanung an der Universität Münster: Zur Theorie der allgemeinen und räumlichen Planung. Bielefeld. S. 165-193.

TRAUTWEIN-KALMS, Gudrun (1988): High-Tech-Beschäftigte als Zukunftsträger, in: WSI-Mitteilungen 12/1988, S. 686-696.

VESPER, *Joachim (1986): Ursachen und Folgen großräumiger Verhaltensunterschiede in der Erwerbsbeteiligung, in: Bundesforschungsanstalt für Landeskunde und Raumordnung: Informationen zur Raumentwicklung. Heft 11/12 1986, S. 885-896.*

WEBBER, *Michael John (1984): Industrial location. Beverly Hills.*

WEBER, *Alfred (1914): Industrielle Standortlehre. Allgemeine und Kapitalistische Theorie des Standorts, in: Grundrisse der Sozialökonomik, VI. Abteilung. 1914.*

WIRTSCHAFTSWOCHE

- *24.3.1989, S.38: "Der Wind springt um"*

- *20.1.1989, S.33.: "München- Ende der Illusion"*

ZEPP, *Christl (1988): Stadt Nürnberg, Schul- und Kulturreferat, Stabstelle kulturelle Öffentlichkeitsarbeit: Nachbar Nürnberg. Konzept zur kulturellen Öffentlichkeitsarbeit als Voraussetzung für ein neues städtisches Image. Nürnberg.*

ZIMMERMANN, *Horst u.a. (1973): Regionale Präferenzen. Wohnortorientierung und Mobilitätsbereitschaft der Arbeitnehmer als Determinante der Regionalpolitik. Hrsg: Gesellschaft für regionale Strukturentwicklung. Bonn.*

ZIMMERMANN, *Klaus (1974): Imagegestaltung, in: Deutsches Institut für Urbanistik: Arbeitshilfe 2: Kommunale Entwicklungsplanung: Öffentlichkeitsarbeit. Berlin.*

ZIMMERMANN, *Klaus (1975): Zur Imageplanung von Städten. Untersuchungen zu einem Teilgebiet kommunaler Entwicklungsplanung. Köln.*

# ANHANG

# Ergänzende methodische Anmerkungen zur Erhebung des DIFU und zu den einzelnen Auswertungsschritten

## Art und Repräsentativität der Erhebungen

Bei den hier ausgewerteten Erhebungen des Deutschen Institut für Urbanistik handelt es sich einerseits um eine schriftliche, standardisierte Befragung von 159 Betrieben, andererseits waren 30 dieser Betriebe mündlich mit Hilfe eines Gesprächsleitfadens intensiver befragt worden. Im Vordergrund der Auswertung im Rahmen dieser Arbeit stand quantitative Erhebung, detaillierte Einschätzungen der Gesprächspartner wurden eher ergänzend eingearbeitet.[1]

Auch die schriftliche Erhebung ist allein schon von der Befragtenstruktur her sicherlich nicht repräsentativ für die BRD. Wie Tabelle A.I verdeutlicht, wurde zumindest in einigen Branchen ein hoher Repräsentationsgrad für die Region Nürnberg erreicht.

**Tab.A 1: Repräsentationsgrad der Betriebsbefragung des DIfU 1989 in Nürnberg, Fürth, Erlangen**

| | WIRTSCHAFTSZWEIG | | | | | | | | | | |
|---|---|---|---|---|---|---|---|---|---|---|---|
| MERK-MAL | Energie Wasser Bergbau | Chemie u.ä. | Metall Maschi-nen Fahr-zeugbau | E-Technik Fein-mechanik Optik | Verbr.-gt. Holz Druck | Nahrungs- u.Genuß-mittel- | Bau Steine Erden | Handel | Verkehr | Banken Versiche-rungen | sonst. Dienst-leistungen |
| Erfaßte Betriebe | 3 | 8 | 23 | 25 | 9 | 4 | 6 | 24[1] | 7 | 9 | 41 |
| Durch die Befragung erfaßte Beschäftigte | 3515 | 3136 | 13172 | 55484 | 5000 | 1051 | 861 | 2713[1] | 3139 | 3828 | 6439 |
| Soz.vers.pfl. Beschäftigte i.d.Region 1986 | 3452 | 7899 | 41295 | 78936 | 13832 | 8919 | 20655 | - | 10859 | 15713 | 12311 |
| Erfassungs- quote in % | [2] | 39,7 | 31,8 | 70,3 | 36,1 | 11,7 | 4,1 | - | 28,9 | 24,4 | 52,3 |

[1] Nur Groß- und Außenhandel
[2] Erfassungsquote kann nicht angegeben werden, da bei den befragten Betrieben sowohl öffentliche als auch private Arbeitsplätze vorhanden sind.

Quelle: Eigene Berechnungen; Datengrundlage DIfU (1989)

Einzelhandelsbetriebe waren von vornherein nicht mit in die Befragung aufgenommen worden. Da eine möglichst vollständige Erfassung nach dem Kriterium der Beschäftigtenzahl angestrebt war, sind Kleinbetriebe im Datensatz stark unterrepräsentiert. Während die beiden Pole des Strukturwandels, die zugleich auch die größten Wirtschaftszweige in der Region darstellen - auf der einen Seite die "Elektrotechnik", auf der anderen Seite die "sonstigen Dienstleistungen" -, der Beschäftigtenzahl nach recht gut im Datensatz vertreten sind, waren andere Branchen nur zum geringen Teil erfaßt worden. Von vornherein dürften Gesamtbetrachtungen also ein gegenüber der tatächlichen Struktur im Nürnberger Raum leicht schiefes Bild ergeben. Interessanter sind aber ohnehin die Differenzen zwischen den einzelnen Teilgruppen.

---

[1] vgl. S.44ff

## Aussagegehalt der Fragen

Über die Gewinnung von regionsbezogenen Informationen hinaus ist die Erhebung auch für die im ersten Teil dieser Arbeit gestellte Frage nach dem allgemeinen Bedeutungsgewinn "weicher" Standortfaktoren wertvoll, da für 19 Standortfaktoren auch gefragt wurde "Wie wichtig ist dieser Faktor für sie?"[2], also eine allgemeine Bedeutung ermittelt wurde. Wie an anderer Stelle schon ausgeführt, ist freilich nie die vollständige Trennung von allgemeiner und ortsbezogener Bewertung möglich,[3] indirekt beeinflussen die Verhältnisse vor Ort auch immer die "allgemeine" Einschätzung. Genaugenommen kann auch die so gestellte Frage der Maxime, tatsächlich raumrelevantes Verhalten zu untersuchen,[4] nicht genügen. Sie bezieht sich auf keine konkrete Standortwahl. Jedoch kann vermutet werden, daß eine solche allgemeine Einschätzung latent Investitionsentscheidungen, die immer auch raumwirksame Entscheidungen sind, beeinflußt. Abgesehen von den generellen, in Kapitel 2.1.2 des ersten Teils der Arbeit dargestellten Problemen einer jeden Unternehmensbefragung, liefert die hier grundlegende schriftliche Betriebsbefragung von ihrer ganzen Anlage her nicht das Material, betriebliche Standortwahlprozesse genauer zu untersuchen. Sie erschöpft sich in dieser Hinsicht in dem bloßen Abfragen der allgemeinen Bedeutung und örtlichen Qualität der Faktoren. Zu erklären ist dies dadurch, daß andere Aspekte wie Technikeinsatz, Arbeits- und Betriebszeitflexibilisierungsgrad ebenfalls im Blickpunkt der Untersuchung des *DIfU* standen. Gerade darum enthält die Befragung aber wiederum eine ganze Reihe betrieblstruktureller, hier als "unabhängige" behandelte Variablen. Dies ermöglicht es, Unterschiede in der Standortfaktorenbewertung zwischen besonders zukunftsträchtigen und anderen Betrieben zu ermitteln.

## Meßniveau und Maßzahlen[5]

Ein zentrales Problem einer jeden empirischen Untersuchung stellt das für die einzelnen Merkmale zu wählende Skalenmeßniveau dar. Der Großteil gerade der komplexeren statistischen Verfahren setzt für die Variablen das Intervallskalenniveau voraus, d.h., die Intervalle zwischen den einzelnen Ausprägungen müssen einen *"empirischen Sinn"*[6] enthalten, *"gleiche Differenzen im empirischen Relativ entsprechen somit gleichen Differenzen im numerischen Relativ"*[7]. BORTZ weist darauf hin, *"daß wohl die meisten in den Sozialwissenschaften gebräuchlichen Meßinstrumente dem Kriterium einer Intervallskala nicht genügen"*[8]. Auch in der vorliegenden Untersuchung wurden die meisten Merkmale lediglich auf ordinalem Meßniveau erhoben, zwischen den Ausprägungen der einzelnen Variablen lassen sich zwar Rangfolgen herstellen, die codierten numerischen Abstände bilden aber nicht in ebensolcher Weise die Realität ab. Besonders relevant wird die Frage nach dem Meßniveau für die 38 Bewertungsskalen der Standortfaktoren.

In Verhaltenswissenschaften werden Einstellungen häufig mithilfe meist siebenstufiger "ratings" gemessen. Nur die beiden Pole werden mit Bedeutungserklärungen belegt, es wird davon ausgegangen, daß der Befragte gewissermaßen im Kopf ein numerisches Kontinuum der Einstellungsgrade bildet. Derartige Skalen werden dann meist als intervallskaliert behandelt. Eine schriftliche Unternehmensbefragung ist allerdings in stärkerem Maße auf die Mitarbeit des Befragten angewiesen als ein "laborähnlicher" Verhaltenstest. Läßt eine Versuchsperson sich erst auf einen solchen Test ein, so wird ihr mehr "zuzumuten" sein als dem anonym aus der Entfernung noch dazu schriftlich antworten-

---

[2] *vgl. Anhang Fragebogen S.4*

[3] *vgl. S.35*

[4] *vgl. S.20*

[5] *vgl. z.B. S.45*

[6] *Kriz (1980) S.32*

[7] *Bortz (1985) S.30*

[8] *Bortz (1985) (1985) S.32*

den betrieblichen Entscheidungsträger. Auch aus diesem Grund wurde hier eine nur 5-stufige, noch dazu erläuterte Skala gewählt. Durch die Erläuterungen (1=sehr wichtig-2=wichtig-3=durchschnittlich-4=wenig bedeutend-5=völlig unwichtig) gewinnen diese Skalen an Verständlichkeit, verlieren aber an numerischer Exaktheit. Strengenommen besitzen sie somit nur noch ordinales Meßniveau.

Diese Untersuchung kommt damit, wie übrigens der Großteil der angeführten Untersuchungen auch, nicht vollständig um einen Verstoß gegen die Regel, nach der eine nachträgliche Transformation auf ein höheres Skalenniveau nicht möglich ist, umhin.[9] Dies wird jedoch hauptsächlich aus Gründen der Darstellung, der großen Prägnanz des arithmetischen Mittels geschehen. Soweit möglich, werden Kennziffern des ordinalen Meßniveaus angewendet.

Das bekannteste Maß zur Beschreibung der ordinalen Assoziation zwischen zwei Variablen ist der Gamma-Koeffizient.[10] Hier wurde jedoch mit dem TauB-Koeffizienten vorlieb genommen. Gamma ist ein Maß, das im Unterschied zum Tau-B *"durch die Anzahl der Variablenausprägungen beeinträchtigt wird"*[11]. Mit sinkender Ausprägungszahl steigt der GammaWert. Da hier Tabellen und Korrelationen mit unterschiedlicher Felderanzahl miteinander verglichen werden sollen, erschien der Tau-B-Koeffizient als geeigneter, wenn er auch seine Maximalwerte (-1 und 1) nur bei quadratischen Tabellen erreichen kann.[12] Die von Gamma ermittelten Korrelationen sind in der Regel wesentlich höher als die des Tau-B, sie überschätzen aber häufig die wahre Stärke der Assoziation. Der Tau-B-Koeffizient ist insofern ein eher "bescheidenes" Maß.

In den einschlägigen Korrelationsanalysen[13] sind die Koeffizienten so "gepolt", daß ein positives Vorzeichen steigende Bedeutung des jeweiligen Standortfaktors bei steigendem Wert der unabhängigen Variablen anzeigt.


## Variablentransformationen

Die meisten der zur Überprüfung obiger Hypothesen benötigten unabhängigen Variablen waren in der benötigten Form abgefragt worden. Lediglich mußten die absoluten Zahlen der Hochqualifizierten aus den jeweiligen Anteilen und der Gesamtbeschäftigtenzahl errechnet werden. Außerdem erschien es sinnvoll, die detaillierten Erfassungen des Einsatzes einzelner Technologien zu einem Technologieindex zusammenzufassen. Dabei wurden allerdings so unterschiedliche Technologien wie PC und CIM als gleichwertig zusammengefaßt. Die Bildung von sinnvollen Gewichtungsfaktoren hätte aber umfangreiche Vorstudien erfordert und wurde deshalb nicht vorgenommen. Darüber hinaus werden diese Technologien wohl meist kumulativ eingesetzt; ein Betrieb, der die höherwertige Technologie einsetzt, setzt meist auch die einfacheren ein und erhält dadurch hier höhere Punktzahlen auf der Technologieskala. Die im Fragebogen vorgenommene Dreiteilung der Frage nach dem Absatzmarkt erwies sich im nachhinein als nicht sehr glücklich, die drei Teilfragen ließen sich sinnvoll zu einem Absatzmarktindex zusammenfassen. Die überwiegende Mehrzahl der einbezogenen Variablen weist ordinales Meßniveau auf, meist handelt es sich um dreistufige ("überwiegend-teilweise-unbedeutend") Skalen. Um eine Vereinheitlichung der Meßniveaus und damit die Vergleichbarkeit der errechneten Koeffizienten zu erreichen, wurde der Informationsverlust einer Transformierung der intervallskalierten Variablen Beschäftigtenanzahl, Anteile und Anzahl von mittel- bzw. hoch Qualifizierten, sowie des Technologieindex in Kauf genommen. Zur Darstellung der Korrelationen in Form von Kreuztabellen wurden diese Variablen auf drei bis sechs Ausprägungen klassiert. Für die abhängigen Vari-

---

[9] vgl. Bortz (1985) (1985) S.31

[10] vgl. Benninghaus (1982) S.160

[11] Benninghaus (1982) S.163

[12] vgl. Benninghaus (1982) S.155

[13] vgl. z.B. S.61

Kauf genommen. Zur Darstellung der Korrelationen in Form von Kreuztabellen wurden diese Variablen auf drei bis sechs Ausprägungen klassiert. Für die abhängigen Variablen, die Bedeutungseinschätzung der Standortfaktoren, wurden nunmehr wieder die Originalbewertungsskalen zugrundegelegt, die hier, da die unabhängigen Variablen auch nur ordinales Meßniveau aufwiesen, als ordinal behandelt wurden.[14]

Da sowohl die "Qualität" als auch die "allgemeine Bedeutung" der Standortfaktoren ermittelt worden waren, konnten bei der Ermittlung der "problematischen" Standortfaktoren im Nürnberger Raum[15] Nennungen eher deklarativer Art von tatsächlich für die Betriebe relevanten Einschätzungen getrennt werden. Es wäre dazu denkbar gewesen, eine kontinuierliche Variable "Handlungsbedarf" als Produkt der Bedeutungs- und Qualitätsbewertungen zu konstruieren. Derartig feine Abstufungen hätten aber den meßtheoretischen Verstoß der Behandlung der Skalen des Fragebogens als metrisch skalierte gewissermaßen multipliziert. Es erschien daher ausreichend, im Grunde auch übersichtlicher, eine dichotome Variable "Handlungsbedarf" in der Form zu bilden, wie sie in Tabelle A 2 für den Faktor Image beispielhaft dargestellt ist.

**Tab.A 2: Bedeutung und Bewertung des Standortfaktors "Image der Region" (%-Anteile)**

| ALLGEMEINE BEDEUTUNG | QUALITÄT IN DER REGION | | | | | |
|---|---|---|---|---|---|---|
| | sehr gut | gut | durch-schnittlich | schlecht | sehr schlecht | Summe % (abs.) |
| völlig unwichtig | 0,7 | 0,7 | 1,4 | 0,0 | 0,0 | 2,9 (4) |
| unwichtig | 0,0 | 2,2 | 4,3 | 1,4 | 0,0 | 8,0 (11) |
| durchschnittlich | 0,0 | 6,5 | 13,0 | 0,7 | 0,0 | 20,3 (28) |
| wichtig | 0,0 | 21,0 | 20,3 | 5,1 | 1,4 | 47,8 (66) |
| sehr wichtig | 1,4 | 7,2 | 8,7 | 3,6 | 0,0 | 21,0 (29) |
| Summe % (abs.) | 2,2 (3) | 37,7 (52) | 47,8 (66) | 10,9 (15) | 1,4 (2) | 100 (138) |

Quelle: Eigene Berechnungen; Datengrundlage DlfU (1989)

Ein Handlungsbedarf wird demnach erst dann "akzeptiert", wenn der entsprechende Faktor einerseits als "wichtig" oder "sehr wichtig" eingeschätzt und andererseits als "schlecht" oder "sehr schlecht" bewertet wurde.

## Standortfaktorenrangskalen[16]

Methodisch ergibt sich bei einem Vergleich der Bewertungsmittelwerte einzelner Betriebsgruppen das Problem, daß Verzerrungen dadurch auftreten könnten, daß bestimmte Gruppen alle Faktoren latent wichtiger einschätzen als andere Gruppen. Der Bewertungsmittelwert ist also nur bedingt ein geeignetes Maß, um die jeweilige relative Bedeutung der Standortfaktoren zwischen den einzelnen Gruppen zu vergleichen. Aussagekräftiger ist ein Vergleich anhand der aus den Bewertungsmittelwerten berechneten Faktorenrangplätze; ein Großteil von Standortwahluntersuchungen verwendet diese Rangskalen. Damit ist freilich keine numerische Exaktheit mehr gegeben. Die Bedeutungsunterschiede zwischen den einzelnen Faktoren sind in Wahrheit nicht so gleichmäßig und groß, wie es die Rangplatzskalen unterstellen.

---

[14] vgl. z.B. S.61

[15] vgl. S. 161 ff

[16] vgl. z.B. S.45

## Stadtspezifische Disaggregationen

Nur zum Teil werden die Ergebnisse differenziert nach den einzelnen Städten Nürnberg, Erlangen und Fürth dargestellt[17]. Ebenso wie die ökonomische Entwicklung der Industrieregion Mittelfranken hauptsächlich durch die Entwicklungen der Stadt Nürnberg bestimmt wurde, prägen die Einschätzungen der Nürnberger Betriebe auch bei dieser Befragung das Gesamtbild. Sicherlich differieren die Bewertungen einiger Faktoren innerhalb der Städte. Um jedoch die ohnehin geringe Fallzahl nicht weiter zu verkleinern, wurde bei den differenzierteren Auswertungen auf eine stadtspezifische Disaggregation verzichtet.

## Betriebstypenbildung[18]

Es erwies sich als sinnvoll, im Rahmen der Suche nach dem Betriebstyp hoher Affinität zu den hier besonders interessanten beschäftigtenbezogenen "weichen" Standortfaktoren erste grobe Unterteilungen der recht heterogenen Grundgesamtheit von 159 Betrieben vorzunehmen. Als ein erstes Unterteilungskriterium kann die sektorale Zugehörigkeit eines Betriebes gelten. Wenn auch im Produzierenden Gewerbe Dienstleistungstätigkeiten an Bedeutung gewinnen und sich 2. und 3. Sektor somit annähern, so bestehen doch zwischen diesen beiden Bereichen erhebliche strukturelle Unterschiede, beispielsweise hinsichtlich der durchschnittlichen Betriebsgröße.[19] Zudem ermöglicht eine sektorale Unterteilung eher den Vergleich mit anderen, häufig nur auf den produzierenden Bereich bezogenen Betriebsbefragungen. Auf der anderen Seite ist die Zahl der untersuchten Einheiten aber zu gering, um alle weiteren Auswertungsschritte für die einzelnen Branchen vorzunehmen, insofern stellt diese sektorale Aufspaltung der Grundgesamtheit einen Kompromiß dar.

Eine hier nur für die Betriebe des Produzierenden Gewerbes angewandte Möglichkeit, aus einer Vielzahl von Merkmalen transparente Typen, denen die einzelnen Merkmalsträger zugeordnet werden können, zu generieren, stellt die Clusteranalyse dar. Vereinfacht gesagt, werden innerhalb der Clusteranalyse Gruppen, Cluster von Untersuchungseinheiten gebildet, die sich hinsichtlich der einbezogenen Variablen intern möglichst ähnlich sind, die aber wiederum zu anderen Clustern möglichst große Differenzen aufweisen. Es stellt sich dabei die Frage nach der Gewichtung der einzelnen einbezogenen Variablen. Da mit der Branche ein nominalskaliertes, mit dem Absatzmarkt ein ordinal skaliertes und bei Betriebsgröße, Hochqualifiziertenanteil und Technikindex metrisch skalierte Variablen zu betrachten waren, also unterschiedliche Meßniveaus vorlagen, erschien es am günstigsten, alle Variablen in "Dummy-Variablen" binärer Codierung zu zerlegen. Das Merkmal Branche wurde in acht neue Variablen, die klassierte Betriebsgröße in sechs, die Qualifikationsstruktur, die Technikausstattung und der regionale Absatzmarkt in drei Variablen zerlegt. Entsprechend sind auch die Gewichtungen der einbezogenen Variablen, die Branche ist vor der Betriebsgröße und vor den anderen Merkmalen das wichtigste Strukturierungskriterium für die zu bildenden Cluster, was auch inhaltlich einleuchtend ist. Die inhaltlich plausibelsten und trennschärfsten Ergebnisse wurden mit dem "ward-Verfahren" erzielt.[20]

---

[17] *vgl. z.B. S.161*
[18] *vgl. S.63 ff*
[19] *vgl. Tabelle A1 auf S.100*
[20] *vgl. Schuchard-Ficher u.a. (1982) S.132ff*

# Fragebogen der schriftlichen Erhebung des DIfU im Raum Nürnberg 1988/1989

difu

NEUE TECHNIKEN UND STANDORTBEDINGUNGEN IN DER REGION NÜRNBERG/FÜRTH/ERLANGEN

Ansprechpartner/Bearbeiter (für evtl. Rückfragen)

Name.................................

Funktion.............................

Abteilung............................

Adresse..............................

.....................................

Telefon..............................

1. ANGABEN ZUM UNTERNEHMEN/BETRIEB

   Im folgenden bitten wir Sie um einige Angaben zur Charakterisierung ihres Unternehmens/Betriebes

1.1 Firmenname .......................................

1.2 Branche .........................................

1.3, Nennen Sie die drei umsatzstärksten Produkte (auch Teile, Halbfertigprodukte) oder Dienstleistungen ihres Unternehmens/Betriebes am hiesigen Standort:

....................................................

....................................................

1.4 Zahl der Beschäftigten am Standort (ca.)          _____

                              in der BRD             _____

                              insgesamt             _____

1.5 Hauptsitz       ☐

    Zweigbetrieb    ☐

1.6 Am Standort ausgeübte Funktionen:
    Mehrfachnennung möglich

| | überwiegend | teilweise | unbedeutend |
|---|---|---|---|
| Verwaltung | ☐ | ☐ | |
| Forschung und Entwicklung | ☐ | ☐ | ☐ |
| Produktion | ☐ | ☐ | ☐ |
| Lagerhaltung | ☐ | ☐ | ☐ |
| Vertrieb | ☐ | ☐ | ☐ |
| Dienstleistung | ☐ | ☐ | ☐ |

1.7 Qualifikationen

                                    in % der Beschäftigten

o Hochschul-, Fachhochschulabschluß          _____

## 1.8 Absatzmarkt

| | überwiegend | teilweise | unbedeutend |
|---|---|---|---|
| regional | ☐ | ☐ | ☐ |
| überregional (BRD) | ☐ | ☐ | ☐ |
| international | ☐ | ☐ | ☐ |

## 2. TECHNIKBENUTZUNG

Im folgenden bitten wir Sie um Angaben zur gegenwärtigen technischen Ausstattung und zur groben Kategorisierung der Nutzungsintensität sowie zum geplanten Technikeinsatz.

Büro/Forschung und Entwicklung/Produktion/Lagerhaltung

| | heutige Ausstattung | | | | zukünftige Ausstattung (nächste 3-5 Jahre) | |
|---|---|---|---|---|---|---|
| | vorhanden | Nutzung häufig | mittel | selten | geplant | nicht geplant, weil nicht sinnvoll |
| o Telex | ☐ | ☐ | ☐ | ☐ | ☐ | ☐ |
| o Teletex | ☐ | ☐ | ☐ | ☐ | ☐ | ☐ |
| o Telefax | ☐ | ☐ | ☐ | ☐ | ☐ | ☐ |
| o Btx | ☐ | ☐ | ☐ | ☐ | ☐ | ☐ |
| o Standleitungen | ☐ | ☐ | ☐ | ☐ | ☐ | ☐ |
| o Datex | ☐ | ☐ | ☐ | ☐ | ☐ | ☐ |
| o PC | ☐ | ☐ | ☐ | ☐ | ☐ | ☐ |
| o Großrechner | ☐ | ☐ | ☐ | ☐ | ☐ | ☐ |
| o CNC | ☐ | ☐ | ☐ | ☐ | ☐ | ☐ |
| o Roboter | ☐ | ☐ | ☐ | ☐ | ☐ | ☐ |
| o Flexible Fertigungszellen | ☐ | ☐ | ☐ | ☐ | ☐ | ☐ |
| o Flexible Fertigungssysteme | ☐ | ☐ | ☐ | ☐ | ☐ | ☐ |
| o automatisierte Förderzeuge | ☐ | ☐ | ☐ | ☐ | ☐ | ☐ |
| o CAD | ☐ | ☐ | ☐ | ☐ | ☐ | ☐ |
| o CAM | ☐ | ☐ | ☐ | ☐ | ☐ | ☐ |
| o CIM | ☐ | ☐ | ☐ | ☐ | ☐ | ☐ |
| o just-in-time-production | ☐ | ☐ | ☐ | ☐ | ☐ | ☐ |

o sonstige..................................................

..................................................

3. ARBEITSZEIT/BETRIEBSZEIT

Im folgenden bitten wir Sie um einige Angaben zu gegenwärtigen Arbeits- und Be-
triebszeiten sowie zu absehbaren Veränderungen in den nächsten drei bis fünf Jahren. Neben der Arbeitsform bitten wir ungefähr den Anteil der betroffenen Mitarbeiter anzugeben.

3.1 Stand

   o durchschnittliche wöchentliche <u>Betriebszeit</u> (in Std). der größten Betriebs-,
     Produktionsstätte

   o Welche Arbeitsformen sind bei Ihnen vertreten und für ungefähr wieviel Prozent
     der Mitarbeiter gilt sie jeweils?

|  | vorhanden | Betroffene (%) | | | |
|---|---|---|---|---|---|
| o Gleitzeit | ☐ | | | | |
| o Teilzeit | ☐ | | | | |
| o variable Arbeitszeit | ☐ | | | | |

|  | regelmäßig | Betroffene (%) | gelegentl. | Betroffene (%) |
|---|---|---|---|---|
| o Zweischichtbetrieb | ☐ | | ☐ | |
| o Dreischichtbetrieb | ☐ | | ☐ | |
| o Samstagsbetrieb | ☐ | | ☐ | |
| o Sonntagsbetrieb | ☐ | | ☐ | |

   o sonstiges.................................................................

3.2 Zukünftige Entwicklung

   o Ist in bestimmten Betriebsteilen eine <u>Ausweitung der Betriebszeit</u> vorgesehen?

               ja      nein

               ☐      ☐

   in welchen Bereichen..........................................................

   o Rechnen Sie mit der <u>Zunahme</u> bestimmter Arbeitsformen, wieviel Prozent der Be-
     schäftigten sind jeweils davon betroffen?

|  | ja | Betroffene (%) |
|---|---|---|
| o Gleitzeit | ☐ | |
| o Teilzeit | ☐ | |
| o variable Arbeitszeit | ☐ | |
| o Schichtbetrieb | ☐ | |
| o Samstagsarbeit | ☐ | |
| o Sonntagsarbeit | ☐ | |

   o sonstiges....................................................................

## 4. STANDORT- UND REGIONALE VORZÜGE/PROBLEME

Im folgenden geht es um den Stellenwert einzelner Standortfaktoren und darum, wie Sie diese in der Region bewerten. Wir bitten Sie entsprechend den vorgegebenen Bewertungsraster Bedeutung (wie wichtig ist dieser Faktor für Sie) und Beurteilung (wie gut ist dieser Faktor in der Region ausgeprägt) einzutragen.

| | |
|---|---|
| 1 = sehr wichtig | 1 = sehr gut |
| 2 = wichtig | 2 = gut |
| 3 = durchschnittlich | 3 = durchschnittlich |
| 4 = wenig bedeutend | 4 = schlecht |
| 5 = völlig unwichtig | 5 = sehr schlecht |
| | 6 = weiß nicht |

|1|2|3|4|5| | |1|2|3|4|5| |6|
|---|---|---|---|---|---|---|---|---|---|---|---|---|---|
| | | | | | o Verfügbarkeit qualifizierten Personals | | | | | | | | |
| | | | | | o Flächenverfügbarkeit | | | | | | | | |
| | | | | | o Verkehrsanbindung: - innerörtlich | | | | | | | | |
| | | | | |      - innerregional | | | | | | | | |
| | | | | |      - überregional | | | | | | | | |
| | | | | |      - international | | | | | | | | |
| | | | | | o Vorhandensein v. Forschungseinrichtungen | | | | | | | | |
| | | | | | o Kooperationsmöglichk. m. Forschungseinr. | | | | | | | | |
| | | | | | o Aus- und Weiterbildungsangebote | | | | | | | | |
| | | | | | o Kooperation mit örtlichen Unternehmen | | | | | | | | |
| | | | | | o Finanzierungsangebote | | | | | | | | |
| | | | | | o Kooperationsbereitsch. d. Stadtverwalt. | | | | | | | | |
| | | | | | o Zügigkeit der Behandlung von Anliegen durch die Stadtverwaltung | | | | | | | | |
| | | | | | o Messe- und Kongreßwesen | | | | | | | | |
| | | | | | o Fühlungsvorteile in der Region | | | | | | | | |
| | | | | | o Wirtschaftsklima | | | | | | | | |
| | | | | | o Wohn- und Freizeitwert | | | | | | | | |
| | | | | | o Kulturangebot | | | | | | | | |
| | | | | | o Image der Region | | | | | | | | |

o Sehen Sie darüber hinaus besondere Vorzüge/Problemlagen in dieser Region?

Welche?............................................................................

............................................................................

Geben Sie im folgenden bitte kurz an: Worin sehen Sie in dieser Region
- die besonderen Entwicklungschancen

............................................................................

............................................................................

- die besonderen Entwicklungshemmnisse

............................................................................

............................................................................

Gibt es aus Ihrer Sicht besondere Handlungsempfehlungen für die Kommunal- und Regionalpolitik?

............................................................................

# Arbeitshefte

des Instituts für
Stadt- und Regionalplanung der
Technischen Universität Berlin

**Vertrieb der Arbeitshefte:**
Technische Universität Berlin, Universitätsbibliothek, Abt. Publikationen
Straße des 17. Juni 135, 1000 Berlin 12. Tel.: (030) 314-22976, -23676. Fax: (030) 314-24743
Barverkauf: Gebäude FRA-B (Franklinstr. 15, 1000 Berlin 10), 1. OG.

Die Preisangaben gelten für Versandlieferungen gegen Rechnung. Im Barverkauf ermäßigen sich die Preise um jeweils DM 2,00. Bei Mengenabnahme Preisnachlaß möglich (Näheres auf Anfrage). Nicht aufgeführte Bände sind vergriffen.